비법노트 MSG

M 마지막으로 **S** 살펴보는 **G** 지텔프

G-TELP KOREA 출판사업본부

- 조동사

조동사	의미
will(would)	~할 것이다, ~하곤 했다
can(could)	~할 수 있다, ~해도 좋다
may(might)	~일지도 모른다
should	~해야 한다
must	~해야 한다, ~임이 틀림없다

- 조동사 should 생략

- 주절의 동사나 형용사가 **주장, 명령, 요구, 제안 충고** 등을 의미하는 단어일 경우, that + 주어 + (should) **동사원형**
- 보기에 동사원형이 있다면 대부분 정답!

동사		형용사	
advise	request	advisable	important
ask	require	appropriate	natural
demand	suggest	desirable	necessary
insist	urge	essential	proper
recommend		imperative	

- to부정사 & 동명사

- to부정사 vs 동명사를 목적어로 갖는 동사 암기하기!

to부정사를 취하는 동사		동명사를 취하는 동사	
agree	offer	acknowledge	finish
ask	plan	admit	give up
decide	promise	advise	imagine
fail	refuse	allow	involve
hope	tend	avoid	risk
need	want	complete	suggest

※ 3형식 기준

청취 Tip!

- 43점이 목표라면 상대적으로 어려운 청취는 과감하게 건너뛰기!

독해 Tip!

- G-TELP 독해 문제는 지문의 **순서대로 출제되니 차례대로** 문제를 풀 것!
- 단어 및 구, 절, 문장의 형태를 바꾸어 **같은 의미를 다시 표현한(Paraphrasing)** 유의하기!

- 관계사

	선행사	주격	목적격	소유격
관계대명사	사람	who that	whom(who) that	whose
	사물 (동물)	which that	which that	whose (of which)
관계부사	when(시간) where(장소)		why(이유) how(방법)	

- 콤마(,) 뒤에는 관계대명사 that 사용 X
- 관계대명사는 불완전한 문장 / 관계부사는 완전한 문장

- 접속사

종류	형태	의미
시간	after before until since while	~후에 ~전에 ~할 때까지 ~이래로 ~하는 동안
조건	unless once	만약 ~하지 않는다면 일단 ~하면
원인/이유	since because	~때문에
양보/대조/결과	although (even) though while	비록 ~일지라도 반면에

- 접속부사

추가	moreover furthermore besides	더욱이 게다가
대조	however otherwise meanwhile nevertheless	하지만 그렇지 않으면 한편 그럼에도 불구하고
부연 설명	in fact actually	사실은
인과	therefore thus	따라서
예시	for example for instance	예를 들어

43+ 시험 전 마지막 핵심 총정리!

시험장에 가기 전, 다시 한 번 복습하면서 머릿속으로 정리하세요.

문법 Tip!

- 시제

시제		형태	의미	핵심 키워드
현재	현재진행	am, are, is + Ving	~하는 중이다	(right) now / nowadays currently at the moment
	현재완료	has, have + p.p.	~했다 (완료) ~한 적이 있다 (경험) ~해왔다 (계속)	since + 과거 시점 for + 기간
	현재완료진행	has, have been + Ving	~해오는 중이다	
과거	과거진행	was, were + Ving	~하는 중이었다	ago / prior to yesterday / at that time last + 과거 시점 when + 주어 + 과거시제
	과거완료	had + p.p.	~했었다	last / until / before + 과거 시점 when + 주어 + 과거시제
	과거완료진행	had been + Ving	~해오고 있었다 ~해오던 중이었다	
미래	미래진행	will + be + Ving	~할 것이다, ~하는 중일 것이다	later / tomorrow / next + 시간 following soon / shortly if / when + 주어 + 현재시제
	미래완료	will + have + p.p.	~했을 것이다	until / before by + 미래연도 by the time + 주어 + 현재시제
	미래완료진행	will + have been + Ving	~해오고 있을 것이다 ~해오던 중일 것이다	

- 가정법

가정법	형태	의미
가정법 과거	If + 주어 + 동사의 과거형, 주어 + 조동사 과거(would, could, should, might) + 동사원형	만약 ~한다면, ~할 텐데 (현재 사실을 반대로 가정)
가정법 과거완료	If + 주어 + had p.p., 주어 + 조동사 과거(would, could, should, might) + have p.p.	만약 ~했더라면, ~했을 텐데 (과거 사실을 반대로 가정)
가정법 미래	If + 주어 + were to + 동사원형, 주어 + 조동사 과거(would, could, should, might) + 동사원형	만약 ~한다면, ~할 텐데 (미래에 일어나지 않을 일을 가정)

Grammar Section

Listening Section

Reading & Vocabulary Section

G-TELP KOREA 공식 지정 실전 기본서

G-TELP
공식주관사

Final 지텔프 43+

목표 점수 달성을 위한
맞춤 수험 전략서

G-TELP KOREA 출판사업본부

G-TELP 주관사

G-TELP KOREA는 신뢰성, 타당성, 실용성을 갖춘 종합적인 영어평가라는 모토 아래 ITSC의 글로벌 파트너로서 1985년부터 G-TELP 시험을 주관하는 어학평가, 교육, 출판 전문 기업입니다. G-TELP KOREA는 업무 협약을 통해 한국 내 G-TELP 시험의 시행, 마케팅, 홍보, 출판, 교육에 대한 운영을 담당하고 있습니다.

G-TELP 영어연구소

G-TELP 영어연구소는 국내외 영어 콘텐츠 전문 연구진들로 이루어진 조직으로서, G-TELP 시험을 전문적으로 분석 및 연구해오고 있습니다. 다년간 쌓아온 디지털 데이터베이스와 정확한 데이터를 분석하는 툴을 기반으로 G-TELP의 모든 시험을 대비할 수 있는 수험서, 일반 영어, 비즈니스 영어, 전문 영어 등 다양한 분야의 영어학습서를 기획, 집필, 편집, 출간하고 있습니다.

Final 지텔프 43+

2 쇄 2023년 03월 31일

발 행 인 김현중
출 판 사 G-TELP KOREA 출판사업본부
저 자 G-TELP 영어연구소

I S B N 978-89-91164-59-8
정 가 18,900원

도서 문의 안내
PHONE 1577-3836
FAX 02-454-2137

PREFACE

안녕하세요. G-TELP 영어연구소입니다.

다수의 공무원 채용 시험에 영어 검정제가 도입됨에 따라 공인 영어능력 평가시험인 지텔프(G-TELP)에 관심이 증가하고 있습니다. 지텔프는 타 시험에 비해 상대적으로 문항 수가 적고, 시험 시간이 짧아 학습의 부담이 적어 일정 점수 이상만 취득하면 되는 시험 준비생들로부터 많은 인기를 얻고 있습니다. 검정제에 통과할 수 있는 기준 점수는 지텔프 43점이며, 지텔프 48점을 취득하면 가산점 2점도 추가로 획득할 수 있습니다.

이에 지텔프 공식 주관사인 G-TELP KOREA는 지텔프 시험을 처음 접하는 수험생에게 최적화된 수험서 「Final 지텔프 43+」를 개발 및 출간하게 되었습니다. 모든 문법 영역의 개념을 깊게 설명하기 보다는 지텔프에 나오는 문법 및 유형만을 다루고 있으며, 독해에서도 지텔프에 나오는 지문을 분석하여 정답 공략법을 제시했습니다. 또한, 실제 지텔프 시험과 유사한 난이도로 최신 출제 경향을 반영한 모의고사를 수록했으며, 특정 단서를 통해서 정답을 찾을 수 있도록 G-TELP KOREA의 특별한 트레이닝 방법을 추가했습니다.

「Final 지텔프 43+」의 부록으로는 <핵심 요약집>과 <단어 포켓북>이 있으며, 모두 핸드북 형태로 수험자의 편의를 극대화하였습니다.

- <핵심 요약집>은 "**비법노트 MSG**"로 문법, 청취, 독해 영역별로 출제 내용과 시험 문제의 특징 등을 수록하여 시험 직전 복습할 수 있는 자료를 1장으로 만들었습니다.
- <단어 포켓북>은 "**지텔프 독해 기본단어 300**"으로 지텔프 독해를 위해 기본적으로 알아야 할 필수 어휘 300개를 예문과 함께 수록하여 효율적인 학습이 가능하도록 하였습니다.

이처럼 「Final 지텔프 43+」교재는 무엇보다 수험생들이 최단기간에 목표 점수를 달성하는 것에 초점을 맞추어 모든 것을 구성했습니다. 43점 이상 점수 획득을 위한 영역별 목표 점수 분배 전략을 통해 본인에게 가장 적합한 계획을 세우고, 단계별로 문제 풀이를 연습하여 수험생에게 가장 효율적이고 체계적인 교재가 되기를 바랍니다.

감사합니다.

G-TELP 영어연구소

CONTENTS

교재 구성 및 특징

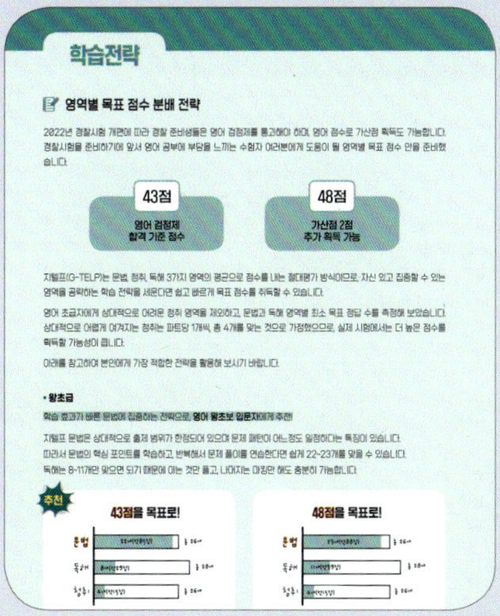

학습전략

영역별 목표 점수 분배 전략

2022년 경찰시험 개편에 따라 경찰 준비생들은 영어 검정제를 통과해야 하며, 영어 점수로 가산점 획득도 가능합니다. 경찰시험을 준비하기에 앞서 영어 공부에 부담을 느끼는 수험자 여러분에게 도움이 될 영역별 목표 점수 안을 준비했습니다.

43점 영어 검정제 합격 기준 점수

48점 가산점 2점 추가 획득 가능

지텔프(G-TELP)는 문법, 청취, 독해 3가지 영역의 평균으로 점수를 내는 절대평가 방식이므로, 자신 있고 집중할 수 있는 영역을 공략하는 학습 전략을 세운다면 쉽고 빠르게 목표 점수를 취득할 수 있습니다.

영어 초급자에게 상대적으로 어려운 청취 영역을 제외하고, 문법과 독해 영역별 최소 목표 정답 수를 측정해 보았습니다. 상대적으로 어렵게 여겨지는 청취는 파트당 1개씩, 총 4개를 맞는 것으로 가정했으므로, 실제 시험에서는 더 높은 점수를 획득할 가능성이 큽니다.

아래를 참고하여 본인에게 가장 적합한 전략을 활용해 보시기 바랍니다.

• 왕초급

학습 효과가 빠른 문법에 집중하는 전략으로, 영어 왕초보 입문자에게 추천!

지텔프 문법은 상대적으로 출제 범위가 한정되어 있으며 문제 패턴이 어느정도 일정하다는 특징이 있습니다. 따라서 문법의 핵심 포인트를 학습하고, 반복해서 문제 풀이를 연습한다면 쉽게 22~23개를 맞을 수 있습니다. 독해는 8~11개만 맞으면 되기 때문에 아는 것만 풀고, 나머지는 마킹만 해도 충분히 가능합니다.

추천

43점을 목표로!

48점을 목표로!

1) 학습 전략

43점 이상을 목표로 하는 학습자가 영역별로 자신에게 가장 최적화된 학습 전략을 선택할 수 있으며, 학습 진도를 참고하여 자신에게 가장 알맞은 학습 기간을 선택할 수 있도록 학습 전략을 구성했습니다. 차별화된 전략으로 시간을 효율적으로 활용하며 자신의 학습상태를 확인하고 점검할 수 있습니다.

문제 풀이 핵심 전략!

가이드를 따라 문제를 함께 풀며 꼼꼼히 익혀보세요.

Q. Maya is certain that her pies will win first prize at the Strawberry Festival baking competition. Using her grandmother's recipe, Maya _______________ all morning and is ready to take the last pie out of the oven.

(a) is baking
(b) had been baking
(c) bakes
(d) has been baking

TIP 보기 먼저 확인! 보기가 동사 bake의 여러 시제로 구성되어 있으므로 이 문제는 시제를 찾는 문제!

STEP 1 동사 확인하기

Maya is certain that her pies will win first prize at the Strawberry Festival baking competition. Using her grandmother's recipe, Maya _______________ all morning and is ready to take the last pie out of the oven.

가장 먼저 문장의 동사 확인! 동사가 is로 모두 현재 시제 이므로, 빈칸에도 현재 시제가 들어가야 합니다.

여기서 과거 시제인 (b) had been baking 은 정답에서 제외!

(a) is baking

2) 단계별 문제풀이 핵심 전략

문제에 접근하는 방법을 분석하여 학습자가 단계를 거치며 정답을 찾는 방법을 제시했습니다. 이를 통해 학습자는 효과적인 영역별, 문제 유형별 풀이 전략을 익힐 수 있습니다.

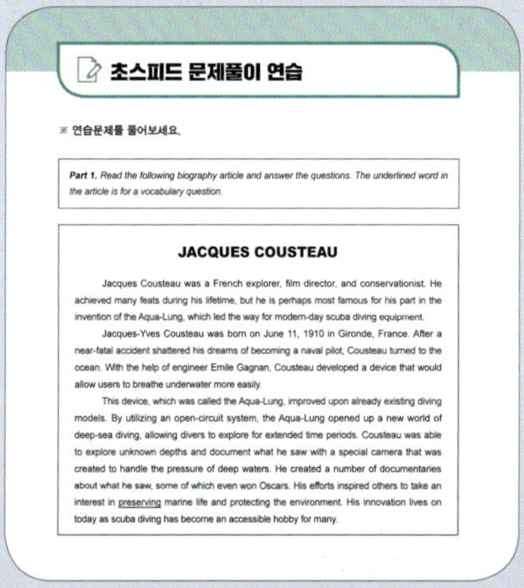

초스피드 문제풀이 연습

※ 연습문제를 풀어보세요.

Part 1. Read the following biography article and answer the questions. The underlined word in the article is for a vocabulary question.

JACQUES COUSTEAU

Jacques Cousteau was a French explorer, film director, and conservationist. He achieved many feats during his lifetime, but he is perhaps most famous for his part in the invention of the Aqua-Lung, which led the way for modern-day scuba diving equipment.

Jacques-Yves Cousteau was born on June 11, 1910 in Gironde, France. After a near-fatal accident shattered his dreams of becoming a naval pilot, Cousteau turned to the ocean. With the help of engineer Emile Gagnan, Cousteau developed a device that would allow users to breathe underwater more easily.

This device, which was called the Aqua-Lung, improved upon already existing diving models. By utilizing an open-circuit system, the Aqua-Lung opened up a new world of deep-sea diving, allowing divers to explore for extended time periods. Cousteau was able to explore unknown depths and document what he saw with a special camera that was created to handle the pressure of deep waters. He created a number of documentaries about what he saw, some of which even won Oscars. His efforts inspired others to take an interest in preserving marine life and protecting the environment. His innovation lives on today as scuba diving has become an accessible hobby for many.

3) 초스피드 문제 풀이 연습

파트별로 유형을 파악하며, 스스로 학습한 내용을 점검할 수 있도록 연습문제를 수록했습니다. 실제 문제 풀이 방법과 유사하게 구성하여 문제에서 특정 단서를 빠르고 정확하게 파악하는 능력을 기를 수 있습니다.

교재 구성 및 특징

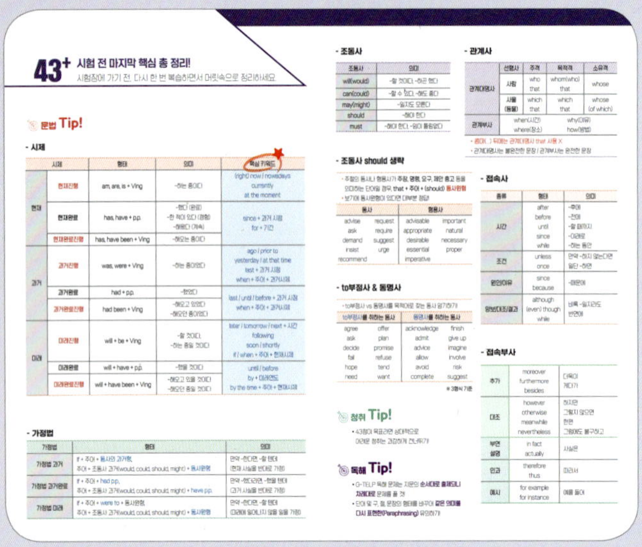

4) 핵심 요약집 : 비법노트 MSG

손쉽게 가지고 다니며 언제 어디서든 학습할 수 있도록 핵심 내용을 1장에 정리한 비법 노트입니다. 43점 이상을 목표하기 위해 반드시 점검해야 하는 핵심 내용들을 정리하였기에 효율적인 학습이 가능합니다.

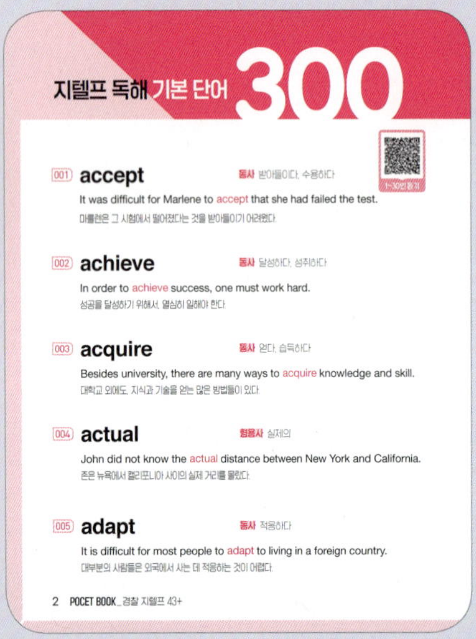
지텔프 독해 기본 단어 300

001 **accept** 동사 받아들이다, 수용하다
It was difficult for Marlene to accept that she had failed the test.
마를렌은 그 시험에서 떨어졌다는 것을 받아들이기 어려웠다.

002 **achieve** 동사 달성하다, 성취하다
In order to achieve success, one must work hard.
성공을 달성하기 위해서, 열심히 일해야 한다.

003 **acquire** 동사 얻다, 습득하다
Besides university, there are many ways to acquire knowledge and skill.
대학교 외에도, 지식과 기술을 얻는 많은 방법들이 있다.

004 **actual** 형용사 실제의
John did not know the actual distance between New York and California.
존은 뉴욕에서 캘리포니아 사이의 실제 거리를 몰랐다.

005 **adapt** 동사 적응하다
It is difficult for most people to adapt to living in a foreign country.
대부분의 사람들은 외국에서 사는 데 적응하는 것이 어렵다.

2 POCET BOOK_경찰 지텔프 43+

5) 단어 포켓북 : 지텔프 독해 기본단어 300

지텔프 독해에서 가장 기본적인 필수 어휘 300개를 부록으로 구성하였습니다. 정기시험에서 가장 중요하게 알아 두어야 할 단어들을 엄선하였으며, 예문과 함께 학습하며 영어 초급자도 단어를 쉽게 익힐 수 있습니다. 또한 핸드북 형태로 쉽게 소지가 가능하여 수험자의 편의성을 높였습니다.

G-TELP Level 2 소개

G-TELP란?

G-TELP(General Tests of English Language Proficiency)는 미국 국제 테스트 연구원(ITSC, International Testing Services Center)에서 주관하여 University of California Los Angeles, Georgetown University, San Diego State University 등의 저명 교수진이 연구·개발하였고, 국내외 저명한 언어학자, 평가 전문가들이 참여하여 국제적으로 시행하는 글로벌 영어능력 평가 인증 시험입니다.

시험 구성

문법 26문항 (20분) + **청취** 26문항 (약 30분) + **독해** 28문항 (40분) = **총 80문항** (약 90분)

영역	내용	지문 수 (개)	문항 수 (개)	배점 (점)	시간 (분)
Grammar (총 26문항)	가정법, 시제, 조동사, to부정사, 동명사, 접속사, 관계사	-	26	100	20
Listening (총 26문항)	Part 1. Interesting Story	1	7	100	약 30
	Part 2. Speech	1	6		
	Part 3. Conversation	1	6		
	Part 4. Presentation	1	7		
Reading & Vocabulary (총 28문항)	Part 1. Biography Article	1	7	100	40
	Part 2. Magazine Article	1	7		
	Part 3. Encyclopedia Article	1	7		
	Part 4. Business or Formal Letter	1	7		
Total			80	300	약 90

- 시험 시간을 특정 영역에 제한을 두지는 않으므로, 주어진 시간 내에 다른 영역의 문제풀이 가능
- 각 영역 100점 만점으로 총 300점이며, 세 개 영역의 평균 값으로 성적 산출

시험 전 확인하기

시험 시간

- **입실 가능시간** : 13시 20분 ~ 14시 50분 (14시 50분 입실 통제 / 이후 입실 절대 불가)
- **오리엔테이션 시작 시간** : 14시 25분

주의 사항

- 신분증 미 지참 시 시험 응시 불가 (수험표는 없어도 응시 가능)
- 1층 고사장 입구에서 고사장을 확인하며, 좌석표에 따라 지정 좌석에서 응시해야 합니다.
- 시험 시간 중도 퇴실 시, 시험을 포기한 것으로 간주되어 당 회차 시험이 0점 처리됩니다.
- 규정 신분증, 필기도구, 아날로그 손목시계 이외의 개인 소지품은 소지할 수 없습니다.
  - 시험 전, 전자기기는 반드시 전원을 끄고 소지품과 함께 가방에 넣어 교실 앞에 제출해야 합니다.
  - 전원을 끄지 않아 벨소리나 진동, 전자음이 울릴 시 부정행위로 간주되어 시험이 0점 처리됩니다.

준비물 Check!

☑ **규정 신분증**

→ 주민등록증, 여권(기간 만료 전), 운전면허증, 장애인등록증(주민등록번호 포함), 군 신분증(군인), 외국인등록증(외국인), 학생증(중고생) (단, 대학생의 경우 학생증 불허)

→ 모바일 신분증은 주민등록증(정부24 앱), 운전면허증(경찰청장 발급)이 인정됨 (PASS 앱 모바일 신분증은 불가)

☑ **컴퓨터용 사인펜**

→ OMR 답안지에는 반드시 컴퓨터용 수성 사인펜으로 마킹해야 합니다. (연필 사용 불가)

☑ **수정 테이프**

→ 마킹 오류 시, 수정 테이프를 사용하여 수정할 수 있습니다. (수정액 사용 불가)

→ 수정 테이프는 반드시 본인의 것을 사용해야 하며, 타인에게 빌리거나 빌려줄 수 없습니다.

☑ **아날로그 시계**

→ 아날로그 시계 이외의 스톱워치, 스마트 워치, 전자시계 등은 사용할 수 없습니다.

OMR 작성법 예습

• **좌석표**

수험번호 : 12-3456-0027890	홍길동	고유번호 : 1234567

• **OMR카드**

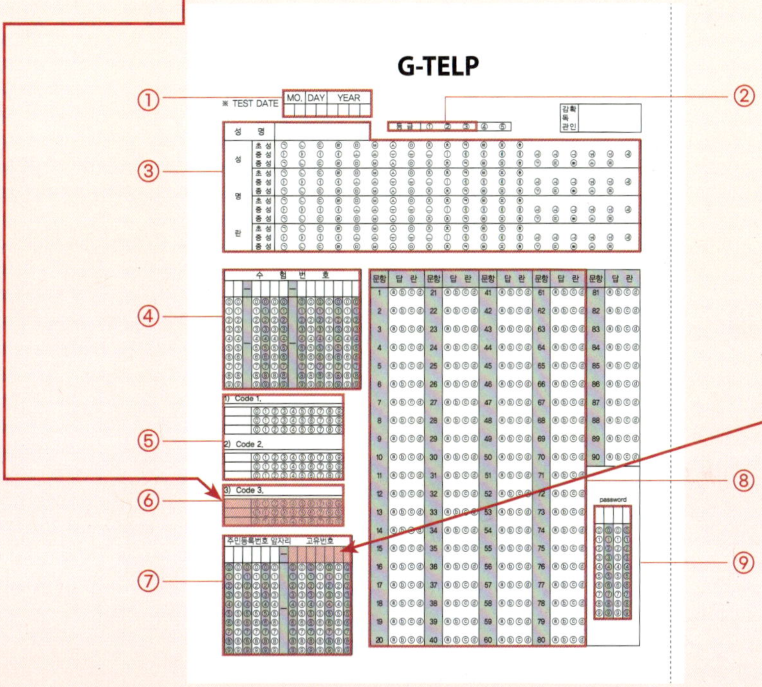

1. TEST DATE란에 월, 일, 년 순으로 기재합니다.
2. 등급은 ②에 마킹합니다.
3. 이름을 기재하고, 성명란에 초성, 중성, 종성에 맞게 마킹합니다.
4. 수험번호는 책상 위에 비치된 좌석표를 참고하여 마킹합니다.
5. Code 1과 Code 2는 OMR카드 뒷면에서 해당하는 코드를 찾아 마킹합니다.
   (대학생이 아닌 일반인의 경우 Code 1은 098, Code 2는 090을 기재하시면 됩니다.)
6. Code 3은 수험번호 마지막 7자리 숫자 중 앞 3자리 숫자를 마킹합니다.
7. 주민등록번호는 앞자리만 마킹한 후, 뒷자리는 좌석표에 기재된 고유번호를 마킹합니다.
8. 답안지는 총 90번까지 있으나, Level 2 시험은 80번까지 이므로 80번 까지만 마킹합니다.
9. Password는 인터넷 성적 확인 시 필요한 번호로 네 자리 숫자이며, 마킹 후 반드시 기억하도록 합니다.

※ 시험 시간에는 별도의 답안지 마킹 시간이 주어지지 않으므로, 종료시간 전에 반드시 마킹을 마무리해야 합니다.

학습전략

영역별 목표 점수 분배 전략

43점이 합격 기준 점수로 시행되는 주요 시험에는 경찰·소방공무원시험 등이 있습니다. 일정 점수 이상을 취득하면 가산점 획득도 가능합니다. 지텔프 시험 응시에 앞서 수험자 여러분에게 43점 달성을 위해 도움이 될 영역별 목표 점수 안을 준비했습니다.

43점

영어 검정제
합격 기준 점수
예) 경찰·소방공무원시험

48점

경찰: 가산점 2점
소방: 가산점 1%
추가 획득 가능

지텔프(G-TELP)는 문법, 청취, 독해 3가지 영역의 평균으로 점수를 내는 절대평가 방식이므로, 자신 있고 집중할 수 있는 영역을 공략하는 학습 전략을 세운다면 쉽고 빠르게 목표 점수를 취득할 수 있습니다.

영어 초급자에게 상대적으로 어려운 청취 영역을 제외하고, 문법과 독해 영역별 최소 목표 정답 수를 측정해 보았습니다. 상대적으로 어렵게 여겨지는 청취는 파트당 1개씩, 총 4개를 맞는 것으로 가정했으므로, 실제 시험에서는 더 높은 점수를 획득할 가능성이 큽니다.

아래를 참고하여 본인에게 가장 적합한 전략을 활용해 보시기 바랍니다.

- **왕초급**

학습 효과가 빠른 문법에 집중하는 전략으로, **영어 왕초보 입문자**에게 추천!

지텔프 문법은 상대적으로 출제 범위가 한정되어 있으며 문제 패턴이 어느정도 일정하다는 특징이 있습니다.
따라서 문법의 핵심 포인트를 학습하고, 반복해서 문제 풀이를 연습한다면 쉽게 22~23개를 맞을 수 있습니다.
독해는 8~11개만 맞으면 되기 때문에 아는 것만 풀고, 나머지는 마킹만 해도 충분히 가능합니다.

추천

43점을 목표로!

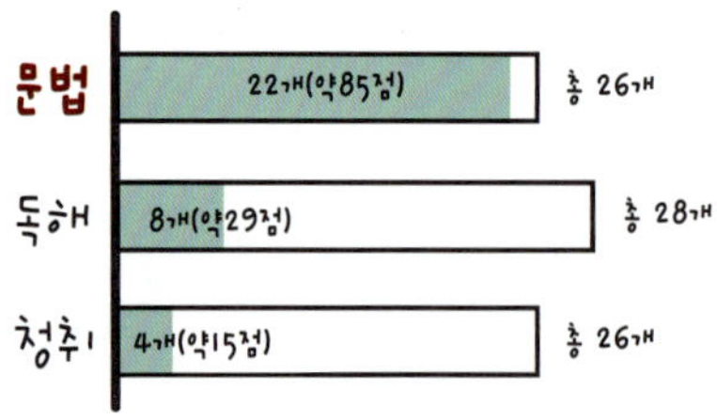

청취는 파트당 1개씩, 총 4개 맞는다는 가정 하에,
문법 22개 + 독해 8개
= 환산점수 43점!

48점을 목표로!

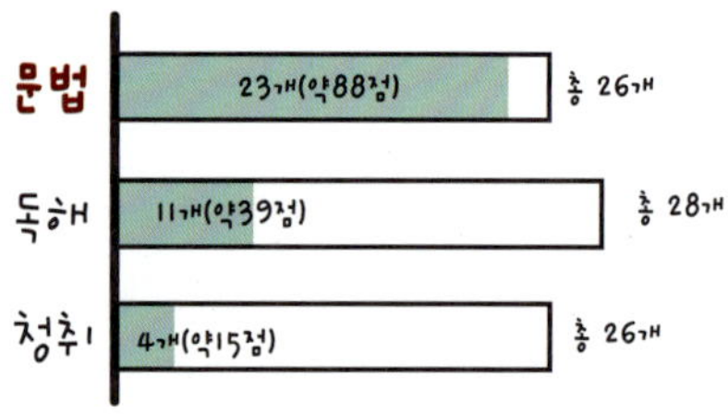

청취는 파트당 1개씩, 총 4개 맞는다는 가정 하에,
문법 23개 + 독해 11개
= 환산점수 48점!

• **초급**

영어로 된 글을 읽고 **간단한 정보는 파악할 수 있는 학습자**에게 추천!

지텔프 독해는 각 파트별로 글의 종류와 문제 유형이 동일하고, 지문의 순서대로 문제가 출제된다는 특징이 있습니다. 영문 글을 읽고 흐름을 따라갈 수 있다면, 글의 특징 및 문제 유형 파악으로도 난이도가 낮은 문제를 풀 수 있습니다. 따라서 학습 효과가 빠른 문법을 집중 학습하면서, 독해는 글의 종류 및 흐름 파악과 같이 큰 틀에서 학습한다면 목표 점수 취득 시간을 단축할 수 있을 것입니다.

43점을 목표로!

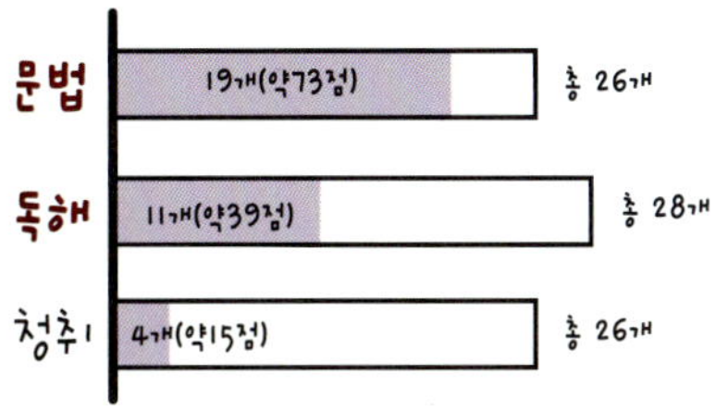

청취는 파트당 1개씩, 총 4개 맞는다는 가정 하에,
문법 19개 + 독해 11개
= 환산점수 43점!

48점을 목표로!

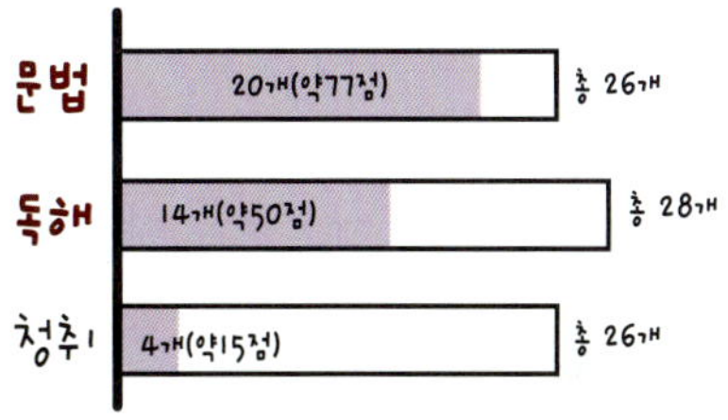

청취는 파트당 1개씩, 총 4개 맞는다는 가정 하에,
문법 20개 + 독해 14개
= 환산점수 48점!

• **초중급**

기본 문법에 대한 지식이 있고, 영어로 된 글을 읽고 **어느 정도 이해가 가능한 학습자**에게 추천!

영어 문장 구조도 알고 문법에 대한 기본 지식이 있으며, 영문 글을 읽고 핵심 파악도 가능하므로 문법과 독해를 동시에 학습하는 것이 효과적입니다.
문법에서 본인이 자신 있는 핵심 포인트를 집중적으로 학습하며 문제 패턴을 익히는 동시에, 독해 지문의 특징과 문제 유형을 파악하며 문제 풀이를 연습하는 등 두 영역을 적절히 분배하여 고루 학습하도록 합니다.

43점을 목표로!

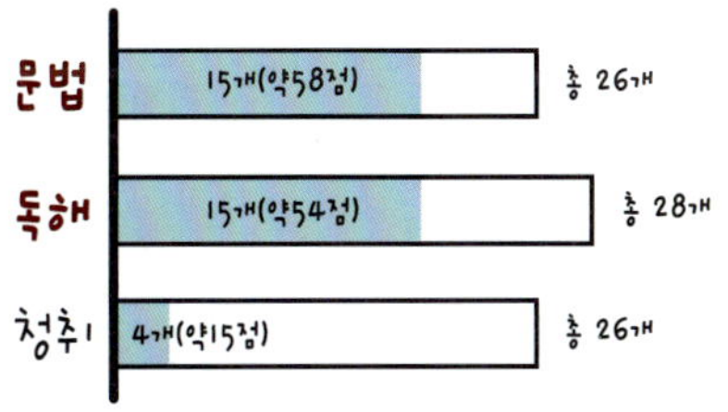

청취는 파트당 1개씩, 총 4개 맞는다는 가정 하에,
문법 15개 + 독해 15개
= 환산점수 43점!

추천

48점을 목표로!

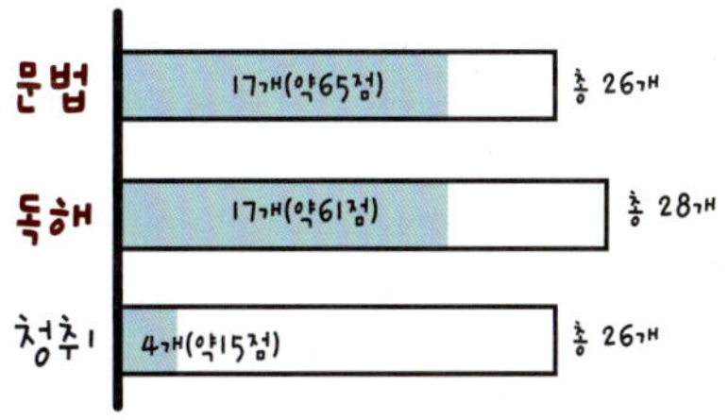

청취는 파트당 1개씩, 총 4개 맞는다는 가정 하에,
문법 17개 + 독해 17개
= 환산점수 48점!

학습플랜

- 다음의 학습플랜을 참고하여 매일 교재를 학습합니다.
- 학습을 완료하면 □에 체크하여 표시하세요.
- 2주, 3주, 4주 중 자신에게 가장 적합한 학습 기간을 선택하고, 자신만의 학습 플랜을 만들어보세요.
- 교재를 끝까지 공부하면 2회독, 3회독을 통해 꼼꼼하게 복습하여 영어 실력을 더욱 향상시킬 수 있습니다.

2주 완성 학습플랜

	1일	2일	3일	4일	5일	6일	7일
Week 1	[Grammar] Part 1, 2	[Grammar] Part 3	[Grammar] Part 4	[Grammar] Part 5	[Grammar] Part 6	[Grammar] Part 7	[Grammar] Part 8
	□ 학습 완료	□ 학습 완료	□ 학습 완료	□ 학습 완료	□ 학습 완료	□ 학습 완료	□ 학습 완료
	단어 1~30번	단어 31~60번	단어 61~90번	단어 91~120번	단어 121~150번	단어 1~150번 복습	
	□ 학습 완료	**□ 학습 완료**	**□ 학습 완료**	**□ 학습 완료**	**□ 학습 완료**	**□ 학습 완료**	
	8일	9일	10일	11일	12일	13일	14일
Week 2	[Grammar] Part 9	[Grammar] Part 10	[Reading] Part 1	[Reading] Part 2	[Reading] Part 3	[Reading] Part 4	[Actual Test] 풀이
	□ 학습 완료	**□ 학습 완료**	**□ 학습 완료**	**□ 학습 완료**	**□ 학습 완료**	**□ 학습 완료**	**□ 학습 완료**
	단어 151~180번	단어 181~210번	단어 211~240번	단어 241~270번	단어 271~300번	단어 151~300번 복습	
	□ 학습 완료	**□ 학습 완료**	**□ 학습 완료**	**□ 학습 완료**	**□ 학습 완료**	**□ 학습 완료**	

3주 완성 학습플랜

	1일	2일	3일	4일	5일	6일	7일
Week 1	[Grammar] Part 1	[Grammar] Part 2	[Grammar] Part 3	[Grammar] Part 4	[Grammar] Part 5	[Grammar] Part 1~5 복습	
	□ 학습 완료	**□ 학습 완료**	**□ 학습 완료**	**□ 학습 완료**	**□ 학습 완료**	**□ 학습 완료**	
	단어 1~30번	단어 31~60번	단어 61~90번	단어 91~120번	단어 121~150번	단어 1~150번 복습	
	□ 학습 완료	**□ 학습 완료**	**□ 학습 완료**	**□ 학습 완료**	**□ 학습 완료**	**□ 학습 완료**	
	8일	9일	10일	11일	12일	13일	14일
Week 2	[Grammar] Part 6	[Grammar] Part 7	[Grammar] Part 8	[Grammar] Part 9	[Grammar] Part 10	[Grammar] Part 6~10 복습	
	□ 학습 완료	**□ 학습 완료**	**□ 학습 완료**	**□ 학습 완료**	**□ 학습 완료**	**□ 학습 완료**	
	단어 151~180번	단어 181~210번	단어 211~240번	단어 241~270번	단어 271~300번	단어 151~300번 복습	
	□ 학습 완료	**□ 학습 완료**	**□ 학습 완료**	**□ 학습 완료**	**□ 학습 완료**	**□ 학습 완료**	
	15일	16일	17일	18일	19일	20일	21일
Week 3	[Reading] Part 1	[Reading] Part 2	[Reading] Part 3	[Reading] Part 4	[Reading] Part 1~4 복습		[Actual Test] 풀이
	□ 학습 완료	**□ 학습 완료**	**□ 학습 완료**	**□ 학습 완료**	**□ 학습 완료**		**□ 학습 완료**
	단어 1~50번 복습	단어 51~100번 복습	단어 101~150번 복습	단어 151~200번 복습	단어 201~250번 복습	단어 251~300번 복습	
	□ 학습 완료	**□ 학습 완료**	**□ 학습 완료**	**□ 학습 완료**	**□ 학습 완료**	**□ 학습 완료**	

4주 완성 학습플랜

Week 1	1일	2일	3일	4일	5일	6일	7일
	[Grammar] Part 1, 2		[Grammar] Part 3		[Grammar] Part 4		[Grammar] Part 1~4 복습
	□ 학습 완료		**□ 학습 완료**		**□ 학습 완료**		**□ 학습 완료**
	단어 1~30번	단어 31~60번	단어 61~90번	단어 91~120번	단어 121~150번	단어 1~150번 복습	
	□ 학습 완료	**□ 학습 완료**	**□ 학습 완료**	**□ 학습 완료**	**□ 학습 완료**	**□ 학습 완료**	
Week 2	8일	9일	10일	11일	12일	13일	14일
	[Grammar] Part 5		[Grammar] Part 6		[Grammar] Part 7		[Grammar] Part 5~7 복습
	□ 학습 완료		□ 학습 완료		□ 학습 완료		□ 학습 완료
	단어 151~180번	단어 181~210번	단어 211~240번	단어 241~270번	단어 271~300번	단어 151~300번 복습	
	□ 학습 완료	**□ 학습 완료**	**□ 학습 완료**	**□ 학습 완료**	**□ 학습 완료**	**□ 학습 완료**	
Week 3	15일	16일	17일	18일	19일	20일	21일
	[Grammar] Part 8		[Grammar] Part 9		[Grammar] Part 10		[Grammar] Part 8~10 복습
	□ 학습 완료		□ 학습 완료		□ 학습 완료		□ 학습 완료
	단어 1~30번	단어 31~60번	단어 61~90번	단어 91~120번	단어 121~150번	단어 1~150번복습	
	□ 학습 완료	**□ 학습 완료**	**□ 학습 완료**	**□ 학습 완료**	**□ 학습 완료**	**□ 학습 완료**	
Week 4	22일	23일	24일	25일	26일	27일	28일
	[Reading] Part 1	[Reading] Part 2	[Reading] Part 3	[Reading] Part 4	[Reading] Part 1~4 복습		[Actual Test] 풀이
	□ 학습 완료		□ 학습 완료		□ 학습 완료		□ 학습 완료
	단어 151~180번	단어 181~210번	단어 211~240번	단어 241~270번	단어 271~300번	단어 151~300번 복습	
	□ 학습 완료	**□ 학습 완료**	**□ 학습 완료**	**□ 학습 완료**	**□ 학습 완료**	**□ 학습 완료**	

Grammar

꼭 알고 가자!

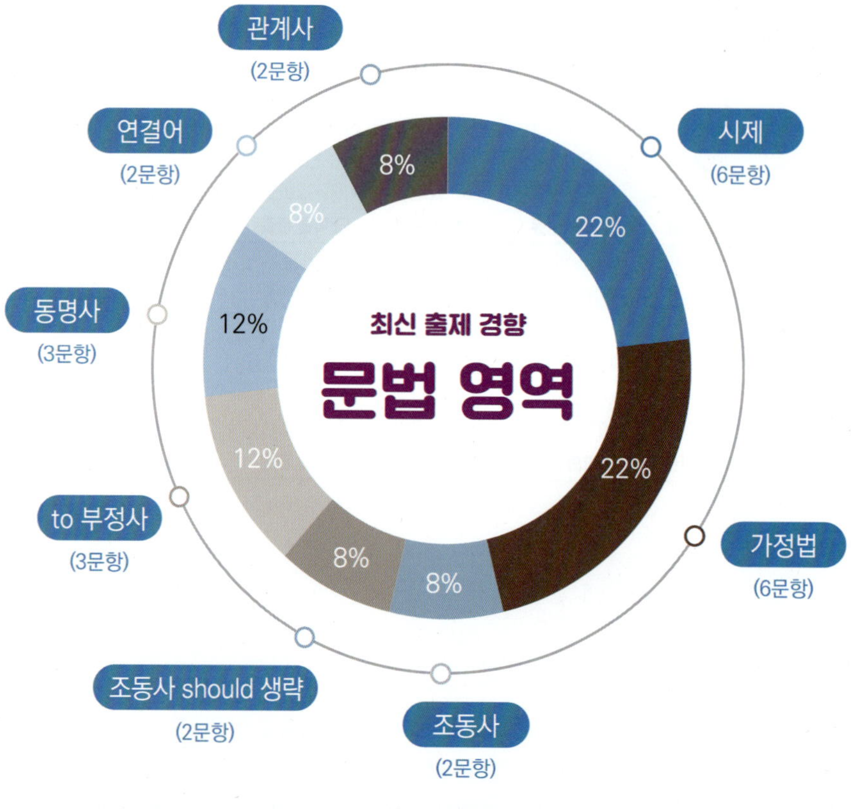

Grammar Section

문항 수	총 26문항
시간	20분
문항 구성	- 문항 당 약 **2~3개의 문장**으로 구성 (약 4~5줄) - 문장 내 **빈칸 채우기** 유형

기본적인 문법 구조와 아울러 어느 정도의 복잡한 문장구조를 이해할 수 있는지를 평가합니다.
주로 문장에 적합한 **시제, 가정법, 조동사, 연결어, 조동사 should 생략** 등의 문제가 출제됩니다.

문제 유형

시제	시제의 단서 표현을 바탕으로 적절한 동사 시제 찾기
가정법	가정법 과거 가정법 과거완료 가정법 미래 if 생략된 가정법
조동사	앞뒤 문맥을 바탕으로 적절한 의미의 조동사(will, can, must 등) 찾기
조동사 should 생략	주장, 명령, 요구, 제안 등의 동사 또는 형용사 + that + 동사원형
to부정사&동명사	to부정사의 명사적, 형용사적, 부사적 기능 동명사의 명사적 기능
연결어	접속사 (등위접속사, 상관접속사, 종속접속사) 접속 부사
관계사	관계대명사 관계부사

문제 풀이 Tip!

1) 자주 나오는 출제분야 파악하기

G-TELP Level 2 시험은 7가지의 문법을 집중적으로 출제하는 경향이 있습니다.
특히 진행형 시제나 가정법(과거, 과거완료) 등의 문제가 자주 등장하므로 출제 빈도가 높은 문법 개념을 꼼꼼히 정리하면 정답을 보다 쉽게 찾을 수 있습니다.

2) 문제 속 힌트 확인하기

문제를 풀 때, 문법에 관련된 부사나 핵심 키워드를 확인하면 문장 전체를 해석하지 않아도 정답을 빠르게 고를 수 있습니다.

➔ 문법 관련 부사 찾기

EX

French car manufacturer Étienne has been developing a new vehicle called the "World Car." Currently, its Romanian subsidiary __________ to build 200,000 cars for Eastern Europe, where the company hopes to expand in the future.

핵심 키워드!

(a) will be aiming
(b) was aiming
(c) **is aiming**
(d) had aimed

현재 진행형

Currently를 통해 현재 / 현재진행형임을 알 수 있습니다.
따라서 (c) is aiming이 정답!

➔ 핵심 키워드 찾기

EX

In the 2004 movie *The Polar Express*, an animation technique called "motion capture" was used to bring the story to life. The director said they __________ an additional $835 million if they had used traditional animation methods. 핵심 키워드!

(a) would spend
(b) will have spent
(c) **would have spent**
(d) had been spending

가정법 과거완료

if 주어 had p.p. 형태이므로 would/could/should/might + have p.p.가 들어가야 합니다. 따라서 (c) would have spent가 정답!

3) 문맥을 파악하기

접속사나 조동사 문제처럼 문제 속에서 힌트를 찾기 어려울 경우, 앞뒤 문맥과 글의 흐름을 통해 정답을 유추할 수 있습니다.

따라서 해석과 함께 문제의 출제의도를 생각하며 문제에 접근한다면 어렵지 않게 정답을 고를 수 있습니다.

PART 01

문장의 구조

기본 구조

주어 S + 동사 V + 부사(구)/전치사구 보어/목적어 등

- 주어: 누가/무엇이 : 동작의 주체
- 동사: 하다 : 동작/행위

동사 구분

자동사 Vi	동사가 나타내는 동작이나 행위가 **주어에만 미치는 동사**.
	목적어 X
타동사 Vt	동사가 나타내는 동작이나 행위가 **목적어를 대상으로 하는 동사**.
	목적어 O

문장의 형식 총 정리

주어와 **동사**는 반드시 포함되어야 하는 필수 문장 성분!

1형식	주어(S) + 동사(V) ⇨ [주어]가 [동사]하다.
2형식	주어(S) + 동사(V) + 보어(C) ⇨ [주어]가 [보어]이다.
3형식	주어(S) + 동사(V) + 목적어(O) ⇨ [주어]가 [목적어]를 [동사]하다.
4형식	주어(S) + 동사(V) + 간접 목적어(I.O) + 직접 목적어(D.O) ⇨ [주어]가 [간접 목적어]에게 [직접 목적어]를 [동사]하다.
5형식	주어(S) + 동사(V) + 목적어(O) + 목적격 보어(O.C) ⇨ [주어]가 [목적어]를 [목적격 보어]하게 [동사]하다

문장의 형식

① 1형식

1형식 문장은 **주어 + 동사**로 문장이 완성됩니다.

1형식에는 자동사(be동사)가 주로 사용되며, 이외에도 go, come, run, live 등이 있습니다..

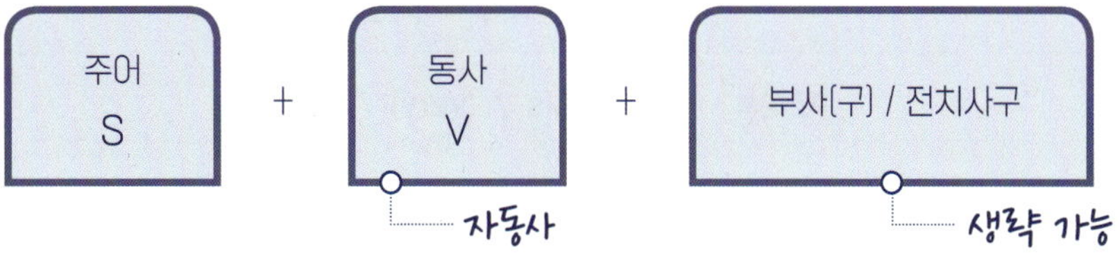

People live in the town

구조분석 People / live / (in the town.)
주어 동사 전치사구

해석 사람들이 / 산다. / 그 마을에
⇨ 사람들이 그 마을에 산다.

They go to the beach.

구조분석 They / go / (to the beach.)
주어 동사 전치사구

해석 그들은 / 간다. / 그 해변으로
⇨ 그들은 그 해변으로 간다.

② 2형식

2형식 문장은 **주어 + 동사 + 보어**로 문장이 완성됩니다.

보어는 주어를 '보완, 보충'하는 단어이기 때문에 **주어와 보어가 동일한 의미를 나타내거나, 주어를 설명**하고 있다면 2형식으로 사용되었음을 알 수 있습니다.

2형식에는 자동사(be동사)가 주로 사용되며, 이외에도 become, look, feel 등이 있습니다.

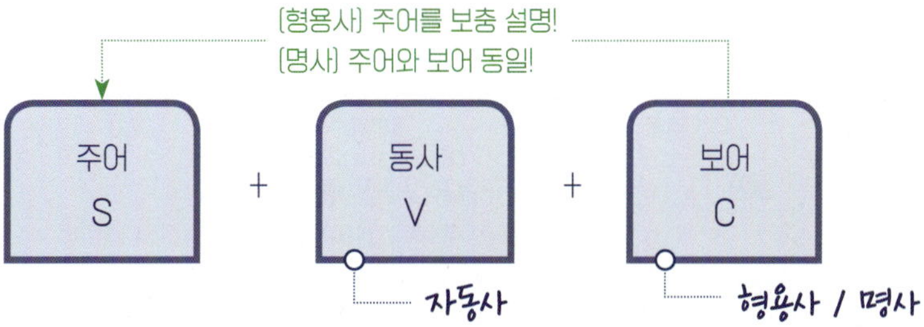

The cat is cute.
구조분석 The cat / is / cute. (주어 / 동사 / 보어[형용사])
해석 그 고양이는 / ~ 이다. / 귀여운 ⇨ 그 고양이는 귀엽다.

He feels very happy.
구조분석 He / feels / (very) / happy. (주어 / 동사 / 부사 / 보어[형용사])
해석 그는 / 느낀다. / 매우 / 행복한 ⇨ 그는 매우 행복하다고 느낀다.

③ 3형식

3형식 문장은 **주어 + 동사 + 목적어**로 문장이 완성됩니다.

목적어는 주어의 행위가 미치는 대상을 의미하며, '**~을/를**'으로 해석합니다.

3형식에는 타동사가 주로 사용됩니다.

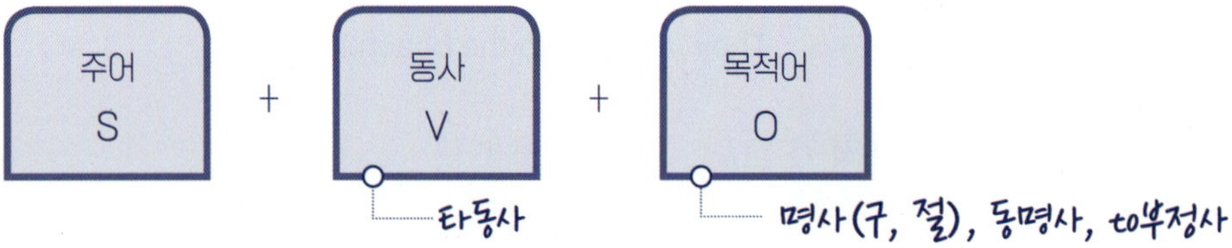

My sister made some cookies.
구조분석 My sister / made / some cookies. (주어 / 동사 / 목적어)
해석 내 여동생은 / 만들었다. / 몇 개의 쿠키들을 ⇨ 내 여동생은 몇 개의 쿠키들을 만들었다.

I play the computer game often.
구조분석 I / play / that computer game / (often). (주어 / 동사 / 목적어 / 부사)
해석 나는 / 한다. / 그 컴퓨터 게임을 / 자주 ⇨ 나는 그 컴퓨터 게임을 자주 한다.

④ 4형식

4형식 문장은 **주어 + 동사 + 간접 목적어 + 직접 목적어**로 문장이 완성됩니다.

간접 목적어는 '~에게'로 행위의 대상을, **직접 목적어는 '~을'로 행위의 물건**을 의미합니다.

4형식에는 타동사(수여동사)가 주로 사용됩니다.

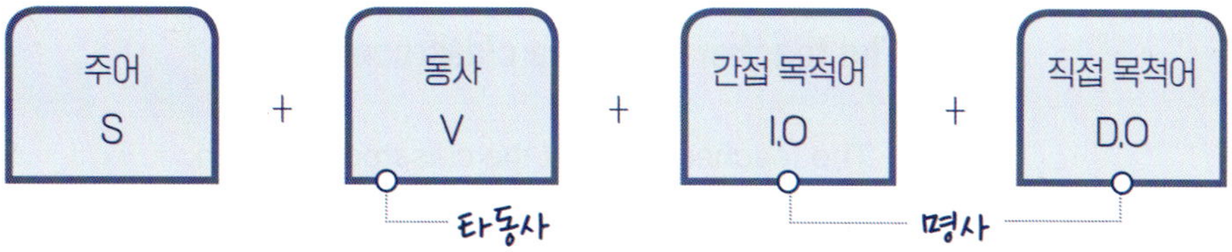

He bought me a bag.
구조분석 He / bought / me / a bag. 주어 / 동사 / 간접 목적어 / 직접 목적어
해석 그는 / 사주었다. / 나에게 / 가방을 ⇨ 그는 나에게 가방을 사주었다.
My mother made me a birthday cake.
구조분석 My mother / made / me / a birthday cake. 주어 / 동사 / 간접 목적어 / 직접 목적어
해석 엄마가 / 만들어 주셨다. / 나에게 / 생일 케이크를 ⇨ 엄마가 나에게 생일 케이크를 만들어 주셨다.

⑤ 5형식

5형식 문장은 **주어 + 동사 + 목적어 + 목적격 보어**로 문장이 완성됩니다.

목적격 보어는 2형식의 보어가 주어를 보충하듯이 **목적어를 보충하는 역할**을 합니다.

5형식에는 타동사가 주로 사용됩니다.

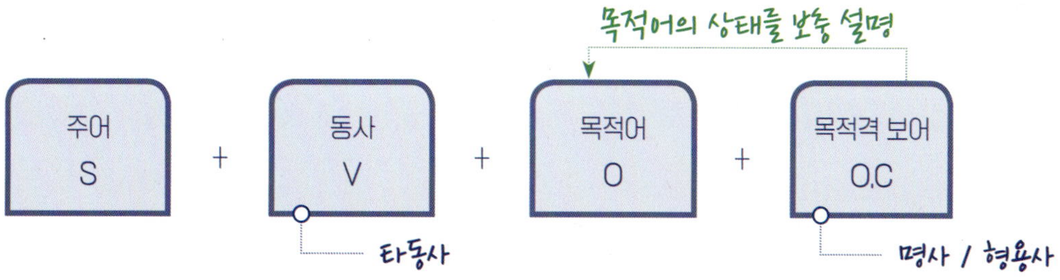

She made me angry.
구조분석 She / made / me / angry. 주어 / 동사 / 목적어 / 목적격 보어
해석 그녀는 / 만들었다. / 나를 / 화나게 ⇨ 그녀는 나를 화나게 만들었다.
The teacher made the classroom clean.
구조분석 The teacher / made / the classroom / clean. 주어 / 동사 / 목적어 / 목적격 보어
해석 선생님은 / 만들었다. / 그 교실을 / 깨끗하게 ⇨ 선생님은 그 교실을 깨끗하게 만들었다.

EXERCISE

다음 문장의 밑줄 친 부분에 품사를 영어 약자로 쓰세요.

S(주어) **V**(동사) **C**(보어) **O**(목적어)
I.O(간접 목적어) **D.O**(직접 목적어) **O.C**(목적격 보어)

예시

The movie / I saw yesterday / made / me / sad.
S — 주어는 S로
V — 동사는 V로 표시!

1. I ( ) live ( ) in Seoul. (전치사구)

2. Julia ( ) seems ( ) scared ( ).

3. I ( ) made ( ) a birthday cake ( ) for my mom. (전치사구)

4. My parents ( ) bought ( ) me ( ) shoes ( ).

5. Some people ( ) considered ( ) him ( ) a rich man ( ).

정답 **1.** S V / **2.** S V C / **3.** S V O / **4.** S V I.O D.O / **5.** S V O O.C

PRACTICE

5분

▶ 정답 및 해설 : 3p

다음 문제를 풀어보세요.

1. I _________ up at 7 o'clock every day.

(a) waking
(b) wake
(c) to wake
(d) woken

2. The food tastes very _________.

(a) salt
(b) salty
(c) saltily
(d) saltiness

3. _________ should follow the school rules.

(a) Study
(b) Studied
(c) Studying
(d) Students

4. I gave him _________.

(a) permissive
(b) permitted
(c) permission
(d) to permit

5. My puppy makes me _________.

(a) happy
(b) happily
(c) happiness
(d) unhappiness

PART 02 현재시제

① 현재진행

현재진행은 **현재 시점에서 동작이나 상태가 지속되고 있거나, 진행 중인 상태**를 의미합니다.

형태

be동사 (am, are, is) + V ~ ing	
의미	~하는 중이다

활용

- 현재 진행중인 동작 및 상태

They **are fighting** in the street **at the moment.**
그들은 지금 길에서 싸우고 **있는 중이다**.

- 예정되어 있는 미래의 일

I'm taking my driving test the day after tomorrow.
나는 내일 모레 운전 시험을 **본다**.

Hint 현재진행시제

(right) now (바로) 지금	at the moment 지금 순간	today 오늘날
currently 현재	these days 요즘	nowadays 요즘

② 현재완료

현재완료는 **과거의 일이 현재까지** 영향을 미치는 경우를 의미합니다.

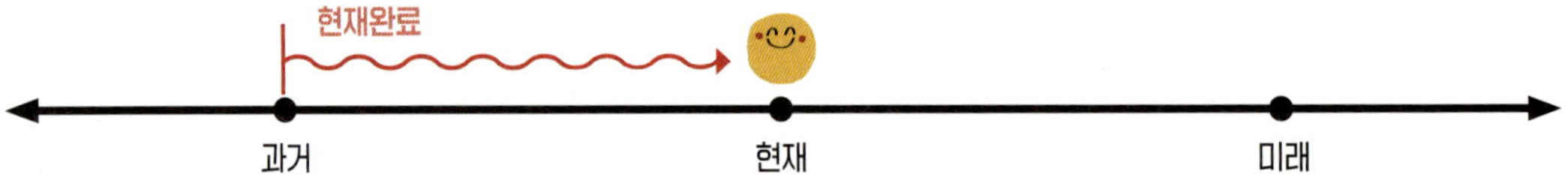

형태

has / have + p.p.	
의미	~했다(완료 & 결과) ~한 적이 있다, ~해본 적이 있다(경험) ~해왔다(계속)

활용

- 완료 (사건이 완료되었을 때)

She **has** just **finished** wrapping her daughter's birthday present.
그녀는 딸의 생일 선물을 포장하는 것을 막 **끝냈다**.

- 결과 (과거의 일어난 일의 결과를 말할 때)

Harry **has lost** his wallet.
해리는 그의 지갑을 **잃어버렸다**.

- 경험 (경험을 말할 때)

I'**ve** never **been** to Europe **before**.
나는 전에 유럽에 **가본 적이 없다**.

- 계속 (과거에 시작해서 지금까지 지속될 때)

She **has been** at the reception for two hours.
그녀는 피로연에 두 시간 동안 **참석하고 있다**.

③ 현재완료진행

현재완료진행은 완료, 경험, 계속(과거에 시작해서 지금까지 지속됨), 결과(과거의 일어난 일의 결과)의 의미와 함께 **과거의 일이 현재에도 계속되거나 진행** 중인 경우를 의미합니다.

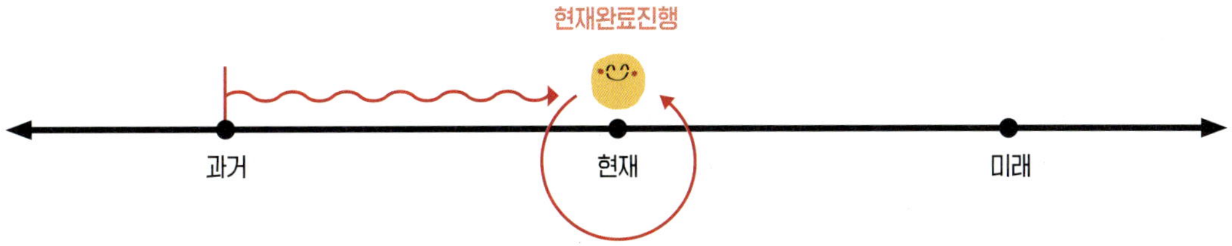

형태

has / have been	+	V ~ing	(for + 기간)
의미	~해오고 있는 중이다 (~동안)		

활용

- 과거에 시작한 행위가 지속되어 현재에도 진행 중인 상태

The performers **have been playing** music from an early age.
연주자들은 어렸을 때부터 음악을 **연주해오고 있는 중이다**.

Erin **has been studying** at the local cafe for 6 months.
에린은 그 지역 카페에서 6개월 동안 **공부해오고 있는 중이다**.

Jane **has been taking care of her** cousin since she arrived at her aunt's house three hours ago.
제인은 3시간 전에 고모의 집에 도착한 이래로 그녀의 사촌을 **돌보고 있는 중이다**.

Hint 현재완료&현재완료진행시제

경험) ever 한번도	never 절대로	once 한 번	before ~이전에
계속) for + 기간 ~동안	since + 과거 시점 ~이래로	recently 최근에	lately 최근에

문제 풀이 핵심 전략!

가이드를 따라 문제를 함께 풀며 꼼꼼히 익혀보세요.

Q. Maya is certain that her pies will win first prize at the Strawberry Festival baking competition. Using her grandmother's recipe, Maya ________________ all morning and is ready to take the last pie out of the oven.

(a) is baking
(b) had been baking
(c) bakes
(d) has been baking

> **TIP 보기 먼저 확인!**
> 보기가 동사 bake의 여러 시제로 구성되어 있으므로
> 이 문제는 **시제를 찾는 문제!**

STEP 1 동사 확인하기

Maya **is** certain that her pies will win first prize at the Strawberry Festival baking competition. Using her grandmother's recipe, Maya ________________ all morning and **is** ready to take the last pie out of the oven.

가장 먼저 **문장의 동사** 확인!
동사가 **is**로 모두 현재 시제 이므로,
빈칸에도 현재 시제가 들어가야 합니다.

여기서 과거 시제인 (b) had been baking은
정답에서 제외!

(a) is baking
~~(b) had been baking~~
(c) bakes
(d) has been baking

STEP 2 주어 확인하기

Maya is certain that her pies will win first prize at the Strawberry Festival baking competition. Using her grandmother's recipe, Maya ________ all morning and is ready to take the last pie out of the oven.

빈칸 문장의 주어 확인!
Maya라는 사람 이름의 **3인칭 주어**를 사용하고 있으므로, 빈칸에는 3인칭 단수의 동사가 들어가야 합니다.

여기에서는 복수 동사가 없으므로 정답을 걸러낼 수 없어요!

(a) is baking
(b) ~~had been baking~~
(c) bakes
(d) has been baking

STEP 3 의미 찾기

Maya is certain that her pies will win first prize at the Strawberry Festival baking competition. Using her grandmother's recipe, Maya ________ all morning and is ready to take the last pie out of the oven.

빈칸 문장에서 의미상의 힌트 확인!
all morning을 통해 마야가 아침 내내 무언가를 하고 있다고 설명하고 있으므로 과거부터 현재까지 계속되고 있다는 사실을 알 수 있습니다.

여기서 헷갈린다면,
다음 문장을 해석하면 힌트를 얻을 수 있습니다.
다음 문장은 마지막 파이를 오븐에서 꺼낼 준비를 한다는 의미이므로
과거부터 현재까지 이어지는 현재완료진행이 적절하다는 것을 알 수 있습니다.

따라서 과거부터 현재까지 진행되는 일을 나타내는 현재완료진행(has + been -ing) (d)가 정답!

(a) is baking
(b) ~~had been baking~~
(c) bakes
(d) has been baking

EXERCISE

다음 보기 중 빈칸에 가장 적절한 것을 골라보세요.

1. Dennis (**is taking** / **was taking**) the scenic route to the beach now.

2. Tell Mom that I (**came** / **am coming**) over now.

3. My sister (**has been talking** / **will talk**) on the phone for two hours.

4. I **(have been looking** / **looked**) all over the house for my keys since this morning.

5. Robert (**thought** / **is thinking**) about buying a new sofa at the moment.

6. Melissa (**is jogging** / **will be jogging**) in her neighborhood park right now.

7. Gilbert (**has been coughing** / **coughs**) a lot lately.

8. Joan (**was practicing** / **has been practicing**) her lines for the school play all evening.

9. Tabitha (**is still working** / **had worked**) long after her colleagues have left.

10. Henry (**was coming** / **has been coming**) late to work every day since he joined the company.

같이 풀어볼까요?

현재진행

1. Dennis (**is taking** / ~~was taking~~) the scenic route to the beach **now**.
현재진행 과거진행 → 현재진행시제 단서

현재진행

2. Tell Mom that I (~~came~~ / **am coming**) over **now**.
단순과거 현재진행 → 현재진행시제 단서

현재완료진행

3. My sister (**has been talking** / ~~will talk~~) on the phone **for two hours**.
현재완료진행 단순미래 → 완료시제 단서

현재완료진행

4. I (**have been looking** / ~~looked~~) all over the house for my keys **since this morning**.
현재완료진행 단순과거 → 현재완료시제 단서

현재진행

5. Robert (~~thought~~ / **is thinking**) about buying a new sofa **at the moment**.
단순과거 현재진행 → 현재진행시제 단서

현재진행

6. Melissa (**is jogging** / ~~will be jogging~~) in her neighborhood park **right now**.
현재진행 미래진행 → 현재진행시제 단서

현재완료진행

7. Gilbert (**has been coughing** / ~~coughs~~) a lot **lately**.
현재완료진행 단순현재 → 현재완료시제 단서

현재완료진행

8. Joan (~~was practicing~~ / **has been practicing**) her lines for the school play
과거진행 현재완료진행
all evening.
→ 현재완료시제 단서

현재진행

9. Tabitha (**is still working** / ~~had worked~~) long **after her colleagues have left**.
현재진행 과거완료 → 현재시제 단서

현재완료진행

10. Henry (~~was coming~~ / **has been coming**) late to work every day **since he joined the company**.
과거진행 현재완료진행 → 현재완료시제 단서

PRACTICE

5분

▶ 정답 및 해설 : 5p

다음 문제를 풀어보세요.

1. As a punishment, Jacob is forbidden from hanging out with his friends after school for the next week. His mother just scolded him because he _________ his household chores all month.

   (a) has not been doing
   (b) will not have been doing
   (c) is not doing
   (d) would not have done

2. After a stressful week of exams, Susan is looking to unwind. She wants to take a nap, but she fears she will be unable to sleep later. So now, she _________ television in the living room.

   (a) had been watching
   (b) watched
   (c) will be watching
   (d) is watching

3. Sarah and Tony started working at the same office many years ago. Sarah _________ Tony since she first met him, but she is too shy to make the first move.

   (a) admires
   (b) has been admiring
   (c) will be admiring
   (d) is admiring

4. The show I'm hooked on now has just started airing its seventh season. I _________ it for a month but I'm only halfway through the second season, so it will take some time to catch up.

   (a) had watched
   (b) am watching
   (c) will have watched
   (d) have been watching

5. Lobster prices have been going up due to a decrease in the number of fishermen. Though the cost of lobster _________, some restaurant owners refuse to pass these price increases onto the customers.

   (a) would soar
   (b) is soaring
   (c) will be soaring
   (d) had been soaring

PART 03

과거시제

① 과거진행

과거진행은 **과거 시점에서 동작이나 상태가 지속되었거나, 진행 중이었던 상태**를 의미합니다.

형태

be동사 (was, were) + V ~ ing	
의미	~하는 중이었다

활용

- 특정 과거 시점에 진행 중이었던 일이나 행위

This time **last month** I **was traveling** with my best friend.
지난달 이맘때쯤 나는 가장 친한 친구와 **여행하는 중이었어**.

She **was running** to the office **when I saw her**.
내가 그녀를 보았을 때, 그녀는 사무실로 **뛰어가는 중이었다**.

I saw her while she **was running** to the office.
그녀가 사무실로 **뛰어가는** 동안 나는 그녀를 보았다.

Hint 과거진행시제

ago ~전에	last + **과거시점** 지난 ~	prior to ~ 이전에
yesterday 어제	at that time 그때	when + **주어** + **과거시제** 주어가 ~했을 때

② 과거완료

과거완료는 **특정 과거 이전의 일이 특정 과거까지** 영향을 미치는 경우를 의미합니다.

형태

had + p.p.	
의미	~했었다

활용

- 과거 특정 시점 이전에 일어나거나 완료된 상태

By the time I got home, everybody **had gone** to sleep.
내가 집에 도착했을 때, 모두가 이미 잠에 **들었다**.

I **had** never **been involved** in making such a big decision **before**.
나는 전에 그렇게 큰 결정을 내리는 데 **개입된 적이 없었다**.

As soon as he **had seen** me, he ran away.
그가 나를 **보자마자**, 그는 도망쳤다.

TIP

No sooner ~ than / Hardly ~ when

어떤 일이 있자마자 바로 다른 일이 발생하는 것을 나타낼 때 사용되는 구문입니다.
해당 구문은 주절이 먼저 발생하고 종속절이 바로 다음에 발생하기 때문에
주절에 과거완료(had p.p.)를 사용합니다.

Ex) He **had no sooner seen** a ghost **than** he ran away.
그는 유령을 보자마자 줄행랑을 쳤다.

(= **No sooner** had he seen a ghost **than** he ran away.)

(= **Hardly** had he seen a ghost **when** he ran away.)

③ 과거완료진행

과거완료진행은 **과거 이전(대과거)의 일이 과거의 특정 시점까지 동작이 계속**되었음을 나타내는 경우를 의미합니다.

형태

had been + V ~ing (for + 기간)	
의미	~해오고 있었다, ~해오던 중이었다 (~동안)

활용

- 대과거부터 시작해서 과거 시점에도 진행중인 상태

Attendance **had been dropping** for weeks **when the last class started.**
마지막 수업이 시작되었을 때, 출석자 수는 몇 주 동안 **줄어들고 있었다.**

By the time he arrived I **had been waiting** for half an hour.
그가 도착했을 때 나는 30분동안 **기다려오던 중이었다.**

Hint 과거완료&과거완료진행시제

when + 주어 + 과거시제 주어가 ~했을 때
by the time + 과거시제 주어가 ~했을 때
until + 과거 시점 ~전까지
before + 과거 시점 ~전에

문제 풀이 핵심 전략!

가이드를 따라 문제를 함께 풀며 꼼꼼히 익혀보세요.

Q. Robert was known as the clumsiest boy in his school. One day, he ________________ down the hallway when he got distracted by a poster and ran into the principal, dropping his supplies all over the ground.

(a) has been walking
(b) had walked
(c) was walking
(d) walked

> **TIP** **보기 먼저 확인!**
> 보기가 동사 walk의 여러 시제로
> 구성되어 있으므로
> 이 문제는 **시제를 찾는 문제!**

STEP 1 동사 확인하기

Robert was known as the clumsiest boy in his school. One day, he ________________ down the hallway when he got distracted by a poster and ran into the principal, dropping his supplies all over the ground.

가장 먼저 **문장의 동사** 확인!
동사가 **was, got, ran**로 모두 과거 시제 이므로,
빈칸에도 과거 시제가 들어가야 합니다.

여기서 현재 시제인 (a) has been walking은
정답에서 제외!

~~(a) has been walking~~
(b) had walked
(c) was walking
(d) walked

STEP 2 주어 확인하기

Robert was known as the clumsiest boy in his school. One day, he ________ down the hallway when he got distracted by a poster and ran into the principal, dropping his supplies all over the ground.

빈칸 문장의 주어 확인!
he로 **3인칭 주어**를 사용하고 있으므로 단수 동사가 들어가야 합니다.

여기에서는 복수 동사가 없으므로 정답을 걸러낼 수 없어요!

~~(a) has been walking~~
(b) had walked
(c) was walking
(d) walked

STEP 3 의미 찾기

Robert was known as the clumsiest boy in his school. One day, he ________ down the hallway when he got distracted by a poster and ran into the principal, dropping his supplies all over the ground.

빈칸 문장에서 의미상의 힌트 확인!
해당 문제에서는 정답의 힌트가 될 단어가 없어 해석으로 힌트를 얻어야 합니다.

one day로 과거의 어느 날을 가리키며, 포스터에 정신이 팔렸을 때 복도를 _____하고 있었다는 의미이므로 **과거 시점에 진행 중인 동작을 나타낼 때 쓰는 과거진행**이 적절하다는 것을 알 수 있습니다.

따라서 특정 과거 시점에 진행중인 일을 나타내는 과거진행(was/were + -ing) (c)가 정답!

~~(a) has been walking~~
(b) had walked
(c) was walking
(d) walked

Grammar PART 03 과거시제

EXERCISE

다음 보기 중 빈칸에 가장 적절한 것을 골라보세요.

1. Jessica (**was doing / is doing**) homework when she got interrupted.

2. Martha (**was dancing / had been dancing**) since she was nine.

3. Dr. Smith (**will be lecturing / had been lecturing**) right before the fire drill started.

4. He (**was gardening / has been gardening**) two hours ago.

5. George showed up while I (**has met / was meeting**) with my clients.

6. He (**had been sleeping / is sleeping**) until the doorbell woke him up.

7. Michael (**drives / was driving**) to his sister's wedding last Saturday.

8. Mom (**was cooking / will be cooking**) dinner when she burned her finger.

9. She (**had been working / works**) at the pharmacy until she lost her interest.

10. I (**will wonder / was wondering**) where the cat went.

같이 풀어볼까요?

과거진행

1. Jessica (**was doing** / ~~is doing~~) homework **when she got interrupted**.
과거진행 / 현재진행 / 과거동사! / 과거진행시제 단서

과거완료진행

2. Martha (~~was dancing~~ / **had been dancing**) **since she was nine**.
과거진행 / 과거완료진행 / 과거동사! / 과거완료시제 단서

과거완료진행

3. Dr. Smith (~~will be lecturing~~ / **had been lecturing**) **right before the fire drill started**.
미래진행 / 과거완료진행 / 과거동사! / 과거완료시제 단서

과거진행

4. He (**was gardening** / ~~has been gardening~~) **two hours ago**.
과거진행 / 현재완료진행 / 과거시제 단서

과거진행

5. George **showed up while** I (~~has met~~ / **was meeting**) with my clients.
주절에 과거시제+while / 과거진행시제 단서 / 현재완료 / 과거진행

과거완료진행

6. He (**had been sleeping** / ~~is sleeping~~) **until the doorbell woke him up**.
과거완료진행 / 현재진행 / 과거동사! / 과거완료시제 단서

과거진행

7. Michael (~~drives~~ / **was driving**) to his sister's wedding **last Saturday**.
단순현재 / 과거진행 / 과거시제 단서

과거진행

8. Mom (**was cooking** / ~~will be cooking~~) dinner **when she burned her finger**.
과거진행 / 미래진행 / 과거동사! / 과거진행시제 단서

과거완료진행

9. She (**had been working** / ~~works~~) at the pharmacy **until she lost her interest**.
과거완료진행 / 단순현재 / 과거동사! / 과거완료시제 단서

과거진행

10. I (~~will wonder~~ / **was wondering**) **where the cat went**.
단순미래 / 과거진행 / 과거동사! / 과거시제 단서

PRACTICE

5분

▶ 정답 및 해설 : 7p

다음 문제를 풀어보세요.

1. While waiting for her dad to come home from work to help her with her math assignment, Francesca decided to make some sketches. She _______ a picture of a butterfly when he walked through the door.

(a) was still drawing
(b) is still drawing
(c) still draws
(d) still drew

2. Dr. Ash Willoughby was looking forward to retirement. However, on his last day at the office, he found that he was a little sad to leave the position he _________ in for nearly 40 years.

(a) had been working
(b) has been working
(c) is working
(d) would be working

3. Although Sheila usually finished first in the town's annual marathon, she wasn't really surprised when she came in sixth place this year. She knew that she _________ as hard as she should have.

(a) would not train
(b) has not been training
(c) had not been training
(d) is not training

4. Residents of Centerville were upset that the town's historic oak trees would be cut down to make space for a new bank. While the workers _________ chainsaws, the citizens stood in the street and protested.

(a) will have brought in
(b) had been bringing in
(c) are bringing in
(d) were bringing in

5. Jeremy and Vanessa were disappointed when they heard the first rumbling of thunder. They _________ food all day in anticipation of their picnic, but the sudden rainstorm ruined all of their plans.

(a) had been preparing
(b) would prepare
(c) prepare
(d) are preparing

PART 04 미래시제

① 미래진행

미래진행은 **미래 시점에서 지속되거나 진행되고 있을 동작이나 상태**를 의미합니다.

형태

will + be + V ~ ing	
의미	~할 것이다, ~하는 중일 것이다

활용

- 가까운 미래, 특정 미래 시점에서 진행 중이거나 계속되는 동작

The plane **will be landing** in 20 minutes.
비행기가 20분 안에 **착륙할 것입니다**.

This time tomorrow, I**'ll be lying** on the beach.
내일 이맘때면, 나는 해변에 **누워 있는 중일 것이다**.

Hint 미래진행시제

later 나중에
tomorrow 내일
soon 곧
shortly 곧바로
next + 시간 다음 ~에
in + 미래의 연도 ~에
following 다음~
if + 주어 + 현재시제 만약 ~한다면
when + 주어 + 현재시제 주어가 ~할 때

② 미래완료

미래완료는 **현재나 과거에서 시작된 일이 미래까지** 영향을 미치는 경우에 사용합니다.

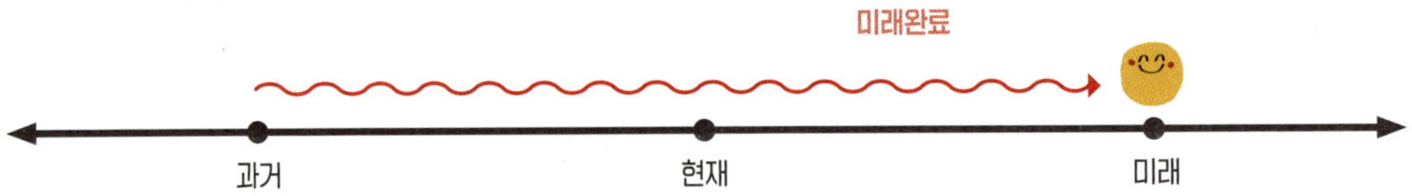

형태

will + have + p.p.	
의미	~했을 것이다

활용

- 미래의 특정 시점에 도달했을 때 이미 일어난 동작의 완료

By the time she gets home, her family **will have left** for London.
그녀가 집에 도착할 때쯤, 그녀의 가족은 이미 런던으로 **떠났을 것이다**.

- 미래의 특정 시점에 도달하기까지의 동작의 경험

I **will have read** this book three times if I read it one more time.
이 책을 한 번 더 읽으면 세 번 **읽는 것이 될 것이다**.

③ 미래완료진행

미래완료진행은 **지금 진행중인 일이 미래의 특정 시점까지 계속적으로 진행될 것**임을 나타내는 경우에 사용합니다.

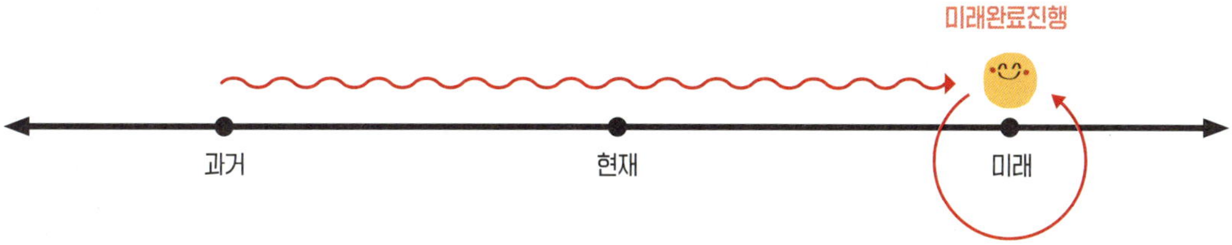

형태

will + have been + V ~ ing (for + 기간)	
의미	~해오고 있을 것이다, ~해오던 중일 것이다 (~동안)

활용

- 과거나 현재에 시작된 일이 미래 시점까지 계속 진행되고 있을 상태

I **will have been working** on this essay **for three hours by the time** I break for the night.
내가 밤에 휴식을 취할 때쯤에는 이 에세이를 세 시간 동안 **작업해오고 있을 것이다**.

When August finally rolls around, I **will have been waiting** for this trip **for six months**.
마침내 8월이 왔을 때, 나는 이 여행을 6개월 동안 **기다려오던 중일 거야**.

Hint 미래완료&미래완료진행시제

by + **미래의 연도** ~까지
until + **현재 시점** ~전까지
if + **주어** + **현재시제** 만약 ~한다면
by the time + **주어** + **현재시제** 주어가 ~할 때
before + **현재 시점** ~전에
when + **주어** + **현재시제** 주어가 ~할 때

문제 풀이 핵심 전략!

가이드를 따라 문제를 함께 풀며 꼼꼼히 익혀보세요.

Q. Hunter has waited a long time to replace his phone because he is picky about quality and price. This Friday, the tech company he likes ______________ an affordable new line of smartphones, so he is thrilled.

(a) finally releases
(b) will finally be releasing
(c) has finally been releasing
(d) finally released

> **TIP** **보기 먼저 확인!**
> 보기가 동사 release의 여러 시제로 구성되어 있으므로
> 이 문제는 **시제를 찾는 문제!**

STEP 1 동사 확인하기

Hunter has waited a long time to replace his phone because he is picky about quality and price. This Friday, the tech company he likes ______________ an affordable new line of smartphones, so he is thrilled.

가장 먼저 **문장의 동사** 확인!
동사가 **has waited(현재완료), is(단순현재)**로
모두 현재 시제 이므로,
빈칸에도 현재/미래 시제가 들어가야 합니다.
(미래 시제가 나타날 때에도 문장의 동사는 현재!)

여기서 과거 시제인 (d) finally released는
정답에서 제외!

(a) finally releases
(b) will finally be releasing
(c) has finally been releasing
~~(d)~~ finally **released**

STEP 2 주어 확인하기

Hunter has waited a long time to replace his phone because he is picky about quality and price. This Friday, the tech company he likes __________ an affordable new line of smartphones, so he is thrilled.

빈칸 문장의 주어 확인!
the tech company로 **3인칭 주어**를 사용하므로, 빈칸에는 3인칭 단수의 동사가 들어가야 합니다.

여기에서는 복수 동사가 없으므로 정답을 걸러낼 수 없어요!

(a) finally releases
(b) will finally be releasing
(c) has finally been releasing
~~(d) finally released~~

STEP 3 의미 찾기

Hunter has waited a long time to replace his phone because he is picky about quality and price. This Friday, the tech company he likes __________ an affordable new line of smartphones, so he is thrilled.

빈칸 문장에서 의미상의 힌트 확인!
This Friday를 통해 이번 주 금요일을 언급하므로 가까운 특정 미래의 상황에 관한 동사임을 알 수 있습니다.

또한 현재완료 has waited를 통해 무언가를 기다려 왔으며, 이번 주 금요일 회사가 __________를 할 것이라는 의미이므로 **가까운 특정 미래의 미래진행**이 적절하다는 것을 알 수 있습니다.

따라서 가까운 미래, 특정 미래에 진행중인 일을 나타내는 미래진행(will + be + -ing) (b)가 정답!

(a) finally releases
(b) will finally be releasing
(c) has finally been releasing
~~(d) finally released~~

EXERCISE

다음 보기 중 빈칸에 가장 적절한 것을 골라보세요.

1. By May, I (**am working / will have been working**) on my PhD for four years.

2. This time tomorrow, Catherine (**will be flying / was flying**) over the Atlantic.

3. After next year's graduation, William (**will be running / ran**) his own small business.

4. By 4:35, Harold (**will have been lifting / was lifting**) weights for an hour.

5. Stephen (**played / will be playing**) basketball in the park at 4 p.m. today.

6. I (**am waiting / will be waiting**) for you at the restaurant this evening.

7. Later today, Gina (**has been studying / will be studying**) in the library.

8. Nancy (**will have been preparing / prepared**) for six hours by the time the party starts.

9. By the end of next week, we (**will be dating / will have been dating**) for five months.

10. My parents (**had been sleeping / will have been sleeping**) for two hours by the time I get home.

같이 풀어볼까요?

미래완료진행

1. By May, I (~~am working~~ / **will have been working**) on my PhD for four years.
(By May → 미래완료시제 단서 / am working: 현재진행 / will have been working: 미래완료진행 / for four years → 완료시제 단서)

미래진행

2. This time tomorrow, Catherine (**will be flying** / ~~was flying~~) over the Atlantic.
(tomorrow → 미래시제 단서 / will be flying: 미래진행 / was flying: 과거진행)

미래진행

3. After next year's graduation, William (**will be running** / ~~ran~~) his own small business.
(After next year's graduation → 미래시제 단서 / will be running: 미래진행 / ran: 단순과거)

미래완료진행

4. By 4:35, Harold (**will have been lifting** / ~~was lifting~~) weights for an hour.
(By 4:35 → 미래완료시제 단서 / will have been lifting: 미래완료진행 / was lifting: 과거진행 / for an hour → 완료시제 단서)

미래진행

5. Stephen (~~played~~ / **will be playing**) basketball in the park at 4 p.m. today.
(played: 단순과거 / will be playing: 미래진행 / at 4 p.m. today → 미래시제 단서)

미래진행

6. I (~~am waiting~~ / **will be waiting**) for you at the restaurant this evening.
(am waiting: 현재진행 / will be waiting: 미래진행 / this evening → 미래시제 단서)

미래진행

7. Later today, Gina (~~has been studying~~ / **will be studying**) in the library.
(Later today → 미래시제 단서 / has been studying: 현재완료진행 / will be studying: 미래진행)

미래완료진행

8. Nancy (**will have been preparing** / ~~prepared~~) for six hours by the time the party starts.
(will have been preparing: 미래완료진행 / prepared: 단순과거 / for six hours → 완료시제 단서 / by the time the party starts → 미래완료시제 단서)

미래완료진행

9. By the end of next week, we (~~will be dating~~ / **will have been dating**) for five months.
(By the end of next week → 미래완료시제 단서 / will be dating: 미래진행 / will have been dating: 미래완료진행 / for five months → 완료시제 단서)

미래완료진행

10. My parents (~~had been sleeping~~ / **will have been sleeping**) for two hours by the time I get home.
(had been sleeping: 과거완료진행 / will have been sleeping: 미래완료진행 / for two hours → 완료시제 단서 / by the time I get home → 미래완료시제 단서)

PRACTICE

5분

▶ 정답 및 해설 : 9p

다음 문제를 풀어보세요.

1. My best friend moved to Paris with her fiancé after we both graduated from college. We promised to send each other letters every month. By June, we _________ to each other for five years.

   (a) have been writing
   (b) will have been writing
   (c) are writing
   (d) will write

2. The Space Fighters is my all-time favorite rock band. The group _______ next week at the Hedgestone Arena, and more than 20,000 fans are expected to attend the concert.

   (a) had performed
   (b) were performing
   (c) will be performing
   (d) will have been performing

3. Dr. Tomako has dedicated her life to finding a cure for dementia, a disease that makes the afflicted lose their memories and eventually die. By the end of December, she _________ the sickness for 25 years.

   (a) will have been studying
   (b) is studying
   (c) will be studying
   (d) studies

4. Susan is having a birthday party on Saturday and has asked me to help her with the decorations. Before the party starts, I _________ her to the store to buy flowers, party hats, and a banner.

   (a) will be accompanying
   (b) had accompanied
   (c) have been accompanying
   (d) will have been accompanying

5. Amy plans to study all weekend for Monday's exam. To prevent burnout, she has scheduled herself several breaks. Today she has a break planned at 2 p.m. because, by then, she _________ for six hours.

   (a) is studying
   (b) has been studying
   (c) will have been studying
   (d) would have studied

가정법

가정법은 **사실과 반대되는 내용, 혹은 앞으로 일어나지 않을 일을 가정하여 어떻게 했을지**를 표현하는 방법을 의미합니다.

가정법에는 **가정법 과거, 가정법 과거완료, 가정법 미래**가 있습니다.

① 가정법 과거

형태

If + S + 동사의 과거형 ~ ,

S + would / could / should / might + 동사원형

발음의 앞 글자를 따서 '우쿠슈마'로 외우면 쉬워요!

의미	현재 사실은 그렇지 않은데 만약 (반대의 상황)이라면 ~, ~ 할 텐데

활용

- 현재 사실을 반대로 가정하거나, 실현 가능성이 희박한 미래의 일

If I **had** enough money, I **would quit** my job.

동사 have의 과거형 (had p.p.와 헷갈리지 않기!)

만약 내게 돈이 충분하다면, 나는 일을 그만둘 텐데.

⇨ 돈이 충분하지 않은 상황을 **반대로 가정**

If the agent **were** in the office, we **could contact** him.

be동사의 과거형

만약 대리인이 사무실에 있다면, 우리는 그에게 연락할 수 있을 텐데.

⇨ 대리인이 사무실에 없는 상황을 **반대로 가정**

② 가정법 과거완료

형태

If + S + had p.p. ~ ,

S + would / could / should / might + have + p.p.

If절에 had p.p.가 보이면 무조건 have p.p.를 찾기!

의미	과거에 이미 벌어진 일에 대해 그때 ~ 했더라면, ~ 했을 텐데

활용

- 과거의 사실을 반대 가정하거나 상상하면서 아쉬움이나 후회를 표현

If you **had applied** for the position, you **could have gotten** the job.

had p.p. 형태

만약 네가 그 직책을 지원했다면, 너는 취직할 수 있었을 텐데.

⇨ 지원을 하지 않았던 상황을 **반대로 가정**

If I **had known** you were coming, I **would have invited** some other friends.

had p.p. 형태

만약 네가 오는 것을 알았더라면, 몇몇 다른 친구들을 초대했을 텐데.

⇨ 오는 것을 몰랐던 상황을 **반대로 가정**

③ 가정법 미래

형태

If + S + were to + 동사원형 ~ ,

S + would / could / should / might + 동사원형

의미	(그럴 리가 없겠지만) ~ 한다면, (미래에) ~ 할 텐데

활용

- 미래에 그 일이 실제로 일어나지 않는다는 것을 가정하여 실현 불가능한 사실에 대한 아쉬움을 표현

If I **were to** become a dog, I **could rest** in my home all day long.
만약 내가 강아지가 된다면, 나는 집에서 하루 종일 쉴 수 있었을 거야.
⇨ 강아지가 된다는 **실제로 일어나지 않을 일을 가정**

If I **were to** become rich, I **would buy** as many things as I please.
만약 내가 부자가 된다면, 나는 내 마음대로 많은 것들을 샀을 거야.
⇨ 부자가 된다는 **실제로 일어나지 않을 일을 가정**

※**가정법 미래의 were to는 가정법 과거와 형태가 동일**하므로 같이 암기하세요!

Hint 가정법 정답 찾기

1) **if** 확인하기
(if가 없는 도치의 경우, 문장 맨 앞에 Had나 Were이 있는지를 확인합니다.)

2) 과거동사 / were to → would/could/should/might + 동사원형
had p.p. → would/could/should/might + have p.p.

④ If가 생략된 가정법

형태

→ If가 생략되고, **주어와 동사의 자리를 바꿔** 표현할 수 있습니다.

If 삭제 주어와 동사 도치

~~If~~ + S + were

S + had + p.p. ~

S + should + 동사원형

Were + S

Had + S + p.p. ~

Should + S + 동사원형

활용

If 삭제

~~If~~ we had known what was going to happen, ~

주어 동사 도치

⇨ Had we known what was going to happen, We would have changed our plan.

동사 주어

무슨 일이 일어날지 알았더라면, 우리는 계획을 바꿨을 텐데.

If 삭제

~~If~~ you were to invite me to the party, I would say "yes" in no time.

주어 동사 도치

⇨ Were you to invite me to the party, I would say "yes" in no time.

동사 주어

네가 나를 파티에 초대했다면, 나는 당장 "좋아" 라고 대답했을 거야.

문제 풀이 핵심 전략!

가이드를 따라 문제를 함께 풀며 꼼꼼히 익혀보세요.

Q. Between working, doing household chores, and volunteering at the local museum, I'm always so busy. If I had more time to paint, I ________________ a new work for next month's art show.

(a) would submit
(b) will submit
(c) had submitted
(d) would have submitted

> **TIP 보기 먼저 확인!**
> 보기에 would + 동사원형과 would + have p.p.가 같이 주어져 있으므로 이 문제는 **가정법 문제로 추측!**

STEP 1 If절 확인하기

Between working, doing household chores, and volunteering at the local museum, I'm always so busy. If I had more time to paint, I ________________ a new work for next month's art show.

if절 확인!
보기를 확인하여 어떤 유형인지 알았으면 If가 있는 if 가정법 문제인지 확인합니다.

해당 문제는 **if S + V ~, S + V**의 형태로 나타나고 있으므로 가정법 문제임을 알 수 있습니다.

STEP 2 If절의 동사 확인하기

Between working, doing household chores, and volunteering at the local museum, I'm always so busy. If I had more time to paint, I ________________ a new work for next month's art show.

if절의 동사 확인!
동사가 had로 과거 동사이므로,
가정법 과거 문제임을 알 수 있습니다.

가정법 과거는
S + would/could/should/might + 동사원형
이므로 정답은 (a)!

(a) would submit
(b) will submit
(c) had submitted
(d) would have submitted

EXERCISE

다음 보기 중 빈칸에 가장 적절한 것을 골라보세요.

1. 1. If I were you, I (**would pay** / **did pay**) more for a better gym.

2. If Sam (**knew** / **had known**) his grandmother was coming, he would have bought a gift for her.

3. If she were to retire early, she (**takes up** / **would take up**) some new hobbies.

4. If he were more of a risk-taker, he (**would make** / **will make**) bigger investments.

5. If Arnold had been paying attention, he (**is noticing** / **would have noticed**) his wife's new haircut.

6. If Josh were to buy a house on the coast, he (**may spend** / **would spend**) every day by the shore.

7. If she had been more prepared for her presentation, she (**won't have made** / **wouldn't have made**) so many mistakes.

8. If he hadn't injured his ankle, he (**would have played** / **had played**) in last night's game.

9. If Monica (**have started** / **started**) driving at 8 a.m., she could be there by lunchtime.

10. If Paula (**didn't work** / **hadn't worked**) so hard, she might not have gotten her promotion.

같이 풀어볼까요?

가정법 과거

if절, 과거동사

1. **If I were you**, I (**would pay** / ~~did pay~~) more for a better gym.
would + 동사원형 단순과거

가정법 과거완료

2. If Sam (~~knew~~ / **had known**) his grandmother was coming, he **would have bought** a gift for her.
단순과거 had p.p.
would have p.p. 형태이므로 if절의 동사는 had p.p.

가정법 미래

3. **If she were to retire early**, she (~~takes up~~ / **would take up**) some new hobbies.
if절, 과거동사 단순현재 would + 동사원형

가정법 과거

4. **If he were more of a risk-taker**, he (**would make** / ~~will make~~) bigger investments.
if절, 과거동사 would + 동사원형 단순미래

가정법 과거완료

5. **If Arnold had been paying attention**, he (~~is noticing~~ / **would have noticed**) his wife's new haircut.
if절, had p.p. 현재진행 would have p.p.

가정법 미래

6. **If Josh were to buy a house on the coast**, he (~~may spend~~ / **would spend**) every day by the shore.
if절, 과거동사 may + 동사원형 would + 동사원형

가정법 과거완료

7. **If she had been more prepared for her presentation**, she (~~won't have made~~ / **wouldn't have made**) so many mistakes.
if절, had p.p. will + not have p.p.
would + not have p.p.

같이 풀어볼까요?

가정법 과거완료

8. **If he hadn't injured his ankle**, he (**would have played** / ~~had played~~) in last night's game.

if절, had p.p. / would have p.p. / had p.p

가정법 과거

9. If Monica (~~have started~~ / **started**) driving at 8 a.m., she **could be** there by lunchtime.

have p.p / 단순과거

could + 동사원형 형태이므로 if절의 동사는 과거동사

가정법 과거완료

10. If Paula (~~didn't work~~ / **hadn't worked**) so hard, she **might not have gotten** her promotion.

단순과거 / had p.p.

might have p.p. 형태이므로 if절의 동사는 had p.p.

PRACTICE

5분

▶ 정답 및 해설 : 11p

다음 문제를 풀어보세요.

1. Cynthia is weighing her options about which city she should live in next. If she moved to Los Angeles, she ____________ to enjoy sunny and beautiful weather all year long.

   (a) will be able
   (b) would be able
   (c) would have been able
   (d) had been able

2. When a chocolate chip cookie recipe called for one cup of sugar, Margaret accidentally used salt instead. As a result, her cookies were disgusting. If she had not made that mistake, the cookies ____________ delicious.

   (a) would taste
   (b) had tasted
   (c) will have tasted
   (d) would have tasted

3. Clara tripped and fell onstage while performing her ballet solo in *Swan Lake* last night. She knew that if she had practiced harder before the show, she ____________ a stronger performance.

   (a) had given
   (b) will have given
   (c) would have given
   (d) would give

4. Bleach and vinegar are two common household chemicals that become very dangerous when combined. If one were to mix bleach and vinegar together, toxic vapors ________ into the air.

   (a) would have been released
   (b) are released
   (c) have been released
   (d) would be released

5. Carl stayed up studying for his algebra test until 2 a.m. If he had gone to bed earlier, he ____________ so sleepy when he got up only five hours later.

   (a) would not feel
   (b) will not have felt
   (c) had not felt
   (d) would not have felt

조동사

조동사는 **동사 앞**에서 동사에 의미를 더해주는 보조 역할을 의미합니다.
조동사를 통해 동사만으로는 전달하지 못하는 여러 가지 미묘한 의미 차이를 표현할 수 있습니다.

형태

조동사

will / can / may
would / could / might
shall / should / must

\+ **동사원형**

조동사의 빈출 의미 한눈에 보기

will / would	~할 것이다, ~하겠다 / ~할 것이다, ~하겠다, ~하곤 했다
can (could)	~할 수 있다, ~해도 된다, ~일 수도 있다
may / might	~일지도 모른다, ~해도 된다 / ~일지도 모른다
shall	~해야 한다, ~할까요?
should	~해야 한다
must	~해야 한다, ~임에 틀림없다

① will (would)

- **미래** : ~할 것이다

I **will** go to the library.
나는 도서관에 **갈 거야**.

- **의지** : ~할 것이다

I don't think our client **will** accept the proposal.
우리 고객이 그 제안을 받아들**일 것 같지** 않아.

- **추측 / 예측** : ~할 것이다

There's a rumor that he **will** be forced to resign.
그가 사직을 강요받게 **될 것**이라는 소문이 있다.

We knew that these pollutants **would** affect the water supply.
우리는 이 오염물질들이 상수도 공급에 영향을 **줄 것**임을 알았다.

- **부탁 / 제안** : ~ 하겠어요?

Will you help me wrap these apples?
이 사과들을 포장하는 것을 도와 **주시겠어요?**

- **과거의 습관** : ~ 하곤 했다

When he was a kid, he **would** sit for hours watching TV.
그가 어렸을 때, 그는 몇 시간씩 앉아서 TV를 **보곤 했다**.

② can (could)

- **능력** : ~할 수 있다

She **can** speak English better than I can.
그녀는 나보다 영어를 더 잘 말**할 수 있다**.

- **할 수 있을지에 대한 허가, 제의 (= may)** : ~해도 된다

허가

I will ask my boss if I **can** take a day off next week.

다음 주에 내가 하루 쉴 **수 있는지** 사장님께 여쭤볼 것이다.

제의

You **can** use my cellphone if you like.

원한다면 제 핸드폰을 사용**하셔도 돼요**.

- **가능성** : ~일수도 있다

Smoking **can** cause lung cancer.

흡연은 폐암을 유발**할 수 있다**.

- **강한 추측** : ~일수도 있다

can't have + p.p.
~ 했을 리가 없다

She **can't have finished** the test that quickly.

그녀가 그렇게 빨리 시험을 **끝냈을 리가 없는데**.

could have + p.p.
~ 했을 수도 있다

He **could have taken** the wrong bus.

그가 버스를 잘못 **탔을 수도 있어**.

cannot help + ~ing
~ 하지 않을 수 없다

I **can't help** think**ing** we've got quite a lot in common!

우린 정말 공통점이 많군요! (그렇게 **생각하지 않을 수가 없군요**!)

I **couldn't help** think**ing** she was asking for trouble.

그녀가 문제를 일으키고 있다고 **생각할 수밖에 없었어**.

③ may (might)

- **불확실하고 약한 추측** : ~일지도 모른다

That **may** or **may not** be true.
그것은 사실**일지**도 사실이 **아닐지도 모른다**.

She didn't have breakfast so she **may** have been hungry.
그녀는 아침을 안 먹어서 배가 고팠을 **지도 모른다**.

The police said Tom left home at 3 p.m. on Monday and **might** have taken a train to New York.
경찰은 톰이 월요일 오후 3시에 집을 나가서 뉴욕 행 열차를 탔을**지도 모른다고** 말했다.

> **TIP may와 might의 차이점**
> might는 may에 비해 조금 더 불확실한 추측을 나타냅니다.
> 다만 지텔프에서는 추측을 나타낼 때 may와 might가 구분 없이 사용됩니다.

- **허가 (= can)** : ~해도 된다

A: **May** I come in? 들어가도 **되나요**?
B: No, you **may not**. 아니요, 들어오실 **수 없습니다**.

I now pronounce you husband and wife. You **may** kiss the bride.
이제 두 사람이 부부가 되었음을 선언합니다. 신랑은 신부에게 키스**해도 좋습니다**.

④ shall

- **제안** : ~할까요?

Shall I carry your bag?
가방 들어**줄까요**?

Shall we dance?
같이 춤**출까요**?

- **지침이나 결정을 요구할 때** : ~하나요?

What **shall** we do?
무엇을 해야 **하나요**?

What time **shall** we come and see you?
몇 시에 당신을 보러 가면 **되나요**?

- **제 3자의 법적 의무를 이야기할 때** : ~해야 한다

The president **shall** hold office for five years.
대통령은 5년간 임기를 유지**해야 한다**.

⑤ should

- **도덕적 의무** : ~해야 한다

All **should** try to follow the rules.
우리 모두는 규칙을 따르기 위해 노력**해야 한다**.

- **개인적인 충고 / 조언 / 의견** : ~해야 한다

You **should** work out on a regular basis.
당신은 규칙적으로 운동을 **해야 해요**.

The color of someone's skin **should** be of no account.
누군가의 피부색이 중요하게 되**어서는 안 된다**.

We **should've made** a reservation for tickets.
표를 예약했어야 **했는데** (하지 않았다).

TIP **should have + p.p.** (~했어야 했는데)
마땅히 했어야 할 일을 하지 않았음을 나타낼 때 사용합니다.

⑥ must (= have / has / had to)

- **강요 / 의무** : ~해야 한다

You **must** always stop when the lights are red
교통 신호가 빨간색일 때는 항상 멈춰**야 한다**.

- **강한 추측** : ~임이 틀림없다

Chris has been standing all day. He **must** be tired.
크리스는 하루 종일 서 있다. 그는 **틀림없이** 피곤할 것**이다**.

He left early for the station, so he **must** have caught the train by now.
그는 역으로 일찍 떠났기 때문에, 지금쯤 **틀림없이** 기차를 탔을 것**이다**.

You **must** have been absolutely petrified.
완전 기겁하셨음이 **틀림없겠네요**.

문제 풀이 핵심 전략!

가이드를 따라 문제를 함께 풀며 꼼꼼히 익혀보세요.

Q. The National Air and Space Museum is operated by the Smithsonian Institution. I think anyone who wants to learn more about the history of aviation _______________ visit if they are ever in Washington, DC.

(a) can
(b) must
(c) might
(d) could

TIP **보기 먼저 확인!**
보기가 조동사로 구성되어 있으므로 이 문제는 **조동사를 찾는 문제!**

STEP 1 동사 확인하기

The National Air and Space Museum is operated by the Smithsonian Institution. I think anyone who wants to learn more about the history of aviation ___________ visit if they are ever in Washington, DC.

가장 먼저 **문장의 동사** 확인!
동사가 visit이므로 '방문하다'의 의미를
어떻게 조동사로 표현할 지 생각해야 합니다.

(a) can visit
(b) must visit
(c) might visit
(d) could visit

조동사가 어렵다면
보기 옆에 필기하는 것도
한 가지 방법!

STEP 2 문맥 파악하기

The National Air and Space Museum is operated by the Smithsonian Institution. I think anyone who wants to learn more about the history of aviation ___________ visit if they are ever in Washington, DC.

문맥 파악!
조동사 문제는 문맥을 파악해야 풀 수 있습니다.

빈칸 앞뒤로 워싱턴 D.C.에서 역사를 더
배우고 싶은 사람들의 방문에 대해 설명하고
있으므로 **각 조동사별 의미**를 생각해야 합니다.

여기서 역사를 더 배우고 싶다면 기관에
'방문해야 한다'는 의미가 가장 자연스러우므로
정답은 (b)!

(a) can visit : 방문할 수 있다.
(b) must visit : 방문해야 한다.
(c) might visit : 방문할 지도 모른다.
(d) could visit : 방문할 수 있었다.

이렇게
해석을 필기하면
알아보기 쉬워요!

EXERCISE

다음 보기 중 빈칸에 가장 적절한 것을 골라보세요.

1. The server said that you (**can** / **should**) sit wherever you'd like.

2. No matter how many arguments we have, I (**may** / **will**) always love my sister.

3. Trevor (**must** / **might**) come to the party, but he's not sure yet.

4. Hiring Bob to mow your lawn (**can** / **will**) cost you 45 dollars a week.

5. Daniel (**would** / **should**) arrive at the doctor's office 15 minutes before his appointment.

6. I think I (**should** / **might**) have left my wallet at your house.

7. If you like Italian food, then you (**must** / **may**) try Trattoria before you leave town.

8. Because of an urgent matter, I (**will** / **could**) not make it to the meeting on time yesterday.

9. Anyone who wants to be in the school play (**should** / **can**) sign up in room 307.

10. After months of practice, Mary (**must** / **can**) now run five kilometers in 25 minutes.

같이 풀어볼까요?

1. The server said that you (**can** / ~~should~~) sit wherever you'd like.
~할 수 있다 ~해야 한다

그 종업원은 네가 원하는 곳 어디든지 **앉을 수 있다**고 말했어.

그 종업원은 네가 원하는 곳 어디든지 **앉아야 한다**고 말했어.

2. No matter how many arguments we have, I (~~may~~ / **will**) always love my sister.
~할 지도 모른다 ~할 것이다

우리가 아무리 많은 논쟁을 벌인다 할 지라도, 나는 항상 내 여동생을 **사랑할 지도 몰라**.

우리가 아무리 많은 논쟁을 벌인다 할 지라도, 나는 항상 내 여동생을 **사랑할 거야**.

3. Trevor (~~must~~ / **might**) come to the party, but he's not sure yet.
~해야 한다 ~할 지도 모른다

트레버가 파티에 **와야 하지만**, 아직 확실하지는 않아요.

트레버가 파티에 **올 지도 모르지만**, 아직 확실하지는 않아요.

4. Hiring Bob to mow your lawn (~~can~~ / **will**) cost you 45 dollars a week.
~할 수 있다 ~할 것이다

잔디 깎는 일에 밥을 고용하는 데는 일주일에 45달러가 **들 수 있습니다**.

잔디 깎는 일에 밥을 고용하는 데는 일주일에 45달러가 **들 것입니다**.

5. Daniel (~~would~~ / **should**) arrive at the doctor's office 15 minutes before his appointment.
~하곤 했다 ~해야 한다

다니엘은 그의 약속시간 15분 전에 병원에 **도착하곤 했다**.

다니엘은 그의 약속시간 15분 전에 병원에 **도착해야 한다**.

6. I think I (~~should~~ / **might**) have left my wallet at your house.
~해야 한다 ~할 지도 모른다

내 생각에는 너희 집에 내 지갑을 **두고 왔어야 해**.

내 생각에는 너희 집에 내 지갑을 **두고 왔을 지도 몰라**.

7. If you like Italian food, then you (**must** / ~~may~~) try Trattoria before you leave town.
~해야 한다 ~할 지도 모른다

만약 당신이 이탈리아 음식을 좋아한다면, 마을을 떠나기 전에 트라토리아를 **먹어봐야 한다**.

만약 당신이 이탈리아 음식을 좋아한다면, 마을을 떠나기 전에 트라토리아를 **먹어봐야 할 지도 모른다**.

8. Because of an urgent matter, I (~~will~~ / **could**) not make it to the meeting on time yesterday.
~할 것이다 ~할 수 있었다

어제 급한 일 때문에, 회의에 제시간에 참석하지 **못할 것이에요**.

어제 급한 일 때문에, 회의에 제시간에 참석**할 수 없었어요**.

9. Anyone who wants to be in the school play (**should** / ~~can~~) sign up in room 307.
~해야 한다 ~할 수 있다

학교 연극에 출연하고 싶은 누구든지 307호에 **등록해야 합니다**.

학교 연극에 출연하고 싶은 누구든지 307호에 **등록할 수 있습니다**.

10. After months of practice, Mary (~~must~~ / **can**) now run five kilometers in 25 minutes.
~해야 한다 ~할 수 있다

몇 달 간의 연습 후, 메리는 이제 5킬로미터를 25분에 **달려야 합니다**.

몇 달 간의 연습 후, 메리는 이제 5킬로미터를 25분에 **달릴 수 있습니다**.

PRACTICE

5분

▶ 정답 및 해설 : 13p

다음 문제를 풀어보세요.

1. Miss Appleyard was preparing her class for the fire drill that would take place later that day. She told her students that once the fire alarm started to ring, they __________ follow her directions carefully.

   (a) may
   (b) will
   (c) could
   (d) must

2. Nothing is going to stop Mark from taking the overnight camping trip that he's been looking forward to all week. Come rain or come shine, Mark __________ depart for the campsite at 10 a.m. sharp.

   (a) could
   (b) should
   (c) might
   (d) will

3. My brother was reading *The Secret History* while on vacation but left it at the hotel when he returned home. I told him that he __________ borrow my copy if he wanted to finish the book.

   (a) could
   (b) must
   (c) might
   (d) would

4. Lee invited me to the grand opening of a Vincent Van Gogh exhibit next week. I told him I __________ go, but I still wasn't sure if I had to babysit my little sister that day.

   (a) shall
   (b) will
   (c) might
   (d) must

5. Aunt Sharon keeps her house spotless and gets angry if anyone tracks dirt across the floor. Visitors to her home __________ always take their shoes off before going inside.

   (a) could
   (b) should
   (c) would
   (d) might

조동사 should 생략

주절의 동사나 형용사가 **주장, 명령, 요구, 제안, 충고 등**을 의미하는 단어일 경우, 뒤따르는 that절은 조동사 should가 생략되어 **주어 + 동사원형**의 형태가 됩니다. 이 때, 동사원형 앞에 should가 생략되므로 **'~해야 한다'**의 의미를 더해줍니다.

> **주어 + (주장, 명령, 요구, 제안, 충고) 동사 / 형용사 + ~**
> **that + 주어 + (should) 동사원형 ~.**

주장, 명령, 요구, 제안, 충고 등의 동사

주장	insist 주장하다 claim 주장하다		
명령	order 명령하다	command 명령하다	
요구	ask 요청하다 require 요구하다 beg 간청하다 request 요청하다	demand 요구하다 urge 촉구하다 desire 바라다	
제안	propose 제안하다	recommend 권하다	suggest 제안하다
충고	advise 충고하다		

① 주장

insist　claim
He **insisted** that I **start** at once. 그는 내가 즉시 출발해야 한다고 주장했다.

② 요구

ask　beg　demand　desire require　request　urge
She **demanded** that the house **be** searched. 그녀는 그 집이 수색되어져야 한다고 요구했다.

③ 명령

order　command
My mom **ordered** that I **read** a book before going to bed. 우리 엄마는 자기 전에 책 한권을 읽어야 한다고 명령했다.

④ 제안

propose　recommend　suggest
The doctor **suggests** that I **take** a walk every day. 의사 선생님께서 나에게 매일 산책을 해야 한다고 제안하신다.

⑤ 충고

advise
The teacher **advised** that the students **study** hard for the next exam. 선생님께서는 학생들이 다음 시험을 위해 공부를 열심히 해야 한다고 조언했다.

주장, 명령, 요구, 제안, 충고 등의 형용사

important 중요한	necessary 필수적인
essential 필수적인	required 요구되는
natural 당연한	crucial 중요한
critical 중대한	best 최선의
vital 필수적인	compulsory 의무적인
imperative 필수적인	obligatory 의무적인
mandatory 의무적인	rational 합리적인
urgent 시급한	good 좋은
appropriate 적절한	proper 적절한
desirable 바람직한	advisable 바람직한

It is **necessary** that she **wear** a dress at the party. 그녀는 파티에서 드레스를 입어야 한다.
It is only **natural** that he **succeed** at math. 그가 수학에서 좋은 결과가 나오는 것은 당연하다.
It will be **imperative** that she **be** quiet at night. 그녀는 밤에 반드시 조용히 해야 한다.

문제 풀이 핵심 전략!

가이드를 따라 문제를 함께 풀며 꼼꼼히 익혀보세요.

Q. Having a meal in the morning can benefit the brain by improving memory and focus. Pediatricians advise that every child ______________ a healthy breakfast before going to school.

(a) will eat
(b) ate
(c) has eaten
(d) eat

TIP **보기 먼저 확인!**
보기가 동사 eat의 여러 형태로 구성되어 있으므로 이 문제는 **적절한 동사 고르는 문제!**

※ 보기에 동사원형이 있다면
[조동사 should 생략] 문제를 의심!

STEP 1 동사/형용사 확인하기

Having a meal in the morning can benefit the brain by improving memory and focus. Pediatricians advise that every child ______________ a healthy breakfast before going to school.

빈칸 문장의 동사/형용사 확인!
'충고하다'를 의미하는 동사인 **advise**가 있습니다.
(주장/명령/요구/제안/충고의 동사 중 하나에요!)

STEP 2 that절 확인하기

Having a meal in the morning can benefit the brain by improving memory and focus. Pediatricians advise that every child ______________ a healthy breakfast before going to school.

that절 확인!
advise와 같은 동사 뒤에 that이 나오고 that절의 동사 자리가 빈칸이라면, 조동사 should 생략 문제입니다.

즉, that절의 동사는 **(should) + 동사원형**이어야 하므로 정답은 (d)!

(a) will eat
(b) ate
(c) has eaten
(d) eat

EXERCISE

다음 보기 중 빈칸에 가장 적절한 것을 골라보세요.

1. Caroline's father insisted that she (**to finish / finish**) all her schoolwork before watching TV.

2. It is crucial that an adult (**started / start)** saving money as soon as possible.

3. It is proper that your aunt (**be invited / has been invited**) to the wedding.

4. The art class requires that you (**made / make**) a portfolio in order to pass.

5. I advise that you (**following / follow**) the GPS instead of making a detour.

6. It is important that you (**sanitize / to sanitize**) your phone screen regularly.

7. Greg's little sister begged that he (**share / will share**) his ice cream with her.

8. The server recommended that Aaron (**order / orders**) the steak and potatoes.

9. For college students, it is essential that they (**will find / find**) a mentor to guide them.

10. It is imperative that one (**make / makes**) a good first impression.

같이 풀어볼까요?

주장/명령/요구/제안/충고 동사

1. Caroline's father **insisted that** she (~~to finish~~ / **finish**) all her schoolwork before watching TV.
   to부정사 동사원형

주장/명령/요구/제안/충고 형용사

2. It is **crucial that** an adult (~~started~~ / **start**) saving money as soon as possible.
   단순과거 동사원형

주장/명령/요구/제안/충고 형용사

3. It is **proper that** your aunt (**be invited** / ~~has been invited~~) to the wedding.
   동사원형(be) 현재완료

주장/명령/요구/제안/충고 동사

4. The art class **requires that** you (~~made~~ / **make**) a portfolio in order to pass.
   단순과거 동사원형

주장/명령/요구/제안/충고 동사

5. I **advise that** you (~~following~~ / **follow**) the GPS instead of making a detour.
   동명사 동사원형

주장/명령/요구/제안/충고 형용사

6. It is **important that** you (**sanitize** / ~~to sanitize~~) your phone screen regularly.
   동사원형 to부정사

주장/명령/요구/제안/충고 동사

7. Greg's little sister **begged that** he (**share** / ~~will share~~) his ice cream with her.
   동사원형 단순미래

주장/명령/요구/제안/충고 동사

8. The server **recommended that** Aaron (**order** / ~~orders~~) the steak and potatoes.
   동사원형 3인칭단수 현재형(s)

주장/명령/요구/제안/충고 형용사

9. For college students, it is **essential that** they (~~will find~~ / **find**) a mentor to guide them.
   단순미래 동사원형

주장/명령/요구/제안/충고 형용사

10. It is **imperative that** one (**make** / ~~makes~~) a good first impression.
   동사원형 3인칭단수 현재형(s)

PRACTICE

5분

▶ 정답 및 해설 : 15p

다음 문제를 풀어보세요.

1. The boss at Turkey Town Food was concerned about his workers' stress levels as the busy holiday season ended. Attempting to raise morale, he proposed that every worker _________ in a company softball game for fun.

   (a) participated
   (b) participate
   (c) will participate
   (d) is participating

2. Our apartment building will finally start participating in the local recycling program. The landlord requests that each tenant ___________ plastic, aluminum, and glass items in the proper containers.

   (a) is discarding
   (b) discard
   (c) will discard
   (d) discarded

3. Though the cause is unclear, hundreds of dead pufferfish washed up on a beach in South Africa. The government insisted that passersby ___________ the dangerous fish, as they contain a poison more deadly than cyanide.

   (a) did not consume
   (b) will not consume
   (c) not consume
   (d) have not consumed

4. Dolly just watched a woman in the grocery place some eggs in her cart without opening the carton. Tapping the woman's shoulder, Dolly suggested that she ___________ the package for any broken eggs before purchasing them.

   (a) check
   (b) will check
   (c) checks
   (d) is checking

5. Due to recent events in Ingrid's life, her grades have been slipping. Concerned, her guidance counselor recommends that she ___________ a semester off to work on improving her mental health.

   (a) will take
   (b) takes
   (c) is taking
   (d) take

to부정사 & 동명사

to 부정사

형태

to + 동사원형

➜ 동사의 본래 성질 및 기능을 그대로 유지하면서, 문장 내 위치와 역할에 따라 **명사, 형용사, 부사**의 기능을 합니다.

용법

- 명사적 용법

to 부정사가 명사의 역할을 하며, 문장에서 **주어, 목적어, 보어 역할**을 합니다.
이 때, to 부정사를 "**~하는 것**"으로 해석합니다

주어 역할

To see you is always a pleasure.
주어 동사 보어
당신을 보는 것은 언제나 큰 기쁨입니다.

TIP to 부정사가 주어 자리에 위치하면 동사를 **단수 취급**합니다.

목적어 역할

I **want to buy** a camera.
주어 동사 목적어

want, hope 등 특정 동사의 목적어 자리에 to 부정사를 사용할 수 있어요.

나는 카메라를 **사기를** 원한다.

보어 역할

My wish is **to meet** her at once.
주어 동사 보어

나의 소망은 그녀를 바로 **만나는 것**이다.

- **형용사적 용법**

to 부정사가 형용사의 역할을 하며, **명사 뒤에서 명사를 수식**합니다.
이 때, to 부정사를 "**~할, ~하는**"으로 해석합니다

명사수식
I have no friends **to help** me.
나를 **도와줄** 친구가 아무도 없다.

명사수식
I want something **to drink.**
나는 **마실** 것을 원한다.

명사수식
Please give me a pen **to write** with.
저에게 **쓸** 펜을 주세요.

명사수식
He has no ability **to solve** the problem.
그는 문제를 **해결할** 능력이 없다.

- 부사적 용법

to 부정사가 부사의 역할을 하며, **동사, 형용사, 부사, 문장 전체**를 수식합니다.
이 때, to 부정사는 목적, 감정의 원인, 이유 · 판단의 근거, 조건 등의 의미를 나타냅니다.

목적 ~ 하기 위하여

He stopped for a minute **to smoke**.
주어 동사 부사
그는 **담배를 피우기 위해** 1분 동안 멈췄다.

감정의 원인 ~ 해서, ~ 하니, ~ 하고

대표 형용사 happy, glad, sorry 등 감정의 형용사

보어
I'm glad **to meet** you.
주어/동사 부사
나는 당신을 **만나서** 기쁩니다.

이유 · 판단의 근거 ~ 하다니, ~ 하는 것을 보니

He must be honest **to say** so.
주어 동사 보어 부사
그가 그렇게 **말하는 것을 보니** 정직함이 틀림없다.

결과 ~ 하여 ~ 하다, ~ 하고 보니 ~ 하다

대표 동사 live, awake, grow up

He lived **to be** eighty.
주어 동사 부사
그는 살다 **보니** 80세가 **되었다**.

조건 (만일) ~ 라면

To see her draw pictures, you would think she is a great artist.
부사 주어 동사
그녀가 그림을 그리는 것을 **본다면**, 너는 그녀가 훌륭한 예술가라고 생각할 텐데.

정도 ~ 하기에 ~ 하다.

This cart is strong enough **to hold** three adults.
주어 동사 보어 부사
이 카트는 3명의 어른을 **수용할 만큼** 충분히 강**하다**.

to 부정사를 목적어로 취하는 동사

3형식 주어 + 동사 + to 부정사

afford	~할 여유가 있다	**hope**	바라다, 소망하다
agree	~동의하다	**learn**	배우다
aim	~을 목표로 하다	**manage**	해내다, 간신히 ~ 하다
arrange	준비하다	**need**	필요로 하다
ask	요구하다	**offer**	제공하다
attempt	시도하다	**promise**	약속하다
choose	선택하다	**prove**	증명하다
decide	결정하다	**prepare**	~을 준비하다
decline	거절하다	**plan**	계획하다
demand	요구하다	**refuse**	거절하다
deserve	~할 자격이 있다	**seek**	추구하다, 애쓰다
fail	실패하다	**tend**	~하는 경향이 있다
hesitate	주저하다, 망설이다	**volunteer**	지원하다

He promised **to come** home early.
주어 동사 목적어

그는 집에 일찍 **올 것을** 약속했다.

She deserves **to become** a team leader in our group.
주어 동사 목적어

그녀는 우리 그룹에서 리더가 **될** 자격이 있다.

5형식 주어 + 동사 + 목적어(사람) + to 부정사

require	요청하다
remind	상기시키다
advise	조언하다
allow	허락하다
challenge	도전하다
command	명령하다
convince	설득시키다, 납득시키다
encourage	격려하다
force	억지로 시키다
permit	허락하다, 승인하다
persuade	설득하다
request	요청하다, 요구하다
teach	가르치다
urge	촉구하다
warn	경고하다

Dr. Smith **advised** **me** **not to drink** too much.
주어 동사 목적어 목적격 보어

의사 스미스가 **나에게 술을** 너무 많이 **마시지 말라고** 조언했다.

My brother failed to **convince** **our parents** **to buy** him a new smartphone.
주어 동사 목적어 목적격 보어

나의 남동생은 **부모님이** 그에게 새 핸드폰을 **사주도록** 설득하는데 실패했다.

둘 다 가능 **주어 + 동사 + to 부정사**
주어 + 동사 + 목적어(사람) + to 부정사

ask	~을 물어보다 / ~에게 ~을 물어보다
beg	~을 간청하다 / ~에게 ~을 간청하다
dare	~을 할 용기가 있다 / ~에게 ~을 감히 해 보라고 하다
expect	~을 기대하다 / ~에게 ~을 기대하다
help	~을 돕다 / ~에게 ~을 돕다
want	~을 원하다 / ~에게 ~을 원하다
wish	~을 바라다 / ~에게 ~을 바라다

My younger sister **expects to play** outside today.
주어 동사 목적어

내 여동생은 오늘 밖에서 **놀기를** 기대한다.

My parents are **expecting me to get** a high score on this midterm exam.
주어 동사 목적어 목적격 보어

우리 부모님은 **내가** 이번 중간고사에서 높은 점수를 **받기를** 기대하고 있다.

TIP **to부정사와 전치사 to의 차이점**

- **to부정사** : to + **동사원형**
- **전치사 to** : to + **명사(동명사)**

ex. look forward **to + ~ing**

문제 풀이 핵심 전략!

가이드를 따라 문제를 함께 풀며 꼼꼼히 익혀보세요.

Q. The checkout clerk, Stacey, watched as the customer placed canned tomato sauce, ground beef, and a package of flat noodles onto the conveyor belt. It was obvious that the customer was preparing ________________ lasagna at home.

(a) to cook
(b) cooking
(c) having cooked
(d) to have cooked

TIP **보기 먼저 확인!**
보기가 동사 cook을 기준으로
to부정사와 동명사로 구성되어 있으므로
이 문제는 **to부정사/동명사를 구분하는 문제!**

STEP 1 빈칸절의 동사 확인하기

The checkout clerk, Stacey, watched as the customer placed canned tomato sauce, ground beef, and a package of flat noodles onto the counter. It was obvious that the customer was preparing ______________ lasagna at home.

가장 먼저 **빈칸절의 동사** 확인!
빈칸은 that절 안에 포함되어 있고,
that절의 동사는 was preparing이므로
의미를 갖는 동사는
prepare임을 알 수 있습니다.

이렇게 의미를 갖는 동사를 확인하면
to부정사와 동명사를 구분하기 쉽습니다.

STEP 2 동사가 취하는 형태 확인하기

The checkout clerk, Stacey, watched as the customer placed canned tomato sauce, ground beef, and a package of flat noodles onto the counter. It was obvious that the customer was preparing ______________ lasagna at home.

동사 prepare은 '~을 준비하다'의 **3형식으로 to부정사**를 취하므로 정답은 (a)!

※ to have p.p. 형태는 문장의 본동사보다
먼저 일어난 일을 말할 때 사용하므로
(d)는 정답이 될 수 없어요!

(a) to cook
(b) cooking
(c) having cooked
(d) to have cooked

동명사

형태

동사원형 + ~ing

➜ 동사의 본래 성질을 그대로 유지하면서, 문장 내 **명사**의 기능을 합니다.

용법

- 명사적 용법

동명사가 명사의 역할을 하며, 문장에서 **주어, 목적어, 보어 역할**을 합니다.
이 때, 동명사를 "**~하는 것**"으로 해석합니다.

주어 역할

Swimming is good for your health.
주어 동사 보어

수영하는 것은 당신의 건강에 좋습니다.

목적어 역할

You must avoid **making** these kinds of mistakes.
주어 동사 목적어
...... avoid 등 특정 동사의 목적어 자리에 동명사(~ing)를 사용할 수 있어요.

당신은 그러한 실수를 **하는 것을** 피해야 한다.

I am looking forward to **seeing** you.
주어 동사(전치사 + 명사 ~ing)
...... 전치사 뒤 동사의 의미가 필요할 경우 동명사(~ing)를 사용할 수 있어요.

나는 당신을 **만나기를** 고대하고 있다.

보어 역할

My hobby is **collecting** stamps.
주어 동사 보어
내 취미는 우표를 **모으는** 것이다.

My favorite thing to do in class is **drawing** pictures.
주어 동사 보어
수업에서 내가 가장 좋아하는 것은 그림을 **그리는** 것이다

동명사를 목적어로 취하는 동사

3형식 **주어 + 동사 + 동명사**

suggest	제안하다	prohibit	금지하다
risk	위험을 감수하다	quit	그만두다
resist	저항하다	dislike	싫어하다
acknowledge	인정하다	entail	수반하다
admit	인정하다	escape	벗어나다
advise	충고하다	finish	끝내다
advocate	지지하다	forgive	용서하다
anticipate	예상하다	give up	포기하다
allow	허락하다	imagine	상상하다
avoid	피하다	involve	포함하다
complete	완료하다	justify	정당화하다
consider	고려하다	keep	유지하다
delay	연기하다	leave	떠나다
deny	부인하다	miss	놓치다
discuss	논의하다	mind	꺼리다
dispute	반박하다	postpone	연기하다
doubt	의심하다	practice	연습하다
enjoy	즐기다	recommend	추천하다

David **enjoys** **riding** his bike in the park.
주어 동사 목적어
데이비드는 공원에서 자전거 **타는 것을** 즐긴다.

My parents will **practice** **playing** badminton for the next contest.
주어 동사 목적어
부모님은 다음 대회를 위해 배드민턴을 **치는 것을** 연습하실 것이다.

Grammar
PART 08 to부정사 & 동명사

TIP

to부정사와 동명사 둘 다 사용할 수 있는 동사

의미가 변하지 않는 동사

begin, start, continue, cease, love, like

의미가 변하는 동사

1) **try + to V** ~하기 위해 노력하다
try + ~ing ~하는 것을 시도하다

2) **stop + to V** ~하기 위해 멈추다
stop + ~ing ~하는 것을 멈추다

3) **remember + to V** ~할 것을 기억하다
remember + ~ing ~했던 것을 기억하다

4) **forget + to V** ~할 것을 잊어버리다
forget + ~ing ~했던 것을 잊어버리다

문제 풀이 핵심 전략!

가이드를 따라 문제를 함께 풀며 꼼꼼히 익혀보세요.

Q. Hope heard that the new hospital drama was really good, but as a doctor, the medical inaccuracies bothered her too much. She couldn't even finish ______________ the first episode of the show.

(a) watching
(b) having watched
(c) to watch
(d) to have watched

TIP **보기 먼저 확인!**
보기가 동사 watch를 기준으로
to부정사와 동명사로 구성되어 있으므로
이 문제는 **to부정사/동명사를 구분하는 문제!**

STEP 1 빈칸절의 동사 확인하기

Hope heard that the new hospital drama was really good, but as a doctor, the medical inaccuracies bothered her too much. She couldn't even finish ______________ the first episode of the show.

마찬가지로 **빈칸절의 동사** 확인!
빈칸절의 동사는 couldn't even finish이므로
의미를 갖는 동사는 **finish**임을 알 수 있습니다.

이렇게 의미를 갖는 동사를 확인하면
to부정사와 동명사를 구분하기 쉽습니다.

STEP 2 동사가 취하는 형태 확인하기

Hope heard that the new hospital drama was really good, but as a doctor, the medical inaccuracies bothered her too much. She couldn't even finish ______________ the first episode of the show.

동사 finish는 '~을 끝내다'의 **3형식으로 동명사**를 취하므로 정답은 (a)!

※ having p.p. 형태는 문장의 본동사보다
먼저 일어난 일을 말할 때 사용하므로
(b)는 정답이 될 수 없어요!

(a) watching ✓
(b) having watched
(c) to watch
(d) to have watched

EXERCISE

다음 보기 중 빈칸에 가장 적절한 것을 골라보세요.

1. Mrs. Crowe doesn't allow (**to eat / eating**) snacks during class time.
2. I can't afford (**dealing / to deal**) with car trouble right now.
3. Joseph declined (**to make / made**) a speech at the company party.
4. Dad just finished (**to mow / mowing**) the lawn.
5. Greta is attempting (**to bake / bake**) a red velvet cake.
6. Steve considered (**buying / buy**) some new workout clothes.
7. I don't mind (**have driven / driving**) to the next town for a good café.
8. Ms. Green promised (**let / to let**) me ride her horse.
9. My dad volunteered (**is / to be**) a chaperone at the school dance.
10. Alex practiced (**singing / to have singing**) his audition song until late.

같이
풀어볼까요?

동명사

V + ing

1. Mrs. Crowe doesn't **allow** (~~to eat~~ / **eating**) snacks during class time.
to부정사 동명사

to부정사

to V

2. I can't **afford** (~~dealing~~ / **to deal**) with car trouble right now.
동명사 to부정사

to부정사

to V

3. Joseph **declined** (**to make** / ~~made~~) a speech at the company party.
to부정사 과거분사(p.p.)

동명사

V + ing

4. Dad just **finished** (~~to mow~~ / **mowing**) the lawn.
to부정사 동명사

to부정사

to V

5. Greta is **attempting** (**to bake** / ~~bake~~) a red velvet cake.
to부정사 동사원형

동명사

V + ing

6. Steve **considered** (**buying** / ~~buy~~) some new workout clothes.
동명사 동사원형

동명사

V + ing

7. I don't **mind** (~~have driven~~ / **driving**) to the next town for a good café.
have p.p. 동명사

to부정사

to V

8. Ms. Green **promised** (~~let~~ / **to let**) me ride her horse.
동사원형 to부정사

to부정사

to V

9. My dad **volunteered** (~~is~~ / **to be**) a chaperone at the school dance.
단순현재 to부정사

동명사

V + ing

10. Alex **practiced** (**singing** / ~~to have singing~~) his audition song until late.
동명사 to부정사

PRACTICE

5분

▶ 정답 및 해설 : 17p

다음 문제를 풀어보세요.

1. Global warming has been the cause of many weather crises in the past few decades. Conservationists suggest ____________ less energy in daily life to help combat this problem.

   (a) having used
   (b) to use
   (c) using
   (d) to have used

2. I need to study extra hard for my upcoming final exams. My mother promised ____________ me a new smartphone when exams are over, but only if I aced every subject.

   (a) having bought
   (b) to buy
   (c) buying
   (d) to have bought

3. Though Larry insisted that his friends not throw him a birthday party, they decided to surprise him anyway. Unaware of Larry's aversion to aging, his friends were shocked at how much he disliked ____________ his birthday.

   (a) celebrating
   (b) to celebrate
   (c) having celebrated
   (d) to have celebrated

4. Carl always makes jokes and disrupts Ms. Rally's English class. She decided to incentivize the rest of the students by rewarding them if they stopped ____________ at Carl's jokes.

   (a) to have laughed
   (b) having laughed
   (c) laughing
   (d) to laugh

5. Morgan was distraught to find that her 12-year-old son was able to buy an M-rated video game. After she saw her son's purchase, she immediately went to the store and demanded ____________ with the manager.

   (a) to speak
   (b) having spoken
   (c) to have spoken
   (d) speaking

6. Nuclear power is an efficient and safe way to produce energy. Unfortunately, people who clean up after a nuclear meltdown risk __________ radiation poisoning, which can be deadly.

(a) contracting
(b) to contract
(c) having contract
(d) to have contract

7. Tuberculosis, a severe lung disease, ravaged the globe in the early 1900s. Believing that patients could benefit from the great outdoors, one doctor invented a "cure chair" __________ sufferers of the disease.

(a) assisting
(b) having assisted
(c) to assist
(d) to have assisted

8. George is always copying his older brother Zach. Though it annoys Zach greatly, his parents tell him __________ a good example for his younger brother to follow.

(a) setting
(b) to have set
(c) to set
(d) having set

9. Acidity levels in Lake Momahawk have been on the rise in recent years. The local authorities have prohibited __________ in the lake, lest one risk having a reaction to the water.

(a) having swum
(b) swimming
(c) to have swum
(d) to swim

10. The annual Christmas fundraiser is coming up soon. A local nonprofit is looking for volunteers __________ their members with setting up the banquet hall and cleaning up after the event.

(a) to have helped
(b) helping
(c) having helped
(d) to help

PART 09 연결어

접속사

단어, 구, 절을 이어주는 역할

➜ 접속사 문제는 문장의 의미를 잘 파악하면 빈칸을 쉽게 채울 수 있습니다.

TIP

1) 앞 뒤 문장의 흐름 파악!

→ 글의 흐름이 비슷한지, 반대되는지, 서로 연결되어 있는지 대략적으로 파악하면 선택의 폭을 줄일 수 있습니다.

2) 함께 쓰이는 단어나 전치사의 쓰임 등을 미리 알아 두기

① 등위접속사

단어와 단어, 절과 절, 문장과 문장을 대등하게 잇는 접속사

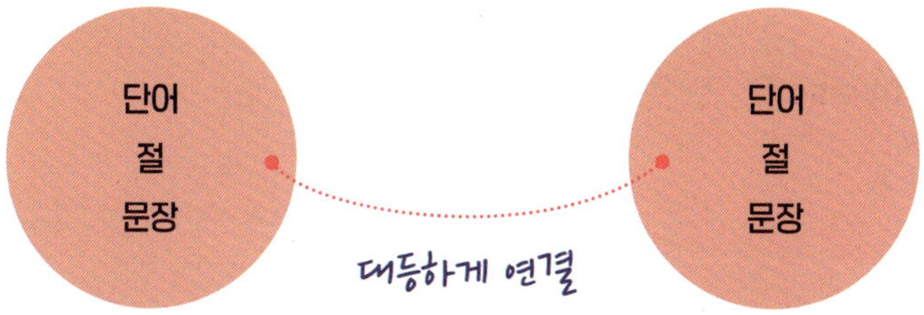

and	그리고	so	그리고
but	그러나	yet	그러나
or	또는	for	때문에

She turned off the TV **and** went to bed.

동사 동사

그녀는 텔레비전을 끄**고** 잠을 자러 갔다.

At first, she was against the idea, **but** I made her change her mind.

문장 문장

처음 그녀는 그 생각에 반대했**지만**, 내가 생각을 바꾸게 했다.

② 상관접속사

두 단어가 한 짝으로 같이 쓰이며, 앞 뒤를 대등하게 잇는 접속사

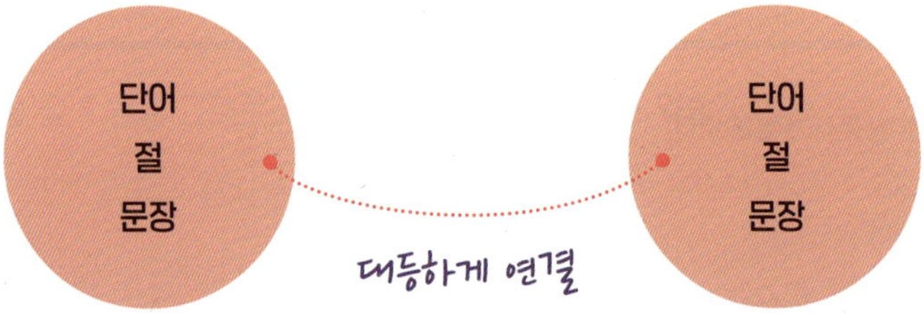

both A and B	A와 B 둘 다
either A or B	A나 B 둘 중 하나
neither A or B	A와 B 둘 다 아닌
not A but B	A가 아니라 B
not only A but also B	A뿐만 아니라 B도
B as well as A	A뿐만 아니라 B 역시

The president is **either** at home **or** in the office.

A B

사장님은 집**이나** 사무실 **둘 중 한 곳에** 계십니다.

Neither Sam **nor** Tom can play the piano.
A B

샘과 톰은 **둘 다** 피아노를 **못** 친다.

The teachers **as well as** the students are looking forward to the field trip.
B A

학생들**뿐만 아니라** 선생님들**도** 현장 학습을 기대하고 있다.

③ 종속접속사

하나의 절에 다른 절이 포함될 때 주절과 종속절을 연결시키는 접속사

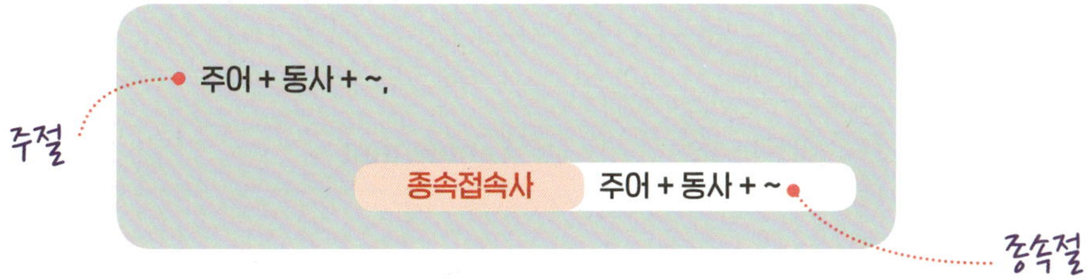

시간 관련

when	~ 할 때	after	~ 후에
while	~ 하는 동안	as	~ 할 때
as soon as	~ 하자마자	by the time	~ 할 때쯤
until	~ 할 때까지	since	~ 이래로
before	~ 전에		

While I was working, my boss met a client.
내가 일하고 있는 **동안**, 상사는 고객을 만났다.

Wait **until** the rain stops.
비가 그칠 **때까지** 기다려.

조건 관련

if	만약 ~ 한다면	in case	~ 인 경우
unless	만약 ~ 하지 않는다면	provided	만약 ~ 라면
as long as	~ 하는 한	once	일단 ~ 하면

I will hire him **if** he is qualified.
만약 그가 자격이 있**다면**, 나는 그를 고용할 것이다.

You'll miss the bus **unless** you walk more quickly.
더 빨리 걷지 **않으면** 버스를 놓칠 거야.

원인/이유 관련

since	~ 때문에	as	~ 때문에
because	~ 때문에	now that	이제 ~ 이니까

As the weather was fine, we held the party outside.
날씨가 좋았기 **때문에**, 우리는 밖에서 파티를 열었다.

양보/대조/결과 관련

although	비록 ~ 일지라도	even though	비록 ~ 일지라도
though	비록 ~ 일지라도	even if	비록 ~ 일지라도
while	반면에	so ~ that	너무 ~ 해서 ~ 하다

TIP despite와 in spite of(~에도 불구하고)도 although와 같이 양보의 의미이지만 품사는 전치사에요!

Even though he is only 23, he is very wise.
비록 그가 겨우 23살이라고 **할 지라도**, 그는 매우 현명하다.

It was **so** noisy **that** we couldn't hear ourselves speak.
너무나 시끄러**워서** 우리가 하는 이야기도 들을 수가 없**었어**.

④ 접속부사

- 접속사는 아니지만 접속사의 의미를 가지며, 앞뒤 문장의 의미를 연결
- 문장 전체를 수식하는 부사의 기능

의미	접속부사	해석	사용
추가	moreover furthermore in addition besides also	더욱이, 게다가	 = 동일한 내용이 이어지며, 앞 문장을 추가 설명할 때 사용합니다.
양보 대조	however on the contrary on the other hand nevertheless otherwise meanwhile	그러나, 하지만, 그럼에도 불구하고, 그렇지 않으면, 한편	 = 서로 반대되는 내용이 이어질 때 사용합니다.
부연 설명	in fact actually	사실은, 사실상	앞 문장에 대한 자세한 설명이나 근거가 이어질 때 사용합니다.
인과	therefore thus as a result finally eventually after all	따라서, 그 결과, 마침내, 결국	원인 + 결과 / 근거 + 결론 = 앞 문장의 원인, 근거의 결론이 이어질 때 사용합니다.
예시	for example for instance	예를 들어	앞 문장에 개념이 언급되고, 개념에 대한 예시가 이어질 때 사용합니다.

The magazine *Moonlight* has become increasingly popular. **However**, those involved in its production are put under enormous pressure.

잡지 「Moonlight」는 점차 유명해지고 있다. **하지만**, 제작에 참여한 이들은 엄청난 압박을 받고 있다.

There are many hills used as memorial sites. **For example**, a hill outside the Belgian town of Bastogne serves as a place to honor American casualties during World War II.

추모 장소들로 사용되는 언덕들이 많이 있다. **예를 들어**, 벨기에 바스토뉴 마을 외곽의 언덕은 제 2차 세계대전 동안의 미국인 사상자를 위한 장소의 역할을 한다.

문제 풀이 핵심 전략!

가이드를 따라 문제를 함께 풀며 꼼꼼히 익혀보세요.

Q. Many people mistakenly believe that taking multivitamins every day is the best way to get essential nutrients. _______________, eating foods that are naturally rich in nutrients helps the body absorb vitamins more efficiently.

(a) In that regard
(b) Moreover
(c) On the contrary
(d) Certainly

> **TIP 보기 먼저 확인!**
> 보기가 연결어로 구성되어 있으므로 이 문제는
> **연결어를 찾는 문제!**

STEP 1 문맥 파악하기

Many people mistakenly believe that taking multivitamins every day is the best way to get essential nutrients. _______________, eating foods that are naturally rich in nutrients helps the body absorb vitamins more efficiently.

문맥 파악!
빈칸 앞 뒤의 문맥을 파악해야 합니다.

빈칸 앞 문장은 종합비타민을 매일 섭취하는 것이 좋은 방법이라고 잘못 믿고 있다고 언급하며, 빈칸 뒤 문장은 영양분이 자연적으로 풍부한 음식을 먹으면 비타민을 효과적으로 섭취하는 것을 돕는다고 언급합니다.

여기서 앞 문장은 '**종합비타민**'과 '**잘못 믿고 있다**'는 부정적인 문장, 뒤 문장은 '**자연적으로 음식 섭취**'와 '**효과적으로 섭취할 수 있다**'는 긍정적인 문장이므로 **서로 상반되는 문장**임을 알 수 있습니다.

이렇게
긍정은 ○표시, 부정은 △표시를 하면
알아보기 쉬워요!

STEP 2 보기 분류하기

(a) In that regard 그 점에 있어서는 -> ○

(b) Moreover 더욱이 -> ○

(c) On the contrary 반대로 -> △

(d) Certainly 틀림없이 -> ○

○ : 긍정적인 의미의 연결어

△ : 부정적인 의미의 연결어

보기 분류!

연결어 문제는 보기를 분류하는 것도 필요합니다.

각 연결어가 어떤 역할을 하는 연결어인지 정확히 파악하고 있는 것이 필요하며, 이와 같이 메모하며 연습할 수 있습니다.

여기서 서로 상반되는 의미를 연결하는 연결어가 들어가야 하므로 정답은 (c)!

EXERCISE

다음 보기 중 빈칸에 가장 적절한 것을 골라보세요.

1. Brian won't fall asleep (**unless / whenever**) his mother tells him a bedtime story first.

2. I can't make it to the potluck tonight (**while / because**) I have a fever.

3. Julia gets a headache (**although / since**) she tries to read without her glasses.

4. (**Once / Although**) I've tried that restaurant before, I'd love to go again.

5. Malcolm always fights with his sister. (**Nevertheless / After all**), he will miss her when she goes to college.

6. The meat was not well seasoned. (**Moreover / Otherwise**), it was undercooked.

7. I go to the local theater pretty often. (**However / In fact**), I went to see a movie yesterday.

8. A powerful hurricane is coming. (**On the contrary / Therefore**), we should start gathering emergency supplies.

9. Stacy is brave. (**For example / Besides**), she never minded going alone into the dark basement.

10. (**Despite / While**) I disliked the film's plot, I did enjoy the acting.

같이 풀어볼까요?

종속접속사 - 조건

1. Brian won't fall asleep (**unless** / ~~whenever~~) his mother tells him a bedtime story first.

만약 ~하지 않는다면 / 언제든지 / 조건

브라이언은 잠들지 않을 것이다. 그의 엄마가 그에게 잠자리 이야기를 먼저 한다.

종속접속사 - 원인/이유

2. I can't make it to the potluck tonight (~~while~~ / **because**) I have a fever.

결과 / 반면에/~하는 동안 / ~때문에 / 원인

나는 오늘 밤 포틀럭(여러 사람이 음식을 나눠 먹는 행사)에 갈 수 없어. 내가 열이 나.

종속접속사 - 원인/이유

3. Julia gets a headache (~~although~~ / **since**) she tries to read without her glasses.

비록 ~일지라도 / ~때문에 / 원인 / 결과

줄리아는 머리가 아프다. 그녀가 안경 없이 읽으려고 시도를 하다.

종속접속사 - 양보

반대

4. (~~Once~~ / **Although**) I've tried that restaurant before, I'd love to go again.

일단 ~하면 / 비록 ~일지라도 / 나는 전에 그 레스토랑을 가봤어. 다시 가고 싶어.

접속부사 - 양보

반대

5. Malcolm always fights with his sister. (**Nevertheless** / ~~After all~~), he will miss her when she goes to college.

말콤은 항상 그의 여동생과 싸워. 그럼에도 불구하고 / 무엇보다 / 그는 그녀를 그리워할 거야.

접속부사 - 추가

추가

6. The meat was not well seasoned. (**Moreover** / ~~Otherwise~~), it was undercooked.

그 고기에 양념이 잘 되지 않았어요. 게다가 / 한편 / 고기가 덜 익었어요.

접속부사 - 부연설명

부연설명

7. I go to the local theater pretty often. (~~However~~ / **In fact**), I went to see a movie yesterday.

나는 지역 극장에 꽤 자주 가. 하지만 / 사실은 / 나는 어제 영화를 보러 갔어.

Grammar PART 09 연결어

같이 풀어볼까요?

접속부사 - 인과

원인 / 결과

8. A powerful hurricane is coming. (~~On the contrary~~ / **Therefore**), we should start gathering emergency supplies.

강력한 허리케인이 오고 있어. 반면에 따라서 우리는 비상 물자들을 모으기 시작해야 해.

접속부사 - 예시

예시

9. Stacy is brave. (**For example** / ~~Besides~~), she never minded going alone into the dark basement.

스테이시는 용감해. 예를 들어 게다가 그녀는 어두운 지하실로 혼자 들어가는 것을 전혀 꺼리지 않아.

종속접속사 - 양보/대조/결과

주어 동사 => 절

10. (~~Despite~~ / **While**) I disliked the film's plot, I did enjoy the acting.

전치사 접속사 나는 그 영화의 줄거리를 싫어해. 연기는 정말 즐거웠어.

despite(전치사) + 명사

while(접속사) + 절(주어+동사)

PRACTICE

5분

▶ 정답 및 해설 : 21p

다음 문제를 풀어보세요.

1. Left-handed people are often inconvenienced by living in a world that favors right-handedness. But being left-handed can also be dangerous. __________, left-handed people are 85% more likely to have a car accident than right-handed people.

   (a) And yet
   (b) Afterward
   (c) However
   (d) For instance

2. The two eldest sisters are going through the house in a panic, cleaning and preparing the guest room for their grandparents' sudden visit. __________, the youngest sister is just sitting on the couch and watching TV.

   (a) Shortly
   (b) Meanwhile
   (c) In fact
   (d) To illustrate

3. It really upset me when I overheard my friend Emily say that my speech in Social Studies was "boring." I don't want to talk to her __________ she shows that she's ready to apologize.

   (a) unless
   (b) as far as
   (c) in order that
   (d) once

4. During the Victorian Era, rings that spelled out words in gemstones were popular. A gemstone's first letter indicated one letter in the word. __________, a row of coral, amethyst, ruby, and emerald would mean "care."

   (a) In addition
   (b) On the contrary
   (c) For example
   (d) After all

5. Airline companies offer cheap flights during a destination country's wet season. The drop in price motivates consumers to consider travelling __________ rain will most likely occur throughout their trip.

   (a) supposing that
   (b) now that
   (c) even if
   (d) as long as

PART 10 관계사

관계사는 **하나의 절을 이끌며**, 앞 명사를 수식하는 **형용사의 역할**을 하도록 돕는 기능을 합니다. 이 때, 관계사가 포함된 관계사절의 수식을 받는 명사를 **선행사**라고 합니다.

관계사에는 **관계대명사**와 **관계부사**가 있습니다.

관계대명사

앞, 뒤의 절을 연결하는 **접속사**의 기능 + 앞 명사를 가리키는 **대명사**의 기능

선행사!

수식을 받는 명사 + [관계대명사 + (주어) + 동사 + (목적어)]

불완전한 문장

역할

관계대명사는 ①선행사와 ②절 안에서의 역할에 따라 다음과 같이 나뉩니다.

선행사 / 역할	주격	목적격	소유격
사람	who that	whom(who) that	whose
사물(동물)	which that	which that	whose(of which)

TIP 관계사가 **선행사를 포함**하고 있어 앞 명사가 필요하지 않은 경우에는 **관계대명사 what**을 사용합니다.

① 주격 관계대명사

선행사	주격 관계대명사
사람	**who**
사물(동물)	**which**
모두 가능	**that**

ex They are **the students**. [~~They~~ deserve praise.]
사람 주어 동사 명사

→ They are the students **who** deserve praise.
주격 관계대명사

그들은 칭찬받아 마땅한 학생들이다.

ex There is **a dog**. [~~A dog~~ is playing with a ball.]
동물 주어 동사

→ There is a dog **which** is playing with a ball.
주격 관계대명사

공을 가지고 놀고 있는 강아지 한 마리가 있다.

② 목적격 관계대명사

선행사	목적격 관계대명사
사람	**whom**
사물(동물)	**which**
모두 가능	**that**

ex He is **the person**. [I asked ~~him~~ for help.]
사람 주어 동사 목적어

→ He is the person **whom** I asked for help.
목적격 관계대명사

그가 바로 내가 도움을 청했던 사람이다.

③ 소유격 관계대명사

선행사	소유격 관계대명사
사람	**whose**
사물(동물)	**whose(of which)**

ex I saw **a girl**. [~~Her~~ beauty took my breath away.]
사람 소유격 주어 동사 목적어

→ I saw a girl **whose** beauty took my breath away.
소유격 관계대명사

나는 내 마음을 빼앗아 간 한 소녀를 봤다.

④ 관계대명사 that

선행사	관계대명사
사람, 사물(동물) 모두 사용 가능	**that**
최상급, 서수, all, the only, the same, the very, the last 등과 같이 쓰이는 경우	

ex I'd like to go to **all the amusement parks**. [My classmates recommended ~~them~~.]

사물 / 주어 / 동사 / 목적어

→ I'd like to go to all the amusement parks **that** my classmates recommended

나는 내 반 친구들이 추천해줬던 모든 놀이동산을 가보고 싶다.

⑤ 관계대명사 what

what은 **선행사를 포함**하고 있는 관계대명사로, **앞 명사를 수식하지 않습니다.**

what
~하는 것
= the thing which(that)
선행사 포함

ex This is **a thing that** I wanted for my birthday present.

→ This is **what** I wanted for my birthday present.

선행사 수식 X

이것은 내가 생일 선물로 원하던 것이야.

TIP

관계대명사 that은 which와 달리 **콤마(,) 뒤에 쓸 수 없습니다!**

	앞에 콤마(,) 있으면	앞에 콤마(,) 없으면
that	×	O
which	O	O

Ex) I'm going to the museum, **which** is a famous place in the city. (O)
I'm going to the museum, **that** is a famous place in the city. (X)

관계부사

- 선행사가 **시간, 장소, 이유, 방법**을 나타내는 경우

수식을 받는 명사 + [관계부사 + 주어 + 동사 + (목적어)]

완전한 문장

종류

관계부사	선행사
when	시간 (the time)
where	장소 (the place)
why	이유 (the reason)
how	방법 (the way)

ex I like **the place** [**where** you work.]

장소 　 장소의 관계부사

나는 네가 일하는 곳을 좋아한다.

ex That is **the reason** [**why** we shouldn't fail.]

이유 　 이유의 관계부사

그것이 우리가 실패해서는 안 되는 이유이다.

TIP

관계부사 **how**와 **the way**는 절대 함께 사용할 수 없습니다.

Ex) This is **how** I checked the balance. (O)

This is **the way** I checked the balance. (O)

This is **the way how** I checked the balance. (X)

이것이 내가 예금 잔고를 확인했던 방법이다.

문제 풀이 핵심 전략!

가이드를 따라 문제를 함께 풀며 꼼꼼히 익혀보세요.

Q. My favorite kind of Girl Scout cookies is Thin Mints. Even though I try not to keep too many snacks at my house, the Girl Scout ____________ convinced me to buy five boxes of cookies.

(a) who came to my door today
(b) what came to my door today
(c) which came to my door today
(d) that she came to my door today

> **TIP** **보기 먼저 확인!**
> 보기가 관계사로 구성되어 있으므로 이 문제는 **관계사를 찾는 문제!**

STEP 1 관계사절이 수식하는 것 확인하기

My favorite kind of Girl Scout cookies is Thin Mints. Even though I try not to keep too many snacks at my house, the Girl Scout S ____________ convinced V me to buy five boxes of cookies.

관계사절이 무엇을 수식하는지 확인!
관계사를 찾는 문제임을 파악했으면, 그 관계사절이 무엇을 수식하는지 확인해야 합니다.

빈칸 앞에 주어 the Girl Scout이 있고 동사 convinced가 뒤따르므로 **주어를 수식하는 주격관계대명사**가 포함된 절임을 알 수 있습니다.

STEP 2 보기 분석하기

(a) who came to my door today O
who(관계대명사)는 선행사가 사람!

(b) what came to my door today X
what(관계대명사)는 선행사를 수식하지 않음!

(c) which came to my door today X
which(관계대명사)는 선행사가 사물!

(d) that she came to my door today X
that(관계대명사)는 선행사가 사람/사물 모두 가능하지만 관계사절의 문장이 불완전해야 함!

보기 분석하기!
주격관계대명사가 쓰여야 한다는 점을 알고, 보기를 분석해야 합니다.

관계사가 올바르게 사용되었는지 정확히 파악하며, 이와 같이 메모하며 연습할 수 있습니다.

여기서 **주격관계대명사 who**가 포함된 (a)가 정답!

EXERCISE

다음 보기 중 빈칸에 가장 적절한 것을 골라보세요.

1. The neighbor's garden, (**that** / **which**) is usually well tended, is starting to look overgrown.

2. My mother is the person (**whose** / **whom**) I care about the most.

3. Mr. Brennan has a student (**which** / **whose**) dream is to be an architect.

4. There is the woman (**whose** / **who**) name I can't remember.

5. Bernard was looking for the salesclerk (**whom** / **how**) he had spoken with earlier.

6. He told me his book's title, (**whom** / **which**) I have already forgotten.

7. This china cabinet, (**which** / **that**) is an old family heirloom, will be passed down to my daughter.

8. The movie, (**who** / **which**) is set in Russia, was actually filmed in Pennsylvania.

9. Max remembers the time (**when** / **why**) he and his best friend first met.

10. That's the spot (**when** / **where**) I slipped and fell down.

같이 풀어볼까요?

주격관계대명사

콤마(,)

1. The neighbor's garden, (~~that~~ / **which**) **is usually well tended**, is starting to look overgrown.

(주어) 동사 — 불완전한 문장

둘 다 주격관계대명사이지만, 콤마(,) 뒤에 that이 올 수 없음!

목적격관계대명사

선행사(사람)

2. My mother is **the person** (~~whose~~ / **whom**) **I care about the most.**

소유격관계대명사 목적격관계대명사

주어 동사 (목적어) — 불완전한 문장

소유격관계대명사

선행사(사람)

3. Mr. Brennan has **a student** (~~which~~ / **whose**) (소유격) **dream is to be an architect.**

주격관계대명사 소유격관계대명사

주어 동사 보어 — (소유격 제외) 완전한 문장

소유격관계대명사

선행사(사람)

4. There is **the woman** (**whose** / ~~who~~) (소유격) **name I can't remember.**

소유격관계대명사 주격관계대명사

목적어 주어 동사 — (소유격 제외) 완전한 문장 (목적어를 강조한 문장!)

목적격관계대명사

선행사(사람)

5. Bernard was looking for **the salesclerk** (**whom** / ~~how~~) **he had spoken with earlier.**

목적격관계대명사 관계부사

주어 동사 전치사+(목적어) — 불완전한 문장

같이 풀어볼까요?

목적격관계대명사

선행사(사물)

6. He told me **his book's title**, (~~whom~~ / **which**) **I have already forgotten**.

둘 다 목적격관계대명사 / 주어 동사 (목적어) → 불완전한 문장

주격관계대명사

콤마(,)

7. This china cabinet, (**which** / ~~that~~) **is an old family heirloom**, will be passed down to my daughter.

둘 다 주격관계대명사이지만, 콤마(,) 뒤에 that이 올 수 없음! / (주어) 동사 보어 → 불완전한 문장

주격관계대명사

선행사(사물)

8. **The movie**, (~~who~~ / **which**) **is set in Russia**, was actually filmed in Pennsylvania.

둘 다 주격관계대명사 / (주어) 동사 → 불완전한 문장

관계부사(시간)

선행사(시간)

9. Max remembers **the time** (**when** / ~~why~~) **he and his best friend first met**.

둘 다 관계부사 / 주어 동사 → 완전한 문장

관계부사(장소)

선행사(장소)

10. That's **the spot** (~~when~~ / **where**) **I slipped and fell down**.

둘 다 관계부사 / 주어 동사 → 완전한 문장

PRACTICE

5분

▶ 정답 및 해설 : 24p

다음 문제를 풀어보세요.

1. While my car was parked in front of my house, a hit-and-run driver crashed into it and left behind some extensive damage. The neighbor __________ looked very apologetic even though the accident wasn't his fault.

   (a) what delivered the bad news
   (b) which delivered the bad news
   (c) that he delivered the bad news
   (d) who delivered the bad news

2. Jeff hopes to become a chef one day, so on the weekends he likes challenging himself to cook difficult recipes. Beef Wellington, __________, is the next recipe that he plans to attempt.

   (a) that is one of the hardest dishes to master
   (b) what is one of the hardest dishes to master
   (c) which is one of the hardest dishes to master
   (d) who is one of the hardest dishes to master

3. Jean was known for being very forgetful. Today her friends teased her because she couldn't remember the name of the film __________ just an hour earlier.

   (a) where she had been watching
   (b) that she had been watching
   (c) who she had been watching
   (d) what she had been watching

4. I think my older brother Sam is playing a practical joke on me. My teddy bear, __________, is now sitting on a rocking chair in the corner—but I don't remember moving it there.

   (a) who had been lying on my bed
   (b) that had been lying on my bed
   (c) which had been lying on my bed
   (d) where it had been lying on my bed

5. Marcy needs some tortillas for dinner tonight, but the local grocery store is all sold out. She remembers seeing some being sold by a street vendor, but she can't remember the street __________.

   (a) how she saw the seller
   (b) where she saw the seller
   (c) who she saw the seller
   (d) what she saw the seller

Reading & Vocabulary

꼭 알고 가자!

Reading & Vocabulary Section

문항 수	총 28문항
시간	40분
문항 구성	- 총 4개의 파트로 구성 (4개의 지문) - 파트별로 7개의 문제(독해 5문제, 어휘 2문제)로 구성 - 어휘 문제가 각 지문당 2개씩 출제

지텔프 독해 영역에서는 **"인물의 일대기"**, **"잡지 기사"**, **"백과사전식 글"**, **"비즈니스/공적 서신"**을 읽고 내용을 이해할 수 있는지 평가합니다.

주제/목적 파악, 세부사항 찾기, 추론, 문맥상 동의어 찾기 문제 등 문제 유형이 정해져 있지만, 이를 풀기 위해서는 전체적인 글의 흐름을 파악하면서 꼼꼼히 읽어 나가야 합니다.

파트별 유형

Part 1	**Biography Article(인물의 일대기)** - 역사적 위인, 유명인사 등 특정 인물의 일대기를 시간 순으로 서술한 지문 - 인물 소개 → 유년시절, 진로 선택 계기/시기→ 초기 활동, 주요 업적 → 평가 또는 근황
Part 2	**Magazine Article(잡지 기사)** - 최근의 사회적 또는 기술적 이슈, 실험, 연구에 관한 잡지 또는 신문 기사 형식의 지문 - 연구 결과 소개 → 연구 계기 → 주요 결과와 특징 → 시사점 또는 과제
Part 3	**Encyclopedia Article(백과사전식 글)** - 사물, 용어, 문화, 환경, 동식물 등 특정 주제에 관한 유용한 정보를 제공하는 백과사전식 지문 - 정의 및 기원 → 특징 → 오늘날 의의/현황/과제/예측
Part 4	**Business or Formal Letter(비즈니스/공적 서신)** - 구매 및 환불, 서비스 홍보, 업무 요청, 추천서, 이직 등에 관한 공식적인 편지 형식의 지문 - 편지의 목적 → 요청사항 및 답변 → 세부 설명 → 문의 연락처, 수신인의 행동 지시 등

문제 유형

1) 주제 및 목적

- **글의 주제나 목적**을 묻는 문제입니다.
- 주로 지문의 초반부에서 정답을 찾습니다.
- Part 2와 4에서 주로 출제되는 질문 유형입니다.

■ 빈출 질문 유형

What is the main topic of the article?
이 기사의 주제는 무엇인가?

What is the purpose of the man's letter to the company?
남자가 회사에 편지를 보낸 목적은 무엇인가?

What is the main idea of the passage?
지문의 주제는 무엇인가?

2) 세부사항

- **가장 많이 출제되는 유형**으로, 누가, 언제, 어디서, 무엇을, 어떻게, 왜 등 글의 세부내용을 정확히 파악하고 있는지를 묻습니다.
- **질문의 키워드를 확인**한 뒤 해당 키워드가 언급된 단락에서 답을 찾습니다.

■ 빈출 질문 유형

What did Pérez do for the military government?
페레즈는 군사 정부를 위해 무엇을 하였는가?

Why was the public opening of the London Eye delayed?
런던 아이의 공공 개방은 왜 연기되었는가?

How did publishers first respond to Rowling's manuscript?
출판사들은 롤링의 원고에 대해 처음에 어떻게 반응하였는가?

When was industrialization introduced in Europe?
산업화는 언제 유럽에 도입되었는가?

Where could viewers have found a depiction of the ceremony honoring Athena?
관람객들은 아테나를 기리는 의식을 묘사한 것을 어디에서 발견할 수 있었을까?

Who would probably be the least interested in Option A?
누가 A옵션에 관심을 가장 덜 가질 것 같은가?

3) 일치/불일치

- 지문의 특정 내용이 각 보기와 일치하는지 불일치하는지 여부를 묻는 **사실 확인 유형**입니다.
- **지문과 각 보기를 대조**하면서 **오답을 하나씩 소거**해 나가면 어렵지 않게 풀 수 있습니다.

빈출 질문 유형

- true (일치)

What is true about Element, Ltd.?
엘러먼트 사에 대하여 사실인 것은 무엇인가?

Which of the following is a characteristic of Silicon Valley?
다음 중 실리콘 밸리의 특징은 무엇인가?

- NOT true (불일치)

Based on the passage, which is NOT true about Sigmund Freud?
지문에 따르면, 지그문트 프로이트에 대해 사실이 아닌 것은 무엇인가?

What is NOT needed to take advantage of the promotion?
프로모션을 활용하기 위해 필요하지 않은 것은 무엇인가?

4) 추론

- **지문의 내용을 바탕으로 또다른 사실을 추론**하는 유형입니다.
- 답의 근거가 지문에 직접적으로 드러나지 않아 난이도가 가장 높은 유형입니다.
- 지문에서 질문의 키워드가 언급된 부분의 앞뒤를 읽고, 거기서 얻은 정보를 토대로 추론했을 때 가장 적절한 보기를 답으로 선택합니다.

빈출 질문 유형

What is most likely the reason why dogs and cats are familiar to people?
개와 고양이가 사람에게 친숙한 이유는 무엇일 것 같은가?

How did the woman probably spend most of her life?
여자는 그녀의 인생 대부분을 어떻게 보냈을 것 같은가?

Based on the article, what can be said about Cartier-Bresson's photos?
기사에 따르면, 카르티에 브레송의 사진에 대해 말할 수 있는 것은 무엇인가?

TIP

G-TELP 43점을 목표로 할 때에는
추론 문제는 과감히 건너뛰고 **다른 문제에 집중**하는 것도 좋은 전략이에요!

5) 어휘

- 밑줄 친 어휘와 **문맥상 가장 유사한 어휘**를 고르는 유형입니다.
- 비슷한 두 어휘가 보기에 함께 주어진 경우, 문맥에 가장 잘 부합하는 어휘가 답이 됩니다.
- 일반적인 경우에는 사전적 동의어가 답이 되지만, **사전적으로 동의어일지라도 지문의 흐름에 맞지 않으면 답이 될 수 없습니다**.
- 파트별로 2문제씩 총 8문제가 출제됩니다.

■ 빈출 질문 유형

In the context of the passage, meticulous means ___________.

해당 절의 문맥에서, meticulous는 ___________을 의미한다.

In the context of the passage, triggered means ___________.

해당 절의 문맥에서, triggered는 ___________을 의미한다.

문제 풀이 핵심전략

STEP 1 문제 먼저 읽기

독해 각 지문은 **문제의 순서와 단락의 순서가 거의 일치**하기 때문에 문제를 먼저 훑어보면 지문의 전체적인 흐름을 파악할 수 있습니다.

STEP 2 문제의 키워드 잡기

질문의 **핵심 키워드**는 문제의 의도를 파악하고 이를 바탕으로 정답의 근거를 쉽게 찾을 수 있도록 도와줍니다.

EX

53. **Why** did Robert Frost have an **early interest in poetry**?

1) 이유에 대한 질문 2) 시에 대한 초기의 흥미/관심

→ 주인공이 시에 대해 초기에 흥미를 갖게 된 이유를 묻는 질문!

STEP 3 패러프레이징(paraphrasing)

독해 지문도 마찬가지로 정답의 단서가 그대로 보기에 나타나지 않고, **의미는 같지만 다른 표현으로 바꾸어 표현**하는 경우가 많습니다.

따라서 패러프레이징된 표현을 고려하며 정답을 선택해야 합니다.

EX 1

His mother **had filled** his early years **with Shakespeare, Bible stories, and myths**.
그의 어머니는 그의 유년 시절을 셰익스피어, 성경 이야기, 그리고 신화로 채워주었다.

⇨ (d) His mother often **read** him **some books**.
그의 어머니는 그에게 책을 종종 읽어주었다.

EX 2

Respondents said they believe **pharmaceutical drugs** bought online are less **safe** than those **purchased** from **a local pharmacy**.
응답자들은 온라인에서 구입한 의약품들이 현지 약국에서 구입한 의약품들보다 덜 안전하다고 생각한다고 말했다.

⇨ (c) Most Americans feel more **secure** in **buying medicinal drugs** from **local pharmacies**.
대부분의 미국인은 현지 약국에서 의약품 구입 시 더 안전하다고 느낀다.

EX 3

A sacred **truce** would be declared for the duration of the games, and **no war ever prevented the Olympics from being held** in those days.
경기를 하는 동안 신성한 휴전이 선포되었고, 어떤 전쟁도 그 당시에 올림픽이 열리는 것을 막지 못했다.

⇨ (a) Olympic games gave them **respite from their unceasing warfare**.
올림픽 경기는 끊임없는 전쟁을 일시적으로 중단시켰다.

STEP 4 어휘는 문맥으로

어휘 문제는 단어들의 의미를 알고 있다면 쉽게 답할 수 있지만, 모든 영단어의 의미를 암기하는 것은 어렵습니다.

지텔프 어휘 문제는 보통 본문에 주어지는 단어보다 보기의 단어들이 쉽기 때문에 보기의 단어들을 **해당 문장에 대입**해서 문맥상 정답을 유추하거나, 정확한 뜻을 모르더라도 **앞 뒤 문장의 내용과 전체 글의 문맥을 파악**하여 단어의 의미를 유추하는 연습이 필요합니다.

문제 풀이 요약

문제의 **키워드** 체크 → **Paraphrasing** → 보기에서 **Paraphrasing** 표현 찾기

PART 01

Biography Article

Part 1에서는 미국 근현대의 역사적 사건 속 **유명한 인물의 일대기 또는 업적**으로 구성됩니다. 주로 태어난 지역, 유년시절, 청년시절, 업적과 활동, 남긴 작품이나 역사적 고찰, 죽음 등에 대한 문제가 출제됩니다.

지문의 세부적인 부분을 물어보는 문제가 주로 출제되며, 지문의 앞뒤 문맥을 통한 어휘(동의어) 문제가 2개 출제되므로 지문의 내용을 꼼꼼히 파악하며 읽는 것이 중요합니다.

[Part 1] 지문의 순서

TIP 제목은 주로 인물의 이름!

제목

인물에 대한 소개

출생 및 어린 시절
진로 선택 계기

초기 활동

초기 업적 및 주요 업적

현재 또는 사후 평가와 근황

문제 풀이 핵심 전략!

PART 1 글의 흐름을 파악할 수 있는 필수 표현을 학습해봅시다.

1. 이 인물이 유명한 이유

주요 표현

be best known for ~로 가장 잘 알려져 있다

H. G. Wells **is best known for** his novel *The War of the Worlds*.

H. G. 웰스는 그의 소설「우주 전쟁」으로 가장 잘 알려져 있다.

be famous for ~로 유명하다

+ be noted for, be notable for도 같은 표현이에요!

Roger Federer **is famous for** his graceful movement on court.

로저 페더러는 코트 위에서의 우아한 움직임으로 유명하다.

be regarded as ~라고 여겨지다

+ be considered (as)도 같은 표현이에요!

Thomas Keller **is regarded as** one of America's culinary authorities.

토마스 켈러는 미국의 요리 권위자 중 한 명이라고 여겨진다.

be recognized for ~로 인정받다, 알려지다

James Dean **was recognized for** his sensitive performances as an actor.

제임스 딘은 배우로서의 섬세한 연기로 인정받았다.

주요어휘

create 창조하다	influence 영향을 미치다	elevate 높이다	found 세우다, 설립하다
remember 기억하다	renowned 유명한	successful 성공적인	contribution 공헌, 기여

2. 진로 선택 계기

어린 시절을 나타내는 표현

- as a child (= at a young age) 어렸을 때
- when he/she was ~ years old 그/그녀가 ~살일 때
- in his/her early years ~의 유년기에는
- during his/her childhood ~의 어린 시절 동안

주요 표현

at the age of ~살의 나이에

At the age of 35, he became the exclusive distributor of Prince Castle Multimixers.

35세의 나이에, 그는 프린스 캐슬 멀티믹서 사의 독점 유통업자가 되었다.

inspire 사람 to V ~에게 ~하도록 영감을 주다

Watching Roger Corman's horror movies **inspired him to make** his own short films.

로저 코먼의 호러 영화를 보는 것은 그에게 자신의 단편영화를 만들도록 영감을 주었다.

be motivated by ~에 의해 동기부여를 얻다

She **was motivated by** her mother who wrote songs at home.

그녀는 집에서 곡을 썼던 어머니로부터 동기부여를 얻었다.

become interested in ~에 관심을 갖게 되다

He **became interested in** poetry at the age of 12.

12살의 나이에, 그는 시에 관심을 갖게 되었다.

비슷한 표현

- develope(show) an interest in

  He **developed(showed) an interest in** writing at a young age.

  그는 어린 나이에 글쓰기에 대한 관심을 드러냈다(보였다).

주요어휘

introduce 소개하다	attend 참석하다, 다니다	raise 기르다	arouse 불러일으키다
decide 결정하다	pursue 추구하다	join 합류하다	move 옮기다, 이동하다

3. 초기 활동

주요 표현

be well-received 호평을 받다

The film **was well-received** in several film festivals across the world.
그 영화는 세계 각지의 여러 영화제에서 호평을 받았다.

see potential in ~에서 잠재력을 보다

Kroc **saw potential in** the small diner.
크록은 그 작은 식당에서 잠재력을 보았다.

주요어휘

attract 끌어들이다	graduate 졸업하다	publish 출판하다	release 출시하다
praise 찬양하다	earn 얻다, 벌어들이다	achieve 달성하다	devise 고안하다

4. 주요 성과 및 업적

주요 표현

have a huge impact on ~에 엄청난 영향을 미치다

His career **had a huge impact on** other contemporary writers.
그의 경력은 현대의 다른 작가들에게 엄청난 영향을 미쳤다.

receive an award 상을 받다

The book **has received an award** and has sold over 300 million copies worldwide.
그 책은 상을 받았고 세계적으로 3백만 부 이상이 팔렸다.

주요어휘

improve 향상시키다	expand 확장하다	satisfy 만족시키다	establish 설립하다
complete 끝내다, 완성하다	include 포함하다	recognize 인정하다	award 수상하다

5. 평가와 근황

주요 표현

contribute significantly to ~에 크게 기여하다

Freud **contributed significantly to** the field of psychology.
프로이트는 심리학에 크게 기여했다.

continue Ving/to V 계속해서 ~하다

Tereshkova **continued working** in the Soviet space program.
테레시코바는 소비에트 우주 프로그램에서 계속해서 일했다.

spend 시간 Ving ~하는 데 시간을 보내다

Teresa **spent the rest of her life helping** poor people in India.
테레사는 그녀의 남은 여생을 인도의 가난한 사람들을 돕는 데 보냈다.

주요어휘

devote 헌신하다	continue 계속 ~하다	retire 은퇴하다	devote 전념하다, 바치다
pass away 사망하다	criticize 비판하다	celebrate 축하하다	characterize 특징짓다

MEMO

초스피드 문제풀이 연습

※ 연습문제를 풀어보세요.

Part 1. *Read the following biography article and answer the questions. The underlined word in the article is for a vocabulary question.*

JACQUES COUSTEAU

Jacques Cousteau was a French explorer, film director, and conservationist. He achieved many feats during his lifetime, but he is perhaps most famous for his part in the invention of the Aqua-Lung, which led the way for modern-day scuba diving equipment.

Jacques-Yves Cousteau was born on June 11, 1910 in Gironde, France. After a near-fatal accident shattered his dreams of becoming a naval pilot, Cousteau turned to the ocean. With the help of engineer Emile Gagnan, Cousteau developed a device that would allow users to breathe underwater more easily.

This device, which was called the Aqua-Lung, improved upon already existing diving models. By utilizing an open-circuit system, the Aqua-Lung opened up a new world of deep-sea diving, allowing divers to explore for extended time periods. Cousteau was able to explore unknown depths and document what he saw with a special camera that was created to handle the pressure of deep waters. He created a number of documentaries about what he saw, some of which even won Oscars. His efforts inspired others to take an interest in preserving marine life and protecting the environment. His innovation lives on today as scuba diving has become an accessible hobby for many.

1. What made Cousteau give up on his dreams of aviation?

(a) coming up with a special invention
(b) making friends with an inventor
(c) experiencing a tragic mishap
(d) gaining his naval aspirations

2. What most likely was a difference in how people went diving before the invention of the Aqua-Lung?

(a) They could only investigate for short stretches.
(b) They had to document their journeys.
(c) They could only use an open-circuit system.
(d) They had to avoid areas with too much pressure.

3. In the context of the passage, preserving means ____________.

(a) continuing
(b) sheltering
(c) saving
(d) freezing

※ 문제를 함께 풀며 독해 풀이 방법을 꼼꼼히 익혀보세요.

전기적 서사(인물의 일대기 또는 업적)!

Part 1. *Read the following* ***biography article*** *and answer the questions. The underlined word in the article is for a vocabulary question.*

JACQUES COUSTEAU

Jacques Cousteau was a French explorer, film director, and conservationist. He achieved many feats during his lifetime, but he is perhaps most famous for his part in the invention of the Aqua-Lung, which led the way for modern-day scuba diving equipment.

Jacques-Yves Cousteau was born on June 11, 1910 in Gironde, France. 1) After a near **fatal accident shattered** his **dreams of becoming a naval pilot**, Cousteau turned to the ocean. With the help of engineer Emile Gagnan, Cousteau developed a device that would allow users to breathe underwater more easily.

This device, which was called the Aqua-Lung, improved upon already existing diving models. 2) By utilizing an open-circuit system, the **Aqua-Lung opened up a new world** of deep-sea diving, allowing divers to **explore for extended time periods**. Cousteau was able to explore unknown depths and document what he saw with a special camera that was created to handle the pressure of deep waters. He created a number of documentaries about what he saw, some of which even won Oscars. His efforts inspired others to take an interest in 3) **preserving** marine life and protecting the environment. His innovation lives on today as scuba diving has become an accessible hobby for many.

자크 쿠스토

자크 쿠스토는 프랑스의 탐험가, 영화 감독, 환경 보호 활동가였다. 그는 일생 동안 많은 업적을 남겼지만, 그는 아마도 현대 스쿠버 다이빙 장비를 위한 길을 이끌었던 아쿠아렁(잠수구)의 발명으로 그의 분야에서 가장 잘 알려져 있다.

자크 이브 쿠스토는 1910년 6월 11일 프랑스 지롱드 주에서 태어났다. 1) 거의 치명적인 사고가 해군 조종사가 되고자 했던 그의 꿈을 산산조각 낸 후, 쿠스토는 바다로 눈을 돌렸다. 엔지니어 에밀 가냥의 도움으로, 쿠스토는 사용자가 물속에서 더 쉽게 숨을 쉴 수 있게 하는 장치를 개발했다.

아쿠아렁이라고 불렸던 이 장치는 이미 존재하는 다이빙 모델을 개선했다. 2) 아쿠아렁은 개방 회로 시스템을 활용하여 잠수부들이 장시간 탐사를 할 수 있는 심해 잠수의 신세계를 열었다. 쿠스토는 깊은 물의 압력을 다루기 위해 만들어진 특수 카메라로 미지의 깊이를 탐험하고 그가 본 것을 기록할 수 있었다. 그는 자신이 본 것에 대한 많은 다큐멘터리들을 만들었고, 그 중 일부는 오스카상을 받았다. 그의 노력은 다른 사람들이 해양 생물 3) **보존하는 것**과 환경 보호하는 것에 관심을 가지도록 영감을 주었다. 스쿠버 다이빙이 많은 사람들이 쉽게 접할 수 있는 취미가 되면서 그의 혁신은 오늘날까지 이어진다.

단어

explorer 탐험가 conservationist 환경 보호 활동가 feat 업적, 위업 invention 발명, 발명품 equipment 장비, 기구 fatal 치명적인, 죽음을 초래하는 shatter 산산조각 내다, 산산이 부수다 naval 해양의 breathe 숨을 쉬다, 호흡하다 underwater 물속의, 수중의 existing 존재하는, 기존의 utilize 활용하다, 이용하다 extended 길어진, 늘어난 depth 깊이 pressure 압력, 압박 win (상을) 받다 inspire 영감을 주다, 격려하다 preserve 보존하다, 보호하다 environment 환경 innovation 혁신, 쇄신 accessible 접할 수 있는, 접근 가능한 give up 포기하다 aviation 항공 inventor 발명가 tragic 비극적인 mishap 불상사, 작은 사고, 불행 aspiration 포부, 염원, 열망 difference 차이점 investigate 조사하다, 살피다 stretch 기간, 시간 journey 이동 경로, 여정

※ ⓟ = paraphrasing

세부사항

키워드! ⓟ shattered　키워드! ⓟ dreams of becoming a naval pilot

1. What made Cousteau give up on his dreams of aviation?

무엇이 쿠스토가 항공에 대한 꿈을 포기하게 만들었는가?

(a) coming up with a special invention 특별한 발명품을 고안한 것

(b) making friends with an inventor 발명가와 친구가 된 것

키워드! ⓟ fatal accident

(c) experiencing a tragic mishap 비극적인 불상사를 경험한 것

(d) gaining his naval aspirations 그의 해군의 포부를 얻는 것

추론

키워드!

2. What most likely was a difference in how people went diving before the invention of the Aqua-Lung?

ⓟ Aqua-Lung opened up a new world

아쿠아렁의 발명 이전 사람들이 잠수를 하러 갔던 방법에 있어서 가장 큰 차이점은 무엇일 것 같은가?

ⓟ explore for extended time periods

키워드! = 현재는 장시간 동안 탐사할 수 있으므로 발명 이전에는 짧은 시간 동안만 조사 가능했음을 추측!

(a) They could only investigate for short stretches.

그들은 짧은 기간 동안만 조사할 수 있었다.

(b) They had to document their journeys.

그들은 그들의 여정을 기록해야 했다.

(c) They could only use an open-circuit system.

그들은 개방 회로 시스템만 사용할 수 있었다.

(d) They had to avoid areas with too much pressure.

그들은 압력이 너무 높은 지역은 피해야 했다.

어휘

an interest in preserving marine life

키워드! 해양 생물을 보존하는 것에 대한 관심

3. In the context of the passage, preserving means ___________.

해당 절의 문맥에서, preserving은 ___________을 의미한다.

(a) continuing 계속하는 것

(b) sheltering 피하는 것

(c) saving 구하는 것 ─ 보존하는 것 = 지키는 것, 구하는 것

(d) freezing 얼리는 것

PRACTICE

다음 문제를 풀어보세요.

▸ 정답 및 해설 : 27p

Part 1. *Read the following biography article and answer the questions. The underlined words in the article are for vocabulary questions.*

DAVE BREGER

Dave Breger was a famous American cartoonist during the World War II era. He popularized the term "*G.I. Joe*," which was also the title of the comic strip he created for the Army's weekly newspaper. His work became renowned because he used his experiences in the military to make realistic comic strips.

Irving David Breger was born on April 15, 1908, in Chicago, Illinois, to Russian immigrants. He first showed an interest in cartooning during high school, where he created sketches for his school's newspaper. He went on to study architectural engineering at the University of Illinois, but soon transferred to Northwestern University where he graduated in 1931 with a degree in abnormal psychology.

Breger had a hard time finding work during the Great Depression, after the US stock market collapsed. This forced him to work in his father's sausage factory. While working in the family business, he had several encounters with infamous Chicago gangsters. Fearing for his safety, he eventually moved to New York where he began working as a freelance cartoonist.

When WWII broke out, he was drafted into the military, but was allowed to continue working as a cartoonist. There, he created a comic series entitled *Private Breger* for the *Saturday Evening Post* newspaper. Soon after entering the military, he was commissioned by *Yank, the Army Weekly* to publish his comic strip, but with a title that would better fit the style of the military newspaper.

He named the strip *G.I. Joe* because much of the army's equipment and items supplied by the government was stamped with the initials "G.I." for "government issue." After its first release in June 1942, the series became widely read, and "G.I. Joe" replaced "Yank" as the slang term used to refer to any American soldier. The strip was also published by the King Features Syndicate, Inc. under the title *Private Breger*. After leaving the military, he helped found the National Cartoonists Society in 1946, and the comic strip became *Mister Breger*.

Dave Breger died on January 16, 1970, but his work continued to be published until March 21 of the same year. His legacy has survived through comic books, action figures, and Hollywood movies that center on G.I. Joe characters. Today, people still refer to American military personnel as "G.I.'s," even though very few people remember who it was that invented the term.

53. What is Dave Breger best known for?

(a) being a famous military general
(b) developing new theories in psychology
(c) designing buildings as an architect
(d) creating a series of popular comics

54. Why did Breger decide to move to New York to pursue a career in cartooning?

(a) because he couldn't find a job
(b) so he could join the Army
(c) because he wanted to avoid gangs
(d) so he could develop his talent in sketching

55. What is most likely the subject matter of his comics?

(a) difficulties during the Great Depression
(b) his life as an immigrant in the U.S.
(c) American politics during the 1940s
(d) life as a soldier during WWII

56. Where did Breger get the term "G.I. Joe"?

(a) from goods provided by the military
(b) from the name "Joe," which was slang for "Americans"
(c) from one of the issues of *Yank*
(d) from one of the comic strips he sketched

57. Which is probably the reason the term "G.I. Joe" became widely used?

(a) It was stamped on military uniforms.
(b) People found it humorous.
(c) Breger's comic strip was very popular.
(d) The Army needed a better nickname for its soldiers.

58. In the context of the passage, <u>collapsed</u> means __________.

(a) died
(b) failed
(c) fainted
(d) broke

59. In the context of the passage, <u>release</u> means __________.

(a) issue
(b) clearance
(c) expression
(d) statement

PART 02 Magazine Article

Part 2에서는 사회적인 변화 혹은 과학기술과 관련된 **진보, 변화, 새로운 양상** 등에 대한 내용으로 구성됩니다.

주로 세부적인 내용에 대한 이유, 결과, 본문에서 언급한/언급하지 않은 내용 등에 대한 문제가 출제되며, 4개의 파트 중 가장 난이도가 있는 파트이기 때문에 지문의 내용을 정확히 이해하며 읽는 것이 중요합니다.

[Part 2] 지문의 순서

TIP 제목은 주로 연구의 주제!

제목

연구 목적 / 연구 결과

연구 계기
초기 실험

TIP 세부사항 문제 출제 多!

연구 방법 / 과정

연구의 핵심 결과
연구 결과의 특징

현황 / 한계 / 시사점

문제 풀이 핵심 전략!

PART 2 글의 흐름을 파악할 수 있는 필수 표현을 학습해봅시다.

1. 연구목적/연구결과

주요 표현

a (recent) study shows that (최근의) 한 연구는 ~을 보여준다

A study shows that stem cells can be transplanted into blind eyes and stay long enough to restore eyesight.

한 연구는 줄기세포가 실명된 눈으로 이식되어 시력이 회복될 만큼 충분히 오래 갈 수 있다는 것을 보여준다.

→ found, identified가 나와도 '발견했다, 알아냈다'라고 해석돼요!

scientists have discovered that 과학자들은 ~을 발견했다

Scientists have discovered that wavelengths of UVC light can limit the spread of diseases.

과학자들은 단파장 광선의 파장이 질병의 확산을 제한할 수 있다는 것을 발견했다.

researchers came to conclude that 연구원들은 ~라는 결론을 내렸다

Researchers came to conclude that psychological changes also affect hormonal cycles.

연구원들은 심리 변화가 체온과 호르몬 주기에도 영향을 미친다는 결론을 내렸다.

findings revealed that 연구 결과는 ~을 밝혀냈다

Findings revealed that most consumers have a negative perception of food additives.

연구 결과는 대부분의 소비자들이 식품 첨가물에 대한 부정적인 인식을 가지고 있다고 밝혔다.

주요어휘

assume 추정하다
attribute ~의 탓으로 하다
experiment 실험
suggest 암시하다, 보여주다
influence 영향; 영향을 미치다
evidence 증거
prove 입증하다
propose 제시하다

2. 연구 계기/초기 실험

주요 표현

the research aimed to V 연구는 ~하는 것을 목표로 했다

The research aimed to find a more sustainable method of farming.

그 연구는 더욱 지속 가능한 농업 방법을 찾는 것을 목표로 했다.

be conducted to determine ~을 알아내기 위해 실시되다

The study **was conducted to determine** whether there was anything of historical significance on the site.

그 연구는 그 곳에서 어떠한 역사적 중요성이 있었는지를 알아내기 위해 실시되었다.

look into the possibility that ~라는 가능성을 조사하다

Researchers **are looking into the possibility that** the mishaps were caused by the crowding of boats and whales.

연구원들은 이러한 사고가 배와 고래가 북적이기 때문이라는 가능성을 조사하고 있다.

be associated with ~와 관련되다

A naturally occurring protein **was associated with** better stroke recovery.

자연적으로 발생하는 단백질은 더 나은 뇌졸중 회복과 관련된다.

'초기에'를 나타내는 표현

- initially 처음에
- originally 원래
- previously 이전에

주요어휘

examine 조사하다, 검토하다
pose (문제를) 제기하다
proof 증거
survey 설문조사를 하다
perform 수행하다
difference 차이점
cause 야기하다, 초래하다
preliminary 사전의, 예비의

3. 연구 방법 또는 과정

주요 표현

be instructed to V ~하라고 지시받다

Participants **were instructed to see** those paintings first.
참가자들은 먼저 그 그림들을 보라고 지시받았다.

researchers observed 연구원들은 ~을 관찰했다

Researchers observed 34 dogs of various ages, sizes, and breeds.
연구원들은 34마리 개들의 다양한 나이, 크기, 그리고 견종을 관찰했다.

주요어휘

conflict 대립하다, 충돌하다	claim (사실이라고) 주장하다	test 시험하다	analyze 분석하다
undergo ~을 거치다	measure 측정하다	opposite 반대	notion 개념

4. 연구의 핵심 결과 및 연구결과의 특징

주요 표현

shed light on ~에 대해 밝혀내다

These findings may **shed light on** how sleep loss can lead to weight gain.
이러한 연구결과는 어떻게 수면 부족이 체중 증가로 이어질 수 있는지에 대해 밝혀낼 수도 있다.

researchers concluded that 연구원들은 ~라고 결론을 내렸다

Researchers concluded that a chimpanzee's working memory capacity is comparable to that of seven-year-old child.
연구원들은 침팬지의 작업 기억 능력이 7세 어린이의 작업 기억 능력과 비슷하다고 결론을 내렸다.

주요어휘

anticipate 예상하다	indicate 나타내다	admit 인정하다	lead 이어지다
compare 비교하다	enhance 향상시키다	related 관련된	statistics 통계

5. 현황/한계/시사점

주요 표현

be still working on 아직 ~하고 있는 중이다

The researchers **are still working on** understanding the long-term effects of the illness.

연구원들은 그 질환의 장기적인 효과를 **아직 이해하고 있는 중이다.**

be now searching for 현재 ~을 찾고 있는 중이다

The team **is now searching for** molecules and proteins that can safely inhibit the activity of IL2 receptors in humans.

연구팀은 인간의 체내에서 IL2 수용체의 활동을 안전하게 억제할 수 있는 분자와 단백질을 **현재 찾고 있는 중이다.**

note some downsides to ~의 몇 가지 단점을 언급하다

Doctors **note some downsides to** giving patients full access to their own medical records.

의사들은 부모들에게 그들 자신의 의료 기록에 대해 완전히 접근할 수 있게 하는 것**의 몇 가지 단점을 언급한다.**

주요어휘

urge 촉구하다	advise 권고하다	address 다루다, 처리하다	require 요구하다
propose 제안하다	insist 주장하다	warn 경고하다	response 반응

MEMO

초스피드 문제풀이 연습

※ 연습문제를 풀어보세요.

Part 2. *Read the following magazine article and answer the questions. The underlined word in the article is for a vocabulary question.*

DRAGON MAN SKULL FOUND IN CHINA

An enormous fossilized skull was recently rediscovered in China when a young man received it as a gift from his dying grandfather. It was originally found in the 1930s by Chinese laborers, but they hid it in a well to stop Japanese soldiers from retrieving the item.

The skull has been affectionately named "Dragon Man" because the name of the region where it was found translates to "Black Dragon River." What makes this discovery significant is that some scientists have identified the skull as belonging to a new human species: *Homo longi*. The remains of the approximately 50-year-old man reveal that he had a much larger nose and skull than modern humans. This cranium shows that Dragon Man may have been a link between Neanderthals and modern humans.

However, not everyone is so sure that a new species has been discovered. One researcher pointed out that a similar skull was found in China earlier, though he admitted that this skull was indeed different from both modern humans and Neanderthals. Another believes it is pointless to make such a <u>distinction</u> among prehistoric groups since they constantly interbred with one another. Whatever the case may be, Dragon Man is an exciting discovery for those interested in evolution

1. Why was the skull's initial discovery forgotten for so long?

(a) because the original finders lost track of it
(b) because the old man died before he shared it
(c) because the original finders wanted to hide it
(d) because the Japanese took it without permission

2. What most likely is true of Dragon Man?

(a) He was smarter than humans because of his large skull.
(b) He did not originate in China.
(c) He was more developed than the Neanderthals.
(d) His entire body was larger than that of humans.

3. In the context of the passage, distinction means ____________.

(a) contrast
(b) variation
(c) significance
(d) reputation

※ 문제를 함께 풀며 독해 풀이 방법을 꼼꼼히 익혀보세요.

잡지 기사!

Part 2. *Read the following* ***magazine article*** *and answer the questions. The underlined word in the article is for a vocabulary question.*

DRAGON MAN SKULL FOUND IN CHINA

An enormous fossilized skull was recently rediscovered in China when a young man received it as a gift from his dying grandfather. 1) It was **originally found** in the 1930s by Chinese laborers, but they **hid it** in a well to stop Japanese soldiers from retrieving the item.

The skull has been affectionately named "Dragon Man" because the name of the region where it was found translates to "Black Dragon River." What makes this discovery significant is that some scientists have identified the skull as belonging to a new human species: Homo longi. The remains of the approximately 50-year-old man reveal that he had a much larger nose and skull than modern humans. 2) This cranium shows that **Dragon Man** may have been a link between **Neanderthals** and modern humans.

However, not everyone is so sure that a new species has been discovered. One researcher pointed out that a similar skull was found in China earlier, though he admitted that this skull was indeed different from both modern humans and Neanderthals. Another believes it is pointless to make such a 3) **distinction** among prehistoric groups since they constantly interbred with one another. Whatever the case may be, Dragon Man is an exciting discovery for those interested in evolution.

중국에서 발견된 드래곤 맨(호모 롱기) 두개골

거대한 두개골 화석이 한 젊은이가 그의 죽어가는 할아버지로부터 그것을 선물로 받았을 때 최근 중국에서 재발견되었다. 1) 그것은 원래 1930년대 중국 노동자들에 의해 발견되었지만, 그들은 일본 군인들이 물건을 회수하는 것을 막기 위해 우물에 그것을 숨겼다.

이 두개골은 그것이 발견된 지역의 이름을 '흑룡강'으로 번역하기 때문에 '드래곤 맨'이라는 애칭이 붙었다. 이 발견을 중요하게 만드는 것은 일부 과학자들이 이 두개골이 새로운 인간 종인 '호모 롱기'에 속하는 것을 확인했다는 것이다. 거의 50세가량의 노인 유해는 그가 현대인들보다 훨씬 더 큰 코와 두개골을 가졌다는 것을 보여준다. 2) 이 두개골은 드래곤 맨이 네안데르탈인들과 현대인들의 연결고리였을지도 모른다는 것을 보여준다.

하지만, 새로운 종이 발견되었다는 것에 모두가 확신하는 것은 아니다. 한 연구원은 이 두개골이 현대인과 네안데르탈인과는 정말로 다르다는 점은 인정했지만, 중국에서도 일찍이 비슷한 두개골이 발견됐다고 지적했다. 다른 이들은 그들이 끊임없이 서로 상호 교배하기 때문에 선사 시대 집단 사이에서 이러한 3) **차이**를 만드는 것은 무의미하다고 생각한다. 어떤 경우든 드래곤 맨은 진화에 관심이 있는 사람들에게는 흥미로운 발견이다.

단어

skull 두개골 **enormous** 거대한, 막대한 **fossilize** 화석화하다 **rediscover** 재발견하다 **receive** 받다, 받아들이다
laborer 노동자, 인부 **soldier** 군인 **retrieve** 회수하다, 되찾아오다 **affectionately** 애정을 담고, 애정 어리게
translate 번역하다, 해석하다 **identify** 확인하다, 알아보다 **belong to** ~에 속하다 **species** 종, 종류 **remains** 남은 것, 유해, 유적
approximately 거의, 대략 **reveal** 보여주다, 드러내다 **cranium** 두개골 **point out** 지적하다 **admit** 인정하다
pointless 무의미한, 할 가치가 없는 **distinction** 차이, 구별 **prehistoric** 선사 시대의 **constantly** 끊임없이, 계속
interbreed 상호 교배하다 **evolution** 진화, 발전 **forget** 잊다, 잊어버리다 **permission** 허가, 허락 **entire** 전체의, 온

* ⓟ = paraphrasing

세부사항

키워드! ⓟ originally found

1. Why was the skull's initial discovery forgotten for so long?
두개골의 최초 발견은 왜 그렇게 오랫동안 잊혀졌는가?

(a) because the original finders lost track of it
최초의 발견자가 그것을 추적하지 못했기 때문에

(b) because the old man died before he shared it
노인이 그것을 공유하기 전에 사망했기 때문에

키워드! ⓟ hid it

(c) because the original finders wanted to hide it
최초의 발견자가 그것을 숨기고 싶어했기 때문에

(d) because the Japanese took it without permission
일본인이 허가 없이 그것을 가져갔기 때문에

추론

키워드!

2. What most likely is true of Dragon Man?
무엇이 드래곤 맨에 대해 가장 사실일 것 같은가?

(a) He was smarter than humans because of his large skull.
그는 큰 두개골 때문에 인간보다 더 똑똑했다.

(b) He did not originate in China.
그는 중국에서 유래하지 않았다.

키워드! 드래곤 맨이 네안데르탈인과 현대인의 연결고리
→ 네안데르탈인 - 드래곤 맨 - 현대인 순서의 진화과정을 추측!

(c) He was more developed than the Neanderthals.
그는 네안데르탈인들보다 더 발달되었다.

(d) His entire body was larger than that of humans.
그의 몸 전체는 인간보다 더 컸다.

어휘

키워드! to make such a distinction among prehistoric groups
선사 시대 집단 사이에서 이러한 차이를 만드는 것

3. In the context of the passage, distinction means ____________.
해당 절의 문맥에서, distinction은 ____________을 의미한다.

(a) contrast 차이 → 차이 = 대조, 대비, 차이
(b) variation 변화
(c) significance 중요성
(d) reputation 평판

PRACTICE

다음 문제를 풀어보세요.

▶ 정답 및 해설 : 33p

Part 2. *Read the following magazine article and answer the questions. The underlined words in the article are for vocabulary questions.*

H1N1 INFLUENZA VIRUS

H1N1 is an influenza virus that was first detected in humans in 2009 when it caused multiple epidemics. It is commonly known as "swine flu," as it was thought to be similar to viruses that cause the flu in pigs. Later tests revealed that H1N1 is composed of several genes from different flu viruses that normally infect pigs, birds, and humans.

Swine flu is similar to regular influenza in that it can spread when an infected person coughs or sneezes, making it extremely infectious. In some cases, people have <u>contracted</u> the disease by simply touching an infected object and then touching their mouth, nose, or eyes. Studies show that a person with swine flu is most infectious one day before the onset of its symptoms, which most commonly consist of a fever and cough, and may include a sore throat, headache, body aches, chills, and fatigue. In a few cases, infected people have also reported experiencing nausea, vomiting, and diarrhea. These symptoms usually start at the onset of the sickness and last for approximately seven days.

In early 2009, the World Health Organization (WHO) declared H1N1 a pandemic, or a rapidly spreading, worldwide disease. According to scientists, the reason for its fast transmission is that it was a new type of disease, one which humans had little or no immunity against.

Although the viral disease is extremely <u>communicable</u>, there are ways to reduce the risk of infection. Health experts advise individuals to wash their hands often with soap and warm water for at least 20 seconds, or to routinely use hand sanitizers. Tissues should also be used when sneezing or coughing and then disposed of properly. Aside from personal hygiene, health agencies also suggest that common surfaces such as doorknobs, light switches, and telephones be disinfected and kept clean at all times.

If someone is demonstrating flu-like symptoms, the individual should seek medical attention right away. Infected patients should also stay home and refrain from attending public gatherings. In addition, it is advisable that they avoid stressful activities related to work, school, or travel.

60. Why is H1N1 also called swine flu?

(a) because it was similarly discovered in 2009
(b) because they were assumed to be alike
(c) because it mostly affected pigs
(d) because they were both widespread

61. What symptoms are usually demonstrated by a patient infected with H1N1?

(a) fever and cough
(b) chills and diarrhea
(c) nausea and headache
(d) throat and body pains

62. What reason did scientists give for the rapid spread of the disease?

(a) It was similar to the flu, which didn't have a cure.
(b) People did not have the time to build up a resistance to it.
(c) People often ate the pigs that carried the disease.
(d) It was immune to traditional methods of disinfecting.

63. According to health experts mentioned in the article, what is one way to avoid becoming infected with the disease?

(a) avoiding touching one's eyes, nose, and mouth
(b) seeing a doctor every seven days
(c) sanitizing objects that we come into contact with
(d) staying away from pork

64. Why most likely should individuals who display flu symptoms avoid contact with others?

(a) so they can be properly sanitized
(b) to avoid embarrassment from having the disease
(c) so other people can develop immunity to the flu
(d) to prevent the further spread of the disease

65. In the context of the passage, contracted means ___________.

(a) caught
(b) grabbed
(c) arranged
(d) captured

66. In the context of the passage, communicable means ___________.

(a) deadly
(b) poisonous
(c) widespread
(d) contagious

PART 03 Encyclopedia Article

Part 3에서는 백과사전에서 찾아볼 수 있는 **개념에 대한 설명문**으로 구성됩니다.

주로 해당 주제에 대한 배경, 변화 내용, 세부적인 사실, 본문에서 언급한/언급하지 않은 내용 등에 대한 문제가 출제됩니다.

설명문이기 때문에 구체적인 사실에 집중하며 읽는 것이 중요합니다.

[Part 3] 지문의 순서

TIP 제목은 설명하려는 개념의 명칭!

제목

정의/소개

기원
형성과정

TIP 세부사항 문제 출제 多!

세부 특징

의의/현황/한계/시사점

문제 풀이 핵심 전략!

PART 3 글의 흐름을 파악할 수 있는 필수 표현을 학습해 봅시다.

1. 정의/소개

주요 표현

be composed of ~로 구성되다 + be made up of, consist of도 같은 표현이에요!

Some artificial sweeteners may **be composed of** sugar alcohols, such as xylitol and sorbitol.

몇몇 인공 감미료는 자일리톨과 소르비톨과 같은 당알코올로 구성되어 있을 수 있다.

+ be known as는 '~라고 알려져 있다'라는 뜻이에요!

be (also) known for (또한) ~로 알려져 있다

The Tasmanian devil **is known for** its bad temper.

태즈매니아 데빌은 고약한 성미로 알려져 있다.

refer to ~을 가리키다, ~을 말하다

Metabolism **refers to** the process of extracting energy from food.

신진대사는 음식으로부터 에너지를 추출하는 과정을 가리킨다.

be home to ~의 본고장이다, 서식지이다

New Orleans **is home to** a wide diversity of performances and festivals.

뉴올리언스는 매우 다양한 공연과 축제의 본고장이다.

주요어휘

constitute 구성하다
arise 생기다, 발생하다
influence 영향을 미치다
dub 별칭을 붙이다
identify 알아보다
resemble 닮다, 유사하다
remarkable 놀랄 만한
extinct 멸종된

2. 기원 및 형성과정

주요 표현

become popular when ~때 인기를 끌게 되다

Opera once again **became popular when** phonograph recordings were made widely available.

오페라는 축음기 음반이 널리 이용되어졌을 때 다시 한 번 인기를 끌게 되었다.

originate from ~에서 비롯되다 ⊕ derive from은 '~에서 유래하다'라는 뜻이에요!

Leptospermum scoparium species **originated from** Australia.

'렙토스페르뭄 스코파리움' 종은 호주에서 비롯되었다.

come from ~에서 오다

Archeologists believe that the gold mask **came from** ancient Egypt.

고고학자들은 그 황금 가면이 고대 이집트에서 왔다고 믿는다.

be found in ~에서 발견되다

4,000-year-old popcorn kernels **were found in** a cave.

4천년 된 팝콘 알맹이가 한 동굴에서 발견되었다.

주요어휘

construct 건설하다, 구성하다
develop 개발하다
introduce 도입하다
observe 관측하다
hold 열다, 개최하다
process 과정
appear 나타나다, 등장하다
founder 설립자

3. 세부 특징

주요 표현

be characterized by ~로 특징지어지다

The rainbow agama is a lizard species which **is characterized by** its brightly colored body.

무지개아가마는 밝은 색을 띤 몸으로 특징지어지는 도마뱀 종이다.

be distinct from ~와 구별되다

The Catalan language **is distinct from** Spanish.

카탈루냐어는 스페인어와 구별된다.

be divided into ~로 나뉘어지다

Musical instruments **are** commonly **divided into** three groups: string, wind, and percussion instruments.

악기는 보통 현악기, 관악기, 그리고 타악기의 세 그룹으로 나뉘어진다.

scientists believe that 과학자들은 ~라고 믿는다

Scientists believe that amphibians evolved from fish that started developing legs about 370 million years ago.

과학자들은 양서류가 약 3억 7천만 년 전에 다리가 발달하기 시작한 어류에서 진화한 것이라고 믿는다.

주요어휘

conduct 실시하다, 수행하다	depict 묘사하다	form 형성하다	estimate 추정하다
feature 특징, 특성	characteristic 특징, 특질	appearance 외관, 모습	phenomenon 현상

4. 의의/현황/한계/시사점

주요 표현

result in ~의 결과를 낳다

Scientists found a natural pigment in cabbage that **results in** a nice blue color.

과학자들은 양배추에서 멋진 파란색**의 결과를 낳은** 천연 색소를 발견했다.

be designated as ~로 지정되다

The Mediterranean city of Nice, France, **has been designated as** a UNESCO World Heritage Site.

프랑스의 지중해 도시인 니스는 유네스코 세계문화유산**으로 지정되었다.**

주요어휘

remain 여전히 ~이다	mention 언급하다	restore 복원하다	preserve 보존하다
commemorate 기념하다	cite 인용하다	adopt 채택하다	endangered 멸종 위기에 처한

MEMO

초스피드 문제풀이 연습

※ 연습문제를 풀어보세요.

Part 3. *Read the following encyclopedia article and answer the questions. The underlined word in the article is for a vocabulary question.*

AXOLOTL

The axolotl, also known as the Mexican walking fish, is commonly mistaken for a fish because of its appearance, but is actually an aquatic salamander. It is a close relative of the tiger salamander, though the former has gills and lives its entire life underwater. Axolotls can grow to be up to a foot in length, but they are often only half of that. They come in a variety of colors, such as pink, black, and tan, and they retain their larval characteristics into adulthood. The creature is only native to two lakes in Mexico, one of which was drained for flood control, making the species critically endangered.

Despite low numbers in the wild, axolotls are commonly kept as pets and as subjects of scientific research. These animals have the remarkable ability to regrow nearly any part of their bodies, including spinal cords and parts of their brains. Because of this, they are useful for scientists who hope to study tissue regrowth in humans. The Aztecs also recognized these unique characteristics and believed the axolotl was a physical form one of their gods. The axolotl's endearing appearance and remarkable traits make it a sought-after specimen for both animal-lovers and scientists alike.

1. Why most likely are axolotl mistaken for fish?

(a) They retain the larval characteristics of fish.
(b) They are a close relative of fish.
(c) They have gills and live underwater.
(d) They are only naturally found in lakes.

2. What special trait makes the axolotl valuable for science?

(a) its ability to recreate many parts of its body
(b) its relation to an ancient extinct species
(c) its ability to regrow tissue in humans
(d) its status as an endangered species

3. In the context of the passage, <u>recognized</u> means ___________.

(a) admitted
(b) recalled
(c) noticed
(d) confessed

※ 문제를 함께 풀며 독해 풀이 방법을 꼼꼼히 익혀보세요.

백과사전식 기사(설명문)!

Part 3. *Read the following* ***encyclopedia article*** *and answer the questions. The underlined word in the article is for a vocabulary question.*

AXOLOTL

[1] The axolotl, also known as the Mexican walking fish, is commonly **mistaken for a fish** because of its appearance, but is actually an aquatic salamander. It is a close relative of the tiger salamander, [1] though the former **has gills and lives its entire life underwater**. Axolotls can grow to be up to a foot in length, but they are often only half of that. They come in a variety of colors, such as pink, black, and tan, and they retain their larval characteristics into adulthood. The creature is only native to two lakes in Mexico, one of which was drained for flood control, making the species critically endangered.

Despite low numbers in the wild, axolotls are commonly kept as pets and as subjects of scientific research. [2] These animals have the remarkable **ability to regrow nearly any part of their bodies**, including spinal cords and parts of their brains. Because of this, they are **useful for scientists** who hope to study tissue regrowth in humans. The Aztecs also [3] **recognized** these unique characteristics and believed the axolotl was a physical form one of their gods. The axolotl's endearing appearance and remarkable traits make it a sought-after specimen for both animal-lovers and scientists alike.

아홀로틀(우파루파)

[1] 멕시코의 걸어 다니는 물고기로도 알려진 아홀로틀은 외관 때문에 흔히 물고기로 오인되지만, 실제로는 수생 도롱뇽이다. [1] 비록 전자(아홀로틀)는 아가미가 있고 평생을 물속에서 살지만, 그것은 범무늬도롱뇽과 가까운 친척이다. 아홀로틀은 길이가 1피트까지 자랄 수 있지만, 그들은 종종 그것의 절반밖에 되지 않는다. 그들은 분홍색, 검정색, 황갈색과 같은 다양한 색깔로 나타나며, 성년에도 유충의 특성을 유지한다. 이 생물은 멕시코에 있는 두 개의 호수에서만 자생하는데, 그 중 한 호수는 홍수 통제를 위해 배수되어 이 종들을 심각한 멸종 위기에 처하게 한다.

야생에서 적은 수에도 불구하고, 아홀로틀은 흔히 애완동물로, 그리고 과학 연구의 대상으로 길러진다. [2] 이 동물들은 척수와 뇌의 일부를 포함한 몸의 거의 모든 부분을 재생하는 놀라운 능력을 가지고 있다. 이 때문에, 그들은 인간의 조직 재생을 연구하고자 하는 과학자들에게 유용하다. 아즈텍인들은 또한 이러한 독특한 특징들을 [3] **알아봤고** 아홀로틀이 그들의 신들 중 하나의 물리적 형태라고 믿었다. 아홀로틀의 사랑스러운 외모와 놀라운 특성으로 동물을 사랑하는 사람들과 과학자들 모두에게 인기가 많은 표본이 되었다.

단어

commonly 흔히, 흔하게 **appearance** 외관, 외모 **aquatic** 수생의, 물속에서 자라는 **salamander** 도롱뇽 **gill** 아가미 **tan** 황갈색 **retain** 유지하다, 보유하다 **larval** 유충의, 애벌레의, 미숙한 **characteristic** 특성, 특질 **adulthood** 성년, 성인 **creature** 생물 **drain** 배수하다 **critically** 심각하게, 위태롭게 **endanger** 멸종 위기에 처하다 **despite** ~에도 불구하고 **subject** 대상, 주제, 화제, 문제 **remarkable** 놀라운, 놀랄 만한 **ability** 능력 **regrow** 재생하다, 재성장하다 **spinal cord** 척수 **tissue** 조직 **recognize** 알아보다, 알다, 인식하다 **endearing** 사랑스러운 **trait** 특성 **relative** 친척 **recreate** 재생하다 **extinct** 멸종된, 존재하지 않는 **status** 지위

* ⓟ = paraphrasing

세부사항

키워드! ⓟ mistaken for a fish

1. Why most likely are **axolotl mistaken for fish**?

왜 아홀로틀은 물고기로 오인되었을까?

(a) They retain the larval characteristics of fish.
그들은 어류에 대한 유충의 특성을 유지한다.

(b) They are a close relative of fish.
그들은 물고기의 가까운 친척이다.

키워드! ⓟ has grills and lives its entire life underwater

(c) They **have gills and live underwater**.
그들은 아가미가 있으며, 물 속에서 산다.

(d) They are only naturally found in lakes.
그들은 오직 호수에서만 쉽게 발견된다.

세부사항

키워드! ⓟ useful for scientists

2. What special trait makes the axolotl **valuable for science**?

어떤 특성이 아홀로틀을 과학에 가치 있게 만드는가?

키워드! ⓟ ability to regrow nearly any part of their bodies

(a) its **ability to recreate many parts of its body**
몸의 많은 부분을 재생하는 능력

(b) its relation to an ancient extinct species
고대 멸종 종과의 관계

(c) its ability to regrow tissue in humans
인체에서 조직을 재생하는 능력

(d) its status as an endangered species
멸종 위기 종으로서의 지위

어휘

The Aztecs also **recognized** these unique characteristics
아즈텍인들은 또한 이러한 독특한 특징들을 알아봤다

키워드!

3. In the context of the passage, **recognized** means ________.

해당 절의 문맥에서, recognized는 ________을 의미한다.

(a) admitted 인정했다
(b) recalled 상기했다
(c) **noticed** 알아차렸다 → 알아보다 = 알아차렸다
(d) confessed 자백했다

PRACTICE

▶ 정답 및 해설 : 39p

다음 문제를 풀어보세요.

Part 3. *Read the following encyclopedia article and answer the questions. The underlined words in the article are for vocabulary questions.*

BERIMBAU

The *berimbau* is a simple percussion instrument made of wood. It is mainly used to provide background music during competitions involving the Brazilian martial art *capoeira*. Its similarity to instruments used in Africa led historians to believe that it originated from that region, though it is now much more popular in Brazil.

The berimbau is shaped like a bow and is usually just under five feet long. A single metal string connects the two ends of the bow, which is attached to a hollow gourd or bowl. This bowl acts as a resonator, increasing the sound the instrument makes when it is played. To play the berimbau, one holds it in one hand, wraps two fingers around the bow, slips the little finger under the string loop, and places the gourd against the abdomen. A small stone is then held between the index finger and thumb while the other hand holds a stick or a rattle.

A berimbau's sound is determined by the size of its gourd resonator instead of the length of its bow. Three different types are recognized: the largest, the *gunga*, has the lowest tone, the middle-sized *médio* has a middle tone, and the smallest, the *viola*, has the highest tone. During a capoeira match, all three types of berimbau are used together, each playing a different role.

The gunga (or bass) player is normally the leader, and uses the instrument to start the songs to be played, and to signal the beginning and end of a fight. The médio player sets the main rhythm of the songs, and plays notes that complement the sounds made by the gunga. As such, the médio is usually tuned to produce higher notes than the ones produced by the gunga.

The last in the ensemble is the viola. This berimbau is tuned to produce even higher notes than the médio, and is used to accompany the main rhythm. This musician plays the same notes that the médio produces, but at a slightly different rhythm.

The assembly of berimbau musicians is a popular part of most Brazilian events and ceremonies, as participants are entertained by the countless different rhythms they can create.

67. Why do some people believe that the *berimbau* came from Africa?

(a) because it is used to play songs from that continent
(b) because it is used during African ceremonies
(c) because it is currently made by African musicians
(d) because it looks like the instruments played in Africa

68. What is the purpose of the bowl-shaped part of the berimbau?

(a) attaching the ends of the bow together
(b) strumming the instrument's string
(c) increasing the instrument's volume
(d) holding the instrument in place

69. How are berimbaus classified?

(a) based on how big their resonators are
(b) based on how they are played
(c) based on the size of their bows
(d) based on the rhythms they make

70. According to the article, what is the role of the *viola*?

(a) It plays variations of the main rhythm of a song.
(b) It sets the rhythm of the songs played by the assembly.
(c) It acts as the substitute for the *gunga*.
(d) It signals the start and the end of a match.

71. Based on the text, what can most likely be said about an assembly of berimbaus?

(a) They can only be played in Brazil.
(b) They can play a wide range of rhythms.
(c) They are very difficult to play.
(d) They can only be used during a *capoeira* match.

72. In the context of the passage, complement means ___________.

(a) flatter
(b) combine
(c) increase
(d) match

73. In the context of the passage, ensemble means ___________.

(a) cast
(b) army
(c) band
(d) cluster

PART 04 Business or Formal Letter

Part 4에서는 비즈니스와 관련된 **상업용 편지나 개인적인 편지 형식**으로 구성됩니다.

주로 어떤 제품이나 서비스 상품에 대해 소개하며 제품을 사거나 서비스를 이용하도록 설득하는 내용, 제품이나 서비스에 대해 불만을 제기하는 내용, 어떤 사회적 활동에 초대하는 내용, 특정 일자리를 지원하는 내용 등 다양한 내용이 등장합니다.

편지의 목적, 구체적 사건 혹은 내용의 이유, 기간, 금액, 향후 수신자가 해야 하는 일 등에 대한 문제가 출제되므로 편지의 목적을 중심으로 내용의 흐름을 파악하는 것이 중요합니다.

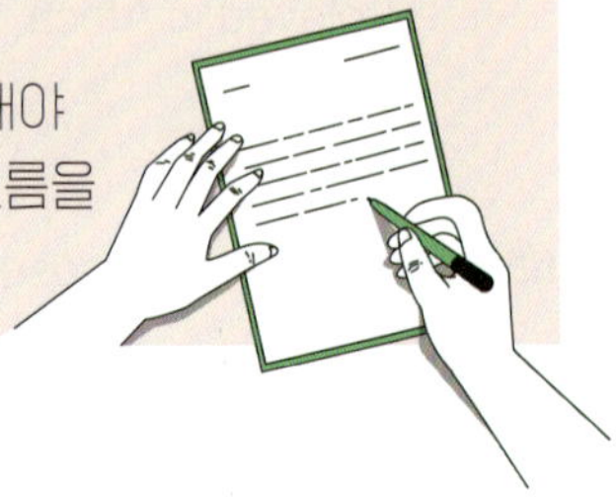

[Part 4] 지문의 순서

수신자 정보

TIP 수신인의 소속, 직책을 보면 편지의 주제/목적을 대략 파악할 수 있어요!

Dear ____________:

편지의 주제/목적

TIP 주제/목적은 반드시 출제!

요청 사항
세부 설명

수신자가 해야 할 일
끝인사

Sincerely, / Best regard,

발신자 정보

TIP 발신인도 마찬가지! 소속, 직책을 통해 주제/목적을 대략 파악 가능!

문제 풀이 핵심 전략!

PART 4 글의 흐름을 파악할 수 있는 필수 표현을 학습해 봅시다.

1. 편지의 주제 및 목적

주요 표현

I am writing (this letter) to ~하기 위해 이 편지를 씁니다

I am writing to express our deep appreciation for your donation.

귀하의 기부에 대한 저희의 깊은 감사를 표현하기 위해 편지를 씁니다.

I am pleased to inform you that 귀하에게 ~를 알려드리게 되어 기쁩니다

I am pleased to inform you that you have been selected for the interview.

귀하에게 면접에 선발되었다는 것을 알려드리게 되어 기쁩니다.

> **나쁜 소식을 알릴 때 → we regret**
>
> **We regret to inform you that** our service will end on September 30.
>
> 저희 서비스가 9월 30일에 종료된다는 점을 귀하에게 알리게 되어 유감입니다.

we have decided to 저희는 ~하기로 결정했습니다

We have decided to accept your proposal on our new construction project.

저희는 신규 건설 프로젝트에 대한 귀하의 제안을 수락하기로 결정했습니다.

please accept this letter as 이 편지를 ~로 받아주시기 바랍니다

Please accept this letter as a notice of my resignation from my position.

이 편지를 제 직책으로부터의 사임 통지로 받아주시기 바랍니다.

주요어휘

announce 발표하다	inform 알리다	consider 고려하다	accept 수락하다
host 주최하다	hold 열다, 개최하다	confirm 확인하다	apply 지원하다, 신청하다

2. 요청 사항

주요 표현

I would like to ~하고 싶습니다

If possible, **I would like to** get copies of the photographs as a keepsake of that day.

가능하다면, 그 날에 대한 기념으로 사진을 받고 싶습니다.

we are hoping that ~을 희망하고 있습니다

We are hoping that you can accommodate our request a week before the deadline.

귀하가 저희의 요청을 마감기한보다 일주일 전에 수용해주실 수 있기를 희망하고 있습니다.

we would appreciate if you could도 같은 표현이에요!

we would be grateful if you could ~해주신다면 정말 감사하겠습니다

We would be grateful if you could let us know about any specific requirements.

어떠한 구체적인 요구사항을 저희에게 알려주신다면 정말 감사하겠습니다.

Please be reminded of ~을 상기해 두시기 바랍니다

Please be reminded of your outstanding balance for the landscaping work we completed.

저희가 완료했던 조경 작업에 대한 미지급 잔금을 상기해 두시기 바랍니다.

주요어휘

require 요청하다, 요구하다	propose 제안하다	advise 권고하다	urge 촉구하다
address 다루다, 처리하다	offer 제공하다	submit 제출하다	participate 참여하다

3. 포함/할인/제공/이용 등 세부 설명

주요 표현

I have enclosed ~을 동봉했습니다

I have enclosed some photos for our recent exhibition for your review.

당신이 검토하실 수 있게 저희의 최근 전시회 사진 몇 장을 동봉했습니다.

we will give you a discount 할인해 드리겠습니다

We will give you a 15% discount if you make a reservation within the end of this month.

귀하가 이번 달 말 안에 예약을 하신다면 15퍼센트 할인해 드리겠습니다.

will be served ~가 제공될 것입니다

Complimentary snacks and beverages will be served in the lounge.

라운지에서 무료 간식과 음료가 제공될 것입니다.

be available at ~에서 이용[구입] 가능합니다

The measles shot will be available at the pharmacist's table.

홍역 주사는 약사 진료대에서 이용 가능할 것입니다.

주요어휘

reserve 예약하다
refund 환불; 환불하다
include 포함하다
compensation 보상(금)
provide 제공하다
savings 절감, 절약
furnish 갖추다
access 이용권

4. 수신자가 해야 할 일 및 끝인사

주요 표현

please feel free to V 부담 갖지 말고 ~해 주시기 바랍니다

Please feel free to call us at (926) 825-1303 if you are interested.

관심이 있으시다면 부담 갖지 말고 (926) 825-1303으로 전화해 주시기 바랍니다.

> **비슷한 표현**
>
> **Please do not hesitate to** visit our website to make an appointment.
>
> 주저하지 말고 저희 웹사이트에 방문하시어 예약해 주시기 바랍니다.

you may contact us at 저희에게 ~로 연락하셔도 됩니다

You may contact us at (844) 515-3066 for further information.

추가 정보를 원하시면 저희에게 (844) 515-3066으로 연락하셔도 됩니다.

if you have any questions regarding ~에 대해 질문이 있으시다면

If you have any questions regarding the schedule, give me a call at 312-752-3489.

일정에 대해 질문이 있으시다면, 저에게 312-752-3489로 전화해 주세요.

to find out more about ~에 대해 더 알고 싶으시면

To find out more about our products, click the link below.

저희 제품에 대해 더 알고 싶으시면, 하단의 링크를 클릭하세요.

주요어휘

review 검토; 검토하다	reach 연락하다	attach 첨부하다	discuss 논의하다
inquiry 문의 사항	details 세부 사항	decision 결정	opportunity 기회

MEMO

초스피드 문제풀이 연습

※ 연습문제를 풀어보세요.

Part 4. *Read the following business letter and answer the questions. The underlined word in the letter is for a vocabulary question.*

P&R Electronics Online
1256 Freedom Way
New York City, NY
Attn: Customer Service

To Whom It May Concern:

I recently purchased a pre-owned laptop from your online electronics store. Though I had my reservations about buying a used product, I was initially quite pleased with my purchase, as everything was running smoothly. Unfortunately, it turns out my initial instincts were right because my computer has completely shut down.

I have been using the laptop as instructed, so I am unsure why it is not working properly. I made sure not to overcharge it or let it get too hot. I also haven't <u>overwhelmed</u> the system with too many downloads. Still, my computer crashed while I was in the middle of typing an important document, and it seems my progress may be lost forever.

Because of this issue, I have decided to return the product and am now requesting a refund. You will find the laptop enclosed in this packaging. Though I did have an unsatisfactory experience with my preowned product, I am open to purchasing one again in the future. Perhaps if P&R Electronics offered some sort of warranty, I would be more inclined to frequent the shop.

Sincerely,

Joanne Strand

1. How did Joanne Strand feel about used goods before buying her laptop?

(a) She had concerns about their dependability.
(b) She believed they were worth a long wait to buy.
(c) She was pleased that they were easy to buy.
(d) She believed they would shut down immediately.

2. Why most likely is Strand so displeased?

(a) Her computer got overheated too easily.
(b) She is unable to get a refund.
(c) Her computer did not come with a guarantee.
(d) She ruined her computer with too many downloads.

3. In the context of the passage, overwhelmed means ___________.

(a) confused
(b) exhausted
(c) conquered
(d) surprised

※ 문제를 함께 풀며 독해 풀이 방법을 꼼꼼히 익혀보세요.

비즈니스 편지!

Part 4. *Read the following* ***business letter*** *and answer the questions. The underlined word in the letter is for a vocabulary question.*

P&R Electronics Online
1256 Freedom Way
New York City, NY
Attn: Customer Service

To Whom It May Concern:

I recently purchased a pre-owned laptop from your online electronics store. Though I had my reservations about buying a used product, I was initially quite pleased with my purchase, as everything was running smoothly. [1] **Unfortunately**, it turns out **my initial instincts** were right because my computer has completely shut down.

I have been using the laptop as instructed, so I am unsure why it is not working properly. I made sure not to overcharge it or let it get too hot. I also haven't [3] **overwhelmed** the system with too many downloads. Still, my computer crashed while I was in the middle of typing an important document, and it seems my progress may be lost forever.

Because of this issue, I have decided to return the product and am now requesting a refund. You will find the laptop enclosed in this packaging. Though I did have an unsatisfactory experience with my preowned product, I am open to purchasing one again in the future. [1, 2] Perhaps if P&R Electronics **offered some sort of warranty**, I would be more inclined to frequent the shop.

Sincerely,
Joanne Strand

P&R 일렉트로닉스 온라인
뉴욕 주 뉴욕시
프리덤 가 1256번지
고객 서비스 귀하

담당자 분께

저는 최근에 귀사의 온라인 전자제품 매장에서 중고 노트북을 구매했습니다. 비록 제가 중고 제품 구매에 대한 예약을 하고 있었지만, 모든 것이 순조롭게 진행되어 처음에는 제 구매에 꽤 만족스러웠습니다. [1] 불행히도, 제 컴퓨터가 완전히 멈췄기 때문에 제 처음의 직감이 맞았다는 것이 밝혀졌습니다.

저는 알려 주신대로 노트북을 사용하고 있는데, 왜 제대로 작동하지 않는지 잘 모르겠습니다. 저는 반드시 너무 많이 충전하거나 너무 뜨거워지지 않도록 했어요. 또한 너무 많은 다운로드로 시스템에 [3] **과부하를 주지도** 않았습니다. 그럼에도 불구하고, 제가 중요한 문서를 타이핑하는 도중에 제 컴퓨터가 고장 났고, 저의 진행 상황이 아예 날아가버린 것 같습니다.

이 문제로 인해, 저는 제품을 반품하기로 결정했고 지금 환불을 요청합니다. 당신은 이 포장에 노트북이 동봉되어 있다는 것을 알게 되실 겁니다. 비록 제가 중고 제품에 만족하지 못한 경험이 있었지만, 향후 다시 제품을 구매할 수 있습니다. [1, 2] 아마도 P&R 일렉트로닉스가 보증 같은 것이라도 제공한다면, 저는 가게에 자주 가는 쪽으로 마음이 더 기울 것입니다.

진심으로,
조앤 스트랜드

단어

purchase 구매; 구매하다, 사다 pre-owned 중고의 reservation 예약 product 제품, 상품 initially 처음에
smoothly 순조롭게 instinct 직감 shut down 멈추다, 정지하다 instruct 알려 주다, 전하다
unsure 잘 모르는, 확신하지 못하는 properly 제대로, 적절히 overcharge 너무 많이 충전하다
overwhelm 압도하다, (너무 많은 일 등으로) 어쩔 줄 모르게 만들다 crash 고장 나다, 갑자기 서 버리다 progress 진행, 진전, 진척
return 반품하다, 돌려주다 request 요청하다, 요구하다 refund 환불 enclose 동봉하다
unsatisfactory 만족스럽지 못한 warranty 보증 incline (마음이) ~쪽으로 기울다 frequent 잦은, 빈번한
concern 걱정, 우려 dependability 신뢰성, 믿을 수 있음 please 기쁘게 하다 immediately 즉시, 즉각
overheat 과열되다 guarantee 보증 ruin 망가뜨리다, 엉망으로 만들다

* ⓟ = paraphrasing

세부사항

키워드! ⓟ my initial instincts 키워드!

1. How did Joanne Strand feel about used goods before buying her laptop?

조앤 스트랜드는 그녀의 노트북을 사기 전에 중고 제품에 대해 어떻게 느꼈는가?

키워드! 키워드! ⓟ some sort of warranty

(a) She had concerns about their dependability.

그녀는 그들의 신뢰성에 대해 걱정했다.

(b) She believed they were worth a long wait to buy.

그녀는 그것들이 오랫동안 기다려서 살 가치가 있다고 생각했다.

(c) She was pleased that they were easy to buy.

그녀는 그것들이 구입하기 쉽다고 기뻐했다.

(d) She believed they would shut down immediately.

그녀는 그들이 즉시 문을 닫을 것이라고 생각했다.

추론

키워드!

2. Why most likely is Strand so displeased?

왜 스트랜드가 그렇게 화가 난 것 같은가?

(a) Her computer got overheated too easily.

그녀의 컴퓨터가 너무 쉽게 과열되었다.

(b) She is unable to get a refund.

그녀는 환불을 받을 수 없다.

키워드! ⓟ offered some sort of warranty

(c) Her computer did not come with a guarantee. → 보증이라도 제공한다면 가게에 자주 가고 싶을 것이라고 이야기하므로 보증이 제공되지 않아 화가 났음을 추측!

그녀의 컴퓨터는 보증이 제공되지 않았다.

(d) She ruined her computer with too many downloads.

그녀는 너무 많은 다운로드로 컴퓨터를 망가뜨렸다.

어휘

I also haven't overwhelmed the system with too many downloads

또한 너무 많은 다운로드로 시스템에 과부하를 주지도 않았습니다.

키워드!

3. In the context of the passage, overwhelmed means __________.

해당 절의 문맥에서, overwhelmed는 __________을 의미한다.

(a) confused 혼란스럽게 했다

(b) exhausted 지치게 했다 → 과부하를 줬다 = 지치게 했다

(c) conquered 정복했다

(d) surprised 놀라게 했다

MEMO

PRACTICE

다음 문제를 풀어보세요.

▶ 정답 및 해설 : 44p

Part 4. *Read the following business letter and answer the questions. The underlined words in the letter are for vocabulary questions.*

Mr. Kenneth White
3212 French Street
New Orleans, LA

Dear Mr. White:

We are pleased with your decision to book your upcoming trip to Alaska with Smart Travel, Inc. We would like to take this opportunity to thank you for selecting our travel agency to <u>handle</u> all of your travel needs. We promise to provide you with everything you require to help ensure that your vacation is as comfortable and enjoyable as possible.

As a Smart Travel client, you will be receiving three gift certificates worth $50 each. These can be used at restaurants, bars, and other sites across the globe that have partnered with our company. In addition, you will receive a privilege card. The privilege card will allow you to earn travel points every time you make a reservation with us. Your travel points can then be used for discounts on any future booking.

We will <u>deliver</u> your Smart Travel starter kit to your home address in the next couple of weeks. This handy kit includes the gift certificates, your privilege card, and a manual. The Smart Travel starter kit contains a huge amount of information that will be useful for your travels.

We will also send your trip's itinerary to your email. Our staff is available 24 hours to assist you and answer your questions. To speak with one of our travel agents, please call our hotline number at 555-0161 or contact us via email. For more information, you can also check out our website.

Best regards,

Teresa Anderson

Senior Marketing Manager
Smart Travel, Inc.

74. Why did Teresa Anderson write to Kenneth White?

(a) to encourage him to join a travel club
(b) to send him discount codes
(c) to promote the services of Smart Travel, Inc.
(d) to thank him for using their services

75. What will White receive for being a Smart Travel client?

(a) He will be given a starter kit.
(b) He will be given a free trip.
(c) He will receive raffle entries.
(d) He will receive bonus points.

76. What is White eligible for as a privilege card holder?

(a) a complimentary, all-expenses paid vacation
(b) cash prizes that can be used for travel reservations
(c) travel points that can be used to book future trips
(d) access to the member's area of the website

77. Why most likely is the travel agency giving a privilege card to White?

(a) to thank him for buying discount coupons
(b) to encourage him to continue using their services
(c) to assist him in all his travels
(d) to persuade him to make early reservations

78. Which of the following is NOT a way to contact Smart Travel, Inc.?

(a) by sending an email
(b) by calling the hotline
(c) by visiting their website
(d) by going to their office

79. In the context of the passage, <u>handle</u> means ___________.

(a) sell
(b) manage
(c) hold
(d) discuss

80. In the context of the passage, <u>deliver</u> means ___________.

(a) leave
(b) give
(c) send
(d) produce

Actual Test

실전 모의고사는 실제 시험 구성과 동일하게 제작되었습니다.
실제 시험과 같이 시간을 정해 놓고 문제를 풀어봅시다.

Grammar	26문항 (20분)
Listening	26문항 (약 30분)
Reading & Vocabulary	28문항 (40분)
전체	80문항 (약 90분)

* 4지선다형 질문으로 구성되어 있으며, 문법, 청취, 독해 및 어휘를 평가합니다.
* 실전 모의고사에는 실제 지텔프 시험과 동일하게 문법, 청취, 독해로 구성하여 전체 시험을 체계적으로 연습할 수 있습니다.

Final 지텔프 43+

General Test of English Language Proficiency

점수 기록표

실전 모의고사를 풀고, 취약한 영역을 확인 및 보완할 수 있도록 점수 기록표를 작성해 봅시다.
해당 기록표를 통해 맞은 개수를 체크하면 G-TELP level 2의 대략적인 점수를 환산할 수 있습니다.

		실전 모의고사 ____
문법 맞은 문항 수 (26문항)		____개 / 26개
청취 맞은 문항 수 (26문항)	Part 1	____개 / 7개
	Part 2	____개 / 6개
	Part 3	____개 / 6개
	Part 4	____개 / 7개
독해 맞은 문항 수 (28문항)	Part 1	____개 / 7개
	Part 2	____개 / 7개
	Part 3	____개 / 7개
	Part 4	____개 / 7개
전체 맞은 문항 수 (총 80문항)		____개 / 80개
평균 점수		A: (100점 ÷ 26개) × 문법 맞은 문항 수 = ________점 B: (100점 ÷ 26개) × 청취 맞은 문항 수 = ________점 C: (100점 ÷ 28개) × 독해 맞은 문항 수 = ________점 (A + B + C) ÷ 3 = ________점

보완할 점 :

G-TELP

※ TEST DATE

MO.		DAY		YEAR			

감확독관인	

성 명	

등 급	①	②	③	④	⑤

성	초 성	㉠ ㉡ ㉢ ㉣ ㉤ ㉥ ㉦ ㉧ ㉨ ㉩ ㉪ ㉫ ㉬ ㉭
	중 성	ㅏ ㅑ ㅓ ㅕ ㅗ ㅛ ㅜ ㅠ ㅡ ㅣ ㅔ ㅐ ㅖ ㅒ ㅘ ㅚ ㅢ ㅝ ㅟ ㅙ
	종 성	㉠ ㉡ ㉢ ㉣ ㉤ ㉥ ㉦ ㉧ ㉨ ㉩ ㉪ ㉫ ㉬ ㉭ ㄲ ㄸ ㅃ ㅆ ㅉ
명	초 성	㉠ ㉡ ㉢ ㉣ ㉤ ㉥ ㉦ ㉧ ㉨ ㉩ ㉪ ㉫ ㉬ ㉭
	중 성	ㅏ ㅑ ㅓ ㅕ ㅗ ㅛ ㅜ ㅠ ㅡ ㅣ ㅔ ㅐ ㅖ ㅒ ㅘ ㅚ ㅢ ㅝ ㅟ ㅙ
	종 성	㉠ ㉡ ㉢ ㉣ ㉤ ㉥ ㉦ ㉧ ㉨ ㉩ ㉪ ㉫ ㉬ ㉭ ㄲ ㄸ ㅃ ㅆ ㅉ
	초 성	㉠ ㉡ ㉢ ㉣ ㉤ ㉥ ㉦ ㉧ ㉨ ㉩ ㉪ ㉫ ㉬ ㉭
	중 성	ㅏ ㅑ ㅓ ㅕ ㅗ ㅛ ㅜ ㅠ ㅡ ㅣ ㅔ ㅐ ㅖ ㅒ ㅘ ㅚ ㅢ ㅝ ㅟ ㅙ
	종 성	㉠ ㉡ ㉢ ㉣ ㉤ ㉥ ㉦ ㉧ ㉨ ㉩ ㉪ ㉫ ㉬ ㉭ ㄲ ㄸ ㅃ ㅆ ㅉ
란	초 성	㉠ ㉡ ㉢ ㉣ ㉤ ㉥ ㉦ ㉧ ㉨ ㉩ ㉪ ㉫ ㉬ ㉭
	중 성	ㅏ ㅑ ㅓ ㅕ ㅗ ㅛ ㅜ ㅠ ㅡ ㅣ ㅔ ㅐ ㅖ ㅒ ㅘ ㅚ ㅢ ㅝ ㅟ ㅙ
	종 성	㉠ ㉡ ㉢ ㉣ ㉤ ㉥ ㉦ ㉧ ㉨ ㉩ ㉪ ㉫ ㉬ ㉭ ㄲ ㄸ ㅃ ㅆ ㅉ

수험번호														
		–					–							
⓪	⓪		⓪	⓪	⓪	⓪		⓪	⓪	⓪	⓪	⓪	⓪	⓪
①	①		①	①	①	①		①	①	①	①	①	①	①
②	②		②	②	②	②		②	②	②	②	②	②	②
③	③		③	③	③	③		③	③	③	③	③	③	③
④	④	–	④	④	④	④	–	④	④	④	④	④	④	④
⑤	⑤		⑤	⑤	⑤	⑤		⑤	⑤	⑤	⑤	⑤	⑤	⑤
⑥	⑥		⑥	⑥	⑥	⑥		⑥	⑥	⑥	⑥	⑥	⑥	⑥
⑦	⑦		⑦	⑦	⑦	⑦		⑦	⑦	⑦	⑦	⑦	⑦	⑦
⑧	⑧		⑧	⑧	⑧	⑧		⑧	⑧	⑧	⑧	⑧	⑧	⑧
⑨	⑨		⑨	⑨	⑨	⑨		⑨	⑨	⑨	⑨	⑨	⑨	⑨

1) Code 1.

	⓪ ① ② ③ ④ ⑤ ⑥ ⑦ ⑧ ⑨
	⓪ ① ② ③ ④ ⑤ ⑥ ⑦ ⑧ ⑨
	⓪ ① ② ③ ④ ⑤ ⑥ ⑦ ⑧ ⑨

2) Code 2.

	⓪ ① ② ③ ④ ⑤ ⑥ ⑦ ⑧ ⑨
	⓪ ① ② ③ ④ ⑤ ⑥ ⑦ ⑧ ⑨
	⓪ ① ② ③ ④ ⑤ ⑥ ⑦ ⑧ ⑨

3) Code 3.

	⓪ ① ② ③ ④ ⑤ ⑥ ⑦ ⑧ ⑨
	⓪ ① ② ③ ④ ⑤ ⑥ ⑦ ⑧ ⑨
	⓪ ① ② ③ ④ ⑤ ⑥ ⑦ ⑧ ⑨

주민등록번호 앞자리							고유번호						
						–							
⓪	⓪	⓪	⓪	⓪	⓪		⓪	⓪	⓪	⓪	⓪	⓪	⓪
①	①	①	①	①	①		①	①	①	①	①	①	①
②	②	②	②	②	②		②	②	②	②	②	②	②
③	③	③	③	③	③		③	③	③	③	③	③	③
④	④	④	④	④	④	–	④	④	④	④	④	④	④
⑤	⑤	⑤	⑤	⑤	⑤		⑤	⑤	⑤	⑤	⑤	⑤	⑤
⑥	⑥	⑥	⑥	⑥	⑥		⑥	⑥	⑥	⑥	⑥	⑥	⑥
⑦	⑦	⑦	⑦	⑦	⑦		⑦	⑦	⑦	⑦	⑦	⑦	⑦
⑧	⑧	⑧	⑧	⑧	⑧		⑧	⑧	⑧	⑧	⑧	⑧	⑧
⑨	⑨	⑨	⑨	⑨	⑨		⑨	⑨	⑨	⑨	⑨	⑨	⑨

문항	답 란	문항	답 란	문항	답 란	문항	답 란	문항	답 란
1	ⓐ ⓑ ⓒ ⓓ	21	ⓐ ⓑ ⓒ ⓓ	41	ⓐ ⓑ ⓒ ⓓ	61	ⓐ ⓑ ⓒ ⓓ	81	ⓐ ⓑ ⓒ ⓓ
2	ⓐ ⓑ ⓒ ⓓ	22	ⓐ ⓑ ⓒ ⓓ	42	ⓐ ⓑ ⓒ ⓓ	62	ⓐ ⓑ ⓒ ⓓ	82	ⓐ ⓑ ⓒ ⓓ
3	ⓐ ⓑ ⓒ ⓓ	23	ⓐ ⓑ ⓒ ⓓ	43	ⓐ ⓑ ⓒ ⓓ	63	ⓐ ⓑ ⓒ ⓓ	83	ⓐ ⓑ ⓒ ⓓ
4	ⓐ ⓑ ⓒ ⓓ	24	ⓐ ⓑ ⓒ ⓓ	44	ⓐ ⓑ ⓒ ⓓ	64	ⓐ ⓑ ⓒ ⓓ	84	ⓐ ⓑ ⓒ ⓓ
5	ⓐ ⓑ ⓒ ⓓ	25	ⓐ ⓑ ⓒ ⓓ	45	ⓐ ⓑ ⓒ ⓓ	65	ⓐ ⓑ ⓒ ⓓ	85	ⓐ ⓑ ⓒ ⓓ
6	ⓐ ⓑ ⓒ ⓓ	26	ⓐ ⓑ ⓒ ⓓ	46	ⓐ ⓑ ⓒ ⓓ	66	ⓐ ⓑ ⓒ ⓓ	86	ⓐ ⓑ ⓒ ⓓ
7	ⓐ ⓑ ⓒ ⓓ	27	ⓐ ⓑ ⓒ ⓓ	47	ⓐ ⓑ ⓒ ⓓ	67	ⓐ ⓑ ⓒ ⓓ	87	ⓐ ⓑ ⓒ ⓓ
8	ⓐ ⓑ ⓒ ⓓ	28	ⓐ ⓑ ⓒ ⓓ	48	ⓐ ⓑ ⓒ ⓓ	68	ⓐ ⓑ ⓒ ⓓ	88	ⓐ ⓑ ⓒ ⓓ
9	ⓐ ⓑ ⓒ ⓓ	29	ⓐ ⓑ ⓒ ⓓ	49	ⓐ ⓑ ⓒ ⓓ	69	ⓐ ⓑ ⓒ ⓓ	89	ⓐ ⓑ ⓒ ⓓ
10	ⓐ ⓑ ⓒ ⓓ	30	ⓐ ⓑ ⓒ ⓓ	50	ⓐ ⓑ ⓒ ⓓ	70	ⓐ ⓑ ⓒ ⓓ	90	ⓐ ⓑ ⓒ ⓓ
11	ⓐ ⓑ ⓒ ⓓ	31	ⓐ ⓑ ⓒ ⓓ	51	ⓐ ⓑ ⓒ ⓓ	71	ⓐ ⓑ ⓒ ⓓ		
12	ⓐ ⓑ ⓒ ⓓ	32	ⓐ ⓑ ⓒ ⓓ	52	ⓐ ⓑ ⓒ ⓓ	72	ⓐ ⓑ ⓒ ⓓ		
13	ⓐ ⓑ ⓒ ⓓ	33	ⓐ ⓑ ⓒ ⓓ	53	ⓐ ⓑ ⓒ ⓓ	73	ⓐ ⓑ ⓒ ⓓ		
14	ⓐ ⓑ ⓒ ⓓ	34	ⓐ ⓑ ⓒ ⓓ	54	ⓐ ⓑ ⓒ ⓓ	74	ⓐ ⓑ ⓒ ⓓ		
15	ⓐ ⓑ ⓒ ⓓ	35	ⓐ ⓑ ⓒ ⓓ	55	ⓐ ⓑ ⓒ ⓓ	75	ⓐ ⓑ ⓒ ⓓ		
16	ⓐ ⓑ ⓒ ⓓ	36	ⓐ ⓑ ⓒ ⓓ	56	ⓐ ⓑ ⓒ ⓓ	76	ⓐ ⓑ ⓒ ⓓ		
17	ⓐ ⓑ ⓒ ⓓ	37	ⓐ ⓑ ⓒ ⓓ	57	ⓐ ⓑ ⓒ ⓓ	77	ⓐ ⓑ ⓒ ⓓ		
18	ⓐ ⓑ ⓒ ⓓ	38	ⓐ ⓑ ⓒ ⓓ	58	ⓐ ⓑ ⓒ ⓓ	78	ⓐ ⓑ ⓒ ⓓ		
19	ⓐ ⓑ ⓒ ⓓ	39	ⓐ ⓑ ⓒ ⓓ	59	ⓐ ⓑ ⓒ ⓓ	79	ⓐ ⓑ ⓒ ⓓ		
20	ⓐ ⓑ ⓒ ⓓ	40	ⓐ ⓑ ⓒ ⓓ	60	ⓐ ⓑ ⓒ ⓓ	80	ⓐ ⓑ ⓒ ⓓ		

password

⓪	⓪	⓪	⓪
①	①	①	①
②	②	②	②
③	③	③	③
④	④	④	④
⑤	⑤	⑤	⑤
⑥	⑥	⑥	⑥
⑦	⑦	⑦	⑦
⑧	⑧	⑧	⑧
⑨	⑨	⑨	⑨

GRAMMAR SECTION

DIRECTIONS:

The following items need a word or words to complete the sentence. From the four choices for each item, choose the best answer. Then blacken in the correct circle on your answer sheet.

Example:

The boys __________ in the car.

(a) be

(b) is

(c) am

(d) are

The correct answer is (d), so the circle with the letter (d) has been blackened.

ⓐ ⓑ ⓒ ●

NOW TURN THE PAGE AND BEGIN

▶ 정답 및 해설 : 50p

1. In most comic books, all letters in the text are capitalized. This is done ________ the hanging "tails" in certain letters like "j" and "q," which add space between lines and make texts difficult to read.

(a) avoiding
(b) to be avoiding
(c) to avoid
(d) having avoided

2. Earlier this year, Jason took part in the regional spelling bee, but he failed to win the competition. If he had prepared more thoroughly, he ________ the mistake that cost him the tournament.

(a) could not make
(b) would not have made
(c) had not made
(d) will not be making

3. Assassin bugs use their needle-like *rostrum*, or beak, to inject prey with lethal saliva and suck them dry. To hide their scent, some species stack insects' corpses on their backs ________ they have killed them.

(a) after
(b) even if
(c) as long as
(d) unless

4. After a long first set, our school's volleyball team, The Fighting Southern Belles, feels exhausted already. They ________ for almost an hour, but they still need to play two more sets to finish the game.

(a) play
(b) were playing
(c) played
(d) have been playing

5. The *paraffin* test determines whether there is gunshot residue (GSR) on someone's hands or clothes. It is vital that the test ________ promptly on a person because GSR can be easily washed off.

(a) is conducted
(b) will be conducted
(c) be conducted
(d) has been conducted

6. The company I applied to said that they'd call back today around noon to conduct a phone interview. After several hours, I couldn't tolerate ________ for their call anymore so I called them myself.

(a) waiting
(b) to wait
(c) having waited
(d) to be waiting

7. Last night's loss cost the hockey team the chance to enter the play-offs. Looking back at the game, the coach commented, "We ________ the game had we only executed our defensive strategy better."

(a) would have won
(b) won
(c) could win
(d) will win

8. Liza's trip to Singapore is scheduled for next week. She is currently emailing her family to let them know she ________ at Raffle Hotel for the duration of her trip should they need to contact her.

(a) was staying
(b) stays
(c) will be staying
(d) would stay

9. Many people drink too much coffee, with some people even consuming more than one cup of coffee each day. Food nutritionists recommend ________ daily caffeine intake to avoid heart disease, anxiety, and other related health problems.

(a) having minimized
(b) minimizing
(c) to minimizing
(d) to be minimizing

10. Mrs. Brown was once a member of an organization that meets monthly to plan fundraising events for charities. ________, after always arriving late to the meetings, she was eventually asked to stop attending altogether.

(a) Therefore
(b) Furthermore
(c) Nevertheless
(d) However

11. Hannah had just put her baby to sleep when a salesperson suddenly came knocking at her door. She hurriedly opened the door and asked that he ________ quiet because her baby was sleeping.

(a) will be
(b) be
(c) is
(d) had been

12. There is resounding scientific proof that the Earth is spherical and not flat, as some may claim. If Earth were indeed flat, it ________ impossible for people to circumnavigate the planet.

(a) was
(b) could have been
(c) would be
(d) is

13. Linda works as a proofreader for a publishing company. Her main role is to check for typographical and formatting errors in manuscripts. Right now, she ________ the work of an up-and-coming author from Portland.

(a) is proofreading
(b) proofreads
(c) will be proofreading
(d) has proofread

14. Yesterday, Susan's eight-year-old son fell asleep while watching television and didn't finish his homework. Susan told her son this morning that he ________ only watch television if he finished all his homework first.

(a) might
(b) would
(c) will
(d) could

15. Mary arrived early at the mall. She then decided ________ around for some clothes while waiting for her friend. She had been trying on sleeveless dresses for half an hour when her friend finally arrived.

(a) to browse
(b) browsing
(c) having browsed
(d) to be browsing

16. Richard is our school representative in the upcoming swim meet. To increase his chances of winning, he practices diligently every day. Altogether, he ________ for more than two months by the time he actually competes.

(a) trains
(b) is training
(c) will have been training
(d) has trained

17. Television writer Hart Hanson released *The Driver* in 2017 to favorable reception. *The Driver*, ________, is a suspense/crime story about a Los Angeles limousine driver who gets involved in a series of complicated events.

(a) that is Hanson's debut novel
(b) which is Hanson's debut novel
(c) who is Hanson's debut novel
(d) where Hanson's debut novel is

18. Mr. Smith's wood carving business has not been doing well lately due to international competition. If I were him, I ________ on selling unique, locally made handcrafted wooden figurines rather than giving in to mass production.

(a) am focusing
(b) can be focusing
(c) would have focused
(d) would focus

19. A team of architects was tasked with designing a unique, innovative building. They __________ on the project for six months already when the developer abruptly canceled it due to insufficient funding.

(a) work
(b) have been working
(c) had been working
(d) worked

20. In Scrabble, a "bonus" is awarded if all seven tiles on a player's rack are used at once. In addition to the points gained from the tiles themselves, that player __________ receive 50 extra points.

(a) might
(b) will
(c) may
(d) can

21. With an estimated population of 500 million, krill can be found in all oceans. They are near the bottom of the food chain, so many marine life forms __________ if the entire krill population suddenly disappeared.

(a) would suffer
(b) would have suffered
(c) are suffering
(d) will be suffering

22. Yesterday, Cynthia led an educational seminar on choosing the right university. During the seminar, several of the eager high school students interrupted her with questions while she __________ about loan applications.

(a) had explained
(b) explained
(c) was explaining
(d) has been explaining

23. Lizzy has been buying issues of her favorite weekly magazine for five dollars each for the last six months. She has considered __________ to it for 75 dollars a year so she can save some money.

(a) to subscribe
(b) subscribing
(c) having subscribed
(d) to be subscribing

24. In the 2012 film *The Master*, lead actor Joaquin Phoenix played the role of a World War II veteran. Phoenix insisted that he __________ some of the scenes to make his portrayal of the character authentically heartfelt.

(a) improvised
(b) had improvised
(c) improvises
(d) improvise

25. George failed to attend his dad's 60th birthday celebration because he missed his flight to Los Angeles. If he had known how terrible the traffic was around the airport, he _________ the office earlier.

(a) would leave
(b) left
(c) will be leaving
(d) would have left

26. *Ewing's sarcoma* is a rare, cancerous tumor of the bone or soft tissue. It is named after the pathologist _________. In 1921, James Ewing established that this malignant tumor was distinct from other known cancer types.

(a) who described the very first cases
(b) which described the very first cases
(c) whom he described the very first cases
(d) when the very first cases were described

THIS IS THE END OF THE GRAMMAR SECTION.
DO NOT GO ON UNTIL TOLD TO DO SO.

음원은 QR로 확인

LISTENING SECTION

DIRECTIONS:

The Listening Section has four parts. In each part you will hear a spoken passage and a number of questions about the passage. First you will hear the questions. Then you will hear the passage. From the four choices for each question, choose the best answer. Then blacken in the correct circle on your answer sheet.

Now you will hear an example question. Then you will hear an example passage.

Now listen to the example question.

(a) one

(b) two

(c) three

(d) four

Bill Johnson has four brothers, so the best answer is (d). The circle with the letter (d) has been blackened.

ⓐ ⓑ ⓒ ●

NOW TURN THE PAGE AND BEGIN

▶ 정답 및 해설 : 60p

Part 1. *You will hear a conversation between two people. First you will hear questions 27 through 33. Then you will hear the conversation. Choose the best answer to each question in the time provided.*

27. (a) what makes a theme park fun
(b) Tom's weekend at a theme park
(c) which theme park is the best
(d) Mary's fondness for theme parks

28. (a) because it has superior height and speed
(b) because it is the only roller coaster around
(c) because it has gentle drops and curves
(d) because it was his first roller coaster ride

29. (a) that they take certain medications
(b) that they come with their family
(c) that they enjoy theme park ride
(d) that they are physically fit

30. (a) playing in the ball pit
(b) driving the bumper cars
(c) riding the three-level carousel
(d) racing the go-carts

31. (a) by asking if they are healthy enough
(b) by determining if they are tall enough
(c) by checking if their parents gave permission
(d) by finding out if they are young enough

32. (a) They will meet Tom's family there.
(b) Her husband has been asking to go.
(c) They haven't been to a theme park before.
(d) Her entire family will enjoy the visit.

33. (a) take her family to the theme park
(b) go with Tom to the theme park
(c) find another park with rides for kids
(d) talk to Tom once again

Part 2. *You will hear a presentation by one person to a group of people. First you will hear questions 34 through 39. Then you will hear the talk. Choose the best answer to each question in the time provided.*

34. (a) gym and spa owners
(b) health enthusiasts
(c) new gym personnel
(d) doctors and nurses

35. (a) scales to measure their weight
(b) multi-purpose resistance bands
(c) exercise balls of various sizes
(d) aerobic and strength training machines

36. (a) to develop a suitable training program for them
(b) to find out if they are fit to become gym members
(c) to match them with the best personal trainer
(d) to determine the best training days for them

37. (a) those who have no assigned fitness trainer yet
(b) those who are planning to become members
(c) those who enrolled their kids in martial arts lessons
(d) those who are regulars of the gym

38. (a) by selling the videos to their gym clients
(b) by selling the videos to people who cannot go to their gym
(c) by requiring their clients to sell the videos
(d) by selling their videos to other gym operators

39. (a) to help clients welcome physical activity
(b) to encourage clients to develop a perfect build
(c) to promote all the gym's new facilities to clients
(d) to share their self-confidence with their clients

Part 3. *You will hear a conversation between two people. First you will hear questions 40 through 45. Then you will hear the conversation. Choose the best answer to each question in the time provided.*

40. (a) being able to finish it in one sitting
(b) being able to read it anytime she pleases
(c) being able to stay awake while reading it
(d) being able to understand it more easily

41. (a) The film version offers more details.
(b) He can enjoy the film just by listening to its audio.
(c) He can resume watching it wherever he left off.
(d) He can just view the scenes on the big screen.

42. (a) The story loses a lot of significant content.
(b) The film becomes less life-like.
(c) The characters become more developed.
(d) The storyline becomes boring.

43. (a) by having to stay awake all through the showing
(b) by having to watch the film after work hours
(c) by having to arrive long before screening hours
(d) by having to finish the film within a specific time

44. (a) when the novel is too long to finish in one day
(b) when the novel has too many details
(c) when the novel is too interesting
(d) when the novel distracts him from his tasks

45. (a) finish reading the rest of *The Ten Dimensions*
(b) watch the film version of a novel in a theater
(c) read a better book by the same author
(d) finish the tasks she has stopped doing

Part 4. *You will hear an explanation of a process. First you will hear questions 46 through 52. Then you will hear the explanation. Choose the best answer to each question in the time provided.*

46. (a) the process of storing leaves in a large bin
    (b) the process of turning organic materials into fertilizer
    (c) the process of fertilizing dry crops
    (d) the process of getting rid of waste materials

47. (a) determining which composting method to use
    (b) building the container for the compost materials
    (c) informing the neighbors about the project
    (d) choosing where to set up the composting area

48. (a) to make the compost smell better
    (b) to keep pests away from the compost
    (c) to make the compost safer
    (d) to attract only helpful bacteria to the compost

49. (a) They both decompose over time.
    (b) They are the same type of material.
    (c) They are both dry materials.
    (d) They both do not decompose easily.

50. (a) to make them the same in size
    (b) to make them easier to put into categories
    (c) to make them decay faster
    (d) to make them easier to separate

51. (a) The resulting heat speeds up the process.
    (b) It helps in spreading the layers to their proper thickness.
    (c) The resulting heat lowers the compost's quality.
    (d) It makes the pile produce less offensive smells.

52. (a) to keep the microorganisms active
    (b) to increase the amount of the microorganisms
    (c) to keep the microorganisms alive
    (d) to distribute the microorganisms uniformly

THIS IS THE END OF THE LISTENING SECTION.
DO NOT GO ON UNTIL TOLD TO DO SO.

READING AND VOCABULARY SECTION

DIRECTIONS:

You will now read four different passages. Each passage is followed by comprehension and vocabulary questions. From the four choices for each item, choose the best answer. Then blacken in the correct circle on your answer sheet.

Read the following example passage and example question.

Example:

Bill Johnson lives in New York. He is 25 years old. He has four brothers and two sisters.

How many brothers does Bill Johnson have?

(a) one
(b) two
(c) three
(d) four

The correct answer is (d), so the circle with the letter (d) has been blackened.

ⓐ ⓑ ⓒ ●

NOW TURN THE PAGE AND BEGIN

▶ 정답 및 해설 : 84p

Part 1. *Read the following biography article and answer the questions. The underlined words in the article are for vocabulary questions.*

SIR FRANCIS DRAKE

Sir Francis Drake was the first English sailor and navigator to sail around the world. Drake was instrumental in defeating the Spanish Armada and was the most famous sea captain of the Elizabethan era.

Francis Drake was born in Tavistock, England, in around 1540 to Edmund Drake and Mary Mylwaye. He first went to sea at the age of 12 as a crew apprentice and commanded his own ship by the age of 20.

In 1567, Drake joined a fleet sailing on one of the first English voyages that brought African slaves to the New World. A Spanish squadron attacked the fleet, considering the sailors pirates, and destroyed most of its ships. Since then, the Spanish became Drake's sworn enemy, and he vowed to get revenge.

Drake got his chance in 1577 when he received a fleet of five ships and 164 men and was ordered by Queen Elizabeth I to conquer the Spanish colonies occupying the American Pacific Coast. Drake set sail for the Pacific aboard his flagship, the Pelican. Along the way, he captured his sixth ship from the Spaniards. He ordered its captain, Nuno da Silva, to help him navigate the unfamiliar South American coast.

A series of <u>mishaps</u> marked Drake's South American voyage. First, he lost two ships while crossing the Atlantic, and a third, that of da Silva, before reaching the Strait of Magellan. Violent storms destroyed another vessel while crossing the Pacific Ocean. Shortly before reaching their destination, a fifth ship was forced to retreat to England. Despite having only one ship left, Drake went on to navigate the Strait of Magellan.

Drake successfully reached the coast of South America and <u>plundered</u> Spanish ships, ports, and towns, stealing much of their wealth. He then sailed to Peru, where he captured two more ships and seized vast amounts of treasure. Sailing farther on, Drake reached an unknown land, which he named New England. He then proceeded west, passing by Moluccas, Celebes, Java, and the Cape of Good Hope, eventually reaching the western tip of Africa in July 1580.

Drake returned to England in September 1580 laden with treasure, including spices and chests filled with coins and jewelry, the value of which more than doubled England's yearly income. Pleased with the gifts, the Queen hailed him a hero of England and granted him knighthood in April 1581.

53. When did Francis Drake's conflict with the Spaniards start?

(a) when he started commanding his own ship
(b) when the Spaniards attacked his fleet
(c) when his fleet encountered Spanish pirates
(d) when he started training with a ship's crew

54. Why most likely did Drake take Nuno da Silva with him on his expedition?

(a) to ask for his help in conquering the Spanish settlements
(b) to take him as a hostage to present to the Queen
(c) to order him to repair one of the fleet's ships
(d) to make him guide the fleet to the Spanish colonies

55. How did Drake lose his fifth ship on his way to South America?

(a) It had to sail back to its home port.
(b) It was wrecked crossing the Pacific.
(c) It got lost in the Atlantic Pacific Coast.
(d) It was captured by a Spanish squadron.

56. Where did Drake last land before returning to England?

(a) the southern part of the Moluccas
(b) a place he called New England
(c) somewhere around the western coast of Africa
(d) off the coast of Peru

57. Based on the passage, why most likely did Queen Elizabeth I knight Francis Drake?

(a) He was the first Englishman to lead an expedition.
(b) He conquered a new land for England.
(c) He was able to travel around the world.
(d) He brought honor and riches to England.

58. In the context of the passage, <u>mishaps</u> means ________.

(a) blessings
(b) misfortunes
(c) mistakes
(d) uncertainties

59. In the context of the passage, <u>plundered</u> means ________.

(a) destroyed
(b) colonized
(c) robbed
(d) supported

Part 2. *Read the following magazine article and answer the questions. The underlined words in the article are for vocabulary questions.*

RESEARCHERS HAVE DISCOVERED FOSSILS OF A "WALKING SEAL"

The remains of what is believed to be a prehistoric "walking seal" were recently discovered by accident during an expedition in the Canadian Arctic. Canadian paleobiologist Natalia Rybczynski and her team were exploring the Haughton meteor impact crater on Devon Island when they stumbled upon bones lying on the snow. At first glance, they thought that the bones belonged to a primitive otter. Upon closer examination, however, they identified them to be of an early form of seal.

Researchers examined the skeleton, which was over 65 percent intact, and learned that the specimen was at least 20 million years old. They named the species *Puijila darwini*, from the Inuit word *puijila*, meaning "young sea mammal," and *darwini*, in reference to Charles Darwin.

The animal was 43 inches long, with a stretched-out body that would have allowed it to swim easily in the water. It had large canine teeth, a short, flattened nose, and a jaw that suggested that the creature was carnivorous and preyed on small animals. Unlike modern seals, which have flippers, *Puijila* had webbed feet similar to that of a duck. This indicates that it was adept at both swimming and walking. Scientists speculate that when freshwater lakes froze during the winter, *Puijila* migrated over land to the sea to hunt for food.

The new discovery may provide the possible missing link in the evolution of pinnipeds—sea mammals with flippers that include seals, sea lions, and walruses. Scientists also believe that the finding could help explain how mammals evolved from animals with legs that lived strictly on land to animals with flippers that lived partly on land and in water.

The *Puijila* skeleton is currently on display at the Canadian Museum of Nature in Ottawa. The discovery reaffirmed the significance of doing research in remote places such as the Arctic. Though a remarkable find, however, other scientists advise that the researchers perform more skeletal analyses to establish where *Puijila* exactly belongs in the pinniped family tree.

60. When did Natalia Rybczynski's team discover the fossils of the "walking seal"?

(a) while they were searching for prehistoric sea creatures
(b) while they were on a hunting expedition
(c) while they were studying a big hole caused by a meteor
(d) while they were stranded in the Arctic after an accident

61. Why did the scientists presume that *Puijila darwini* was meat-eating?

(a) Most carnivores developed 20 million years ago.
(b) Its feet were designed for hunting down prey.
(c) Modern seals are also meat-eating.
(d) Its mouth was fit for feeding on small animals.

62. How may having webbed feet instead of flippers have helped *Puijila* survive?

(a) by letting them hunt both on land and in water
(b) by preventing their feet from freezing
(c) by allowing them to run faster than land animals
(d) by helping them break through frozen lakes to hunt

63. Based on the article, what can most likely be said about modern pinnipeds?

(a) They used to live in the water.
(b) They may have once lived solely on land.
(c) They migrated from the Arctic.
(d) Their flippers are slowly turning into webbed feet.

64. What are other scientists proposing about the walking seal?

(a) that it be exhibited outside Canada
(b) that more discoveries similar to it be made
(c) that its earlier forms be discovered
(d) that its evolutionary sequence be studied

65. In the context of the passage, <u>stumbled</u> means __________.

(a) chanced
(b) picked
(c) avoided
(d) hesitated

66. In the context of the passage, <u>reaffirmed</u> means __________.

(a) confirmed
(b) supposed
(c) extended
(d) suggested

Part 3. *Read the following encyclopedia article and answer the questions. The underlined words in the article are for vocabulary questions.*

SILVER COIN

The silver coin is one of the oldest forms of currency known to man. Originating from ancient civilizations thousands of years ago, one of the coin's earliest specimens was made from a gold and silver alloy and featured an image of an animal on one side. Over time, silver coins evolved into many sizes and shapes and acquired different designs. Some are highly prized for their rarity, condition, and historical significance.

Evidence found on the islands of the Aegean Sea revealed that people had extracted silver from lead as far back as 3000 BCE. Being a soft, easily-shaped metal, silver was usually fashioned into jewelry and other ornaments. Ancient people also used silver items for bartering, an early form of trade wherein people exchanged goods and services instead of paying with money.

The earliest silver coins were developed in Greek Anatolia, present-day Turkey, around 700 to 600 BCE. Their use was adopted throughout Greece, Persia, and later, the Roman city-states. Ancient Greeks created the "drachma" as a silver trade coin, while early Romans issued the silver "denarii" coin. Ancient civilizations typically used silver coins to fund military operations. Their wide distribution resulted in the portraits of their rulers and their architectural achievements becoming known to neighboring countries.

Generally, silver coins have little monetary value because they are produced in the millions. This is why old and rare forms of the coin are highly sought after. Another factor that contributes to the value of a silver coin is its condition. Silver coins that are in mint condition are more desirable to collectors than those that are dented or damaged. Commemorative coins, on the other hand, are made from silver in its purest form. These, along with ancient coins, are available for viewing in museums, galleries, and through private collections.

Some countries still produce 100% pure silver coins as a special coin series. However, when widely used as a form of currency, silver coins must be durable. Governments therefore mix silver with harder metals, such as copper and tin, to make the coins stronger and more suitable for widespread use.

67. According to the article, what is NOT a feature of the early silver coin?

(a) It came in a number of forms and motifs.
(b) It combined silver with another metal.
(c) It showed images such as animals and portraits.
(d) It was used for bartering for other goods.

68. Why did early peoples prefer silver for jewelry making?

(a) because it could be shaped with little difficulty
(b) because it was very abundant in Greece
(c) because it could be exchanged for money
(d) because it produced durable jewelry

69. How most likely did early leaders become well known with the wide use of silver coins?

(a) by paying their soldiers with the coins
(b) by adopting the coins in many countries
(c) by having their images etched on the coins
(d) by naming the coins after themselves

70. According to the article, why don't silver coins hold much value?

(a) because no rare silver coins were ever made
(b) because silver is an inferior metal
(c) because the coins are difficult to keep in good condition
(d) because too many coins are in circulation

71. What do governments do to make the silver coin fit for widespread use?

(a) They combine it with tougher metals.
(b) They make it as pure as possible.
(c) They use a strong metal that looks like silver.
(d) They keep it from private collectors.

72. In the context of the passage, <u>extracted</u> means ________.

(a) valued
(b) summarized
(c) introduced
(d) obtained

73. In the context of the passage, <u>mint</u> means ________.

(a) worn
(b) unusual
(c) perfect
(d) thorough

Part 4. *Read the following business letter and answer the questions. The underlined words in the letter are for vocabulary questions.*

Farrah Parker
1898 East Sussex St.
Lake Worth, FL

Dear Ms. Parker:

This is in response to your letter that we received on March 10. You complained of having been charged an extra fee for the shipping and handling of your vintage guitar during your flight to Sydney. You stated that this should not have happened given that all flight passengers are entitled to a maximum of 40 pounds of check-in luggage without any fees. With this reasoning, our company should not have imposed an additional fee, as you had not exceeded the baggage weight limit.

We have conducted an investigation regarding this incident and found your complaint to be valid. Our findings conclude that, while the item required special handling due to its <u>fragile</u> nature, you should not have been charged an additional fee, as it is the responsibility of the airline company to ensure the proper shipment and safety of cargo at no extra cost.

Our records show that the flight was not fully booked at the time, and as such, the ground attendant should have allowed you to hand-carry the instrument and store it in one of the aircraft's overhead compartments.

In light of these events, we would like to offer our sincerest apologies. We would also like to offer you two complimentary round-trip tickets to any domestic destination of your choice as a gesture of goodwill on our part. We assure you that similar incidents will not happen again in the future, and we hope that you will continue <u>patronizing</u> Zenith Airways.

Sincerely,

Charlie Birmingham

Charlie Birmingham
Customer Relations Manager
Zenith Airways

74. What is Charlie Birmingham's main purpose in writing to Farrah Parker?

(a) to remind her of the airline's baggage limits
(b) to acknowledge their receipt of her complaint letter
(c) to instruct her on how to claim her luggage
(d) to inform her about the outcome of her complaint

75. Why did Parker protest the additional charge imposed by the airline?

(a) Her check-in luggage was still within the weight limit.
(b) The airline company did not take care of her luggage.
(c) She was charged without giving proper consent.
(d) Other passengers did not have to pay a fee.

76. What was the result of Birmingham's investigation?

(a) that the airline did not make a mistake
(b) that further investigation is necessary
(c) that Parker's complaint was reasonable
(d) that the situation could not be remedied

77. What does Birmingham say that the ground attendant should have done about Parker's concern?

(a) assure Parker that her guitar would be safe
(b) allow Parker to bring her guitar onto the plane
(c) ask Parker to leave her guitar at the airport
(d) remind Parker that her guitar would be charged extra

78. Based on the letter, what will the airline probably avoid doing in the future?

(a) booking complaining customers
(b) registering passengers who don't know the airline's rules
(c) making unreasonable charges
(d) offering free tickets to aggrieved passengers

79. In the context of the passage, <u>fragile</u> means __________.

(a) breakable
(b) smooth
(c) classic
(d) slight

80. In the context of the passage, <u>patronizing</u> means __________.

(a) mocking
(b) reserving
(c) sponsoring
(d) assisting

THIS IS THE END OF THE TEST.

MEMO

「지텔프는 지텔프에듀 G-TELP EDU」

G-TELP KOREA 수험서 한 눈에 보기

기본서

지텔프 퀵스타터 문법, 보카편

지텔프 퀵스타터 독해편

Final 지텔프 43점+

Final 실전 지텔프 2급

등급별 공식 수험서

실전 문제를 통해 Part별로 완성하는 G-TELP 2급

실전 문제를 통해 Part별로 완성하는 G-TELP 3급

실전 문제를 통해 Part별로 완성하는 G-TELP 4급

실전 모의고사

시크릿G 봉투모의고사 시리즈 #1~3

퀵 지텔프 공식 모의고사

G-TELP 실전 모의고사 Level 2

지텔프 공식 주관사 기출유형 문제집

보카

일주일 완성 퀵 지텔프 보카

지텔프 보카

스피킹 시리즈

G-TELP Speaking Test 공식수험서

G-TELP Business Speaking Test 공식수험서

G-TELP Speaking Practice

GST 책 한권으로 5급 완성하기

The Speaking Test Book

라이팅 시리즈

G-TELP Writing Test 공식수험서

G-TELP Business Writing Test 공식수험서

G-TELP 영어연구소

G-TELP KOREA 공식 지정 실전 기본서

G-TELP 공식주관사

Final 지텔프 43+

목표 점수 달성을 위한
맞춤 수험 전략서

해설집 (정답 / 해석 / 해설)

G-TELP KOREA 출판사업본부

정답과 해설

Grammar Section

Reading & Vocabulary Section

Actual Test

Final 지텔프 43+

General Test of English Language Proficiency

Grammar 정답 한 눈에 보기

PART 1. 문장의 구조

1.	(b)	2.	(b)	3.	(d)	4.	(c)	5.	(a)

PART 2. 현재시제

1.	(a)	2.	(d)	3.	(b)	4.	(d)	5.	(b)

PART 3. 과거시제

1.	(a)	2.	(a)	3.	(c)	4.	(d)	5.	(a)

PART 4. 미래시제

1.	(b)	2.	(c)	3.	(a)	4.	(a)	5.	(c)

PART 5. 가정법

1.	(b)	2.	(d)	3.	(c)	4.	(d)	5.	(d)

PART 6. 조동사

1.	(d)	2.	(d)	3.	(a)	4.	(c)	5.	(b)

PART 7. 조동사 should 생략

1.	(b)	2.	(b)	3.	(c)	4.	(a)	5.	(d)

PART 8. to부정사&동명사

1.	(c)	2.	(b)	3.	(a)	4.	(c)	5.	(a)
6.	(a)	7.	(c)	8.	(c)	9.	(b)	10.	(d)

PART 9. 연결어

1.	(d)	2.	(b)	3.	(a)	4.	(c)	5.	(c)

PART 10. 관계사

1.	(d)	2.	(c)	3.	(b)	4.	(c)	5.	(b)

PART 01

Final 지텔프 43+ General Test of English Language Proficiency

문장의 구조

PRACTICE

1.	(b)	2.	(b)	3.	(d)	4.	(c)	5.	(a)

1

I ________ up at 7 o'clock every day.

(a) waking [동명사]
(b) wake [동사]
(c) to wake [to부정사]
(d) woken [과거분사]

정답 (b) wake

해석 나는 매일 7시에 일어난다.

해설 I / ________ up / at 7 o'clock / every day.
(S) (V) (부사구) (부사)

주어 뒤에 **동사**가 빠져 있는 1형식 문장이며, '7시에 일어난다'라는 의미에 어울리는 동사가 들어가야 한다. 따라서 동사 (b) wake가 정답이다.

단어 wake up 일어나다

2

The food tastes very ________.

(a) salt [명사]
(b) salty [형용사]
(c) saltily [부사]
(d) saltiness [명사]

정답 (b) salty

해석 그 음식은 매우 짠 맛이 난다.

해설 The food / tastes / very / ________.
(S) (V) (부사) (C, 형용사)

taste와 같은 오감동사(look, smell, taste, sound, feel)는 **형용사**를 보어로 취하는 2형식 동사이다. 따라서 보어 자리에 들어가며, 주어를 보충 설명해주는 형용사 (b) salty가 정답이다.

단어 taste ~한 맛이 나다
salty 짠, 짭짤한

TIP
명사(salt) + **-y** = **형용사**(salty)
형용사(salty) + **-ily** = **부사**(saltily)
형용사(salty) + **-ness** = **명사**(saltiness)

3

________ should follow the school rules.

(a) Study [동사]
(b) Studied [동사 - 과거형]
(c) Studying [동명사]
(d) Students [명사]

정답 (d) Students

해석 학생들은 학교 규칙을 따라야 한다.

해설 ________ / should follow / the school rules.
(S) (V) (O)

동사 앞에 **주어**가 빠져 있는 3형식 문장이며, 학교 규칙을 따라야 하는 주체는 사람이므로 사람명사가 들어가야 한다. 따라서 명사 (d) Students가 정답이다.

단어 follow 따르다, 따라 하다

정답과 해설 GRAMMAR

4

I gave him ________.

(a) permissive [형용사]
(b) permitted [동사 - 과거형]
(c) permission [명사]
(d) to permit [to부정사]

정답 (c) permission

해석 나는 그에게 허락했다.

해설

I / gave / him / ________.
(S) (V) (I.O) **(D.O)**

동사 give는 간접 목적어와 **직접 목적어**를 취하는 4형식 동사이다. 따라서 직접 목적어 자리에 들어갈 수 있는 명사 (c) permission이 정답이다.

단어 permission 허락, 허가

5

My puppy makes me __________.

(a) happy [형용사]
(b) happily [부사]
(c) happiness [명사]
(d) unhappiness [명사]

정답 (a) happy

해석 내 강아지는 나를 행복하게 만든다.

해설

My puppy / makes / me / ________.
(S) (V) (O) **(O.C)**

동사 make는 목적어와 **목적격 보어**를 취하는 5형식 동사이다. 따라서 목적격 보어 자리에 들어가며, 목적어를 보충 설명해주는 형용사 (a) happy가 정답이다.

단어 puppy 강아지

현재시제

PRACTICE

1.	(a)	2.	(d)	3.	(b)	4.	(d)	5.	(b)

1 현재완료진행

As a punishment, Jacob is forbidden from hanging out with his friends after school for the next week. His mother just scolded him because he __________ his household chores all month.

(a) has not been doing
(b) will not have been doing
(c) is not doing
(d) would not have done

정답 (a) has not been doing

해석 벌로, 제이콥은 다음 주 동안 방과 후에 그의 친구들과 노는 것이 금지되었다. 그의 어머니는 그가 한 달 내내 집안일을 **하지 않아왔기** 때문에 그를 야단쳤다.

해설 제이콥이 친구들과 노는 것이 금지되었던 것(is forbidden)은 현재 시점이며, 빈칸 문장에는 한달 내내(all month) 과거부터 집안일을 하지 않은 행위는 현재까지 진행 중인 일을 나타낼 때 쓰이는 현재완료 진행시제가 적절하다. 따라서 (a) has not been doing이 정답이다.

단어 punishment 벌, 처벌
forbid 금지하다, 금하다
hang out 놀다, 어울려 지내다
scold 야단치다, 꾸짖다
household chore 집안일

2 현재진행

After a stressful week of exams, Susan is looking to unwind. She wants to take a nap, but she fears she will be unable to sleep later. So now, she __________ television in the living room.

(a) had been watching
(b) watched
(c) will be watching
(d) is watching

정답 (d) is watching

해석 스트레스가 많은 한 주간의 시험 후에, 수잔은 긴장을 풀려고 하고 있다. 그녀는 낮잠을 자고 싶지만, 그녀가 나중에 잠을 잘 수 없을 것을 걱정한다. 그래서 지금, 그녀는 거실에서 텔레비전을 **보고 있는 중이다**.

해설 수잔이 긴장을 풀려고 하는 것(is looking to unwind)은 현재 시제이며, 빈칸 문장에는 지금(now) 텔레비전을 보고 있는 중임을 나타내므로 현재 진행 중인 일을 나타낼 때 쓰이는 현재진행시제가 적절하다. 따라서 (d) is watching이 정답이다.

단어 unwind 긴장을 풀다
take a nap 낮잠을 자다
be unable to ~할 수 없다 (= can't)
living room 거실

3 현재완료진행

Sarah and Tony started working at the same office many years ago. Sarah ____________ Tony since she first met him, but she is too shy to make the first move.

(a) admires
(b) has been admiring
(c) will be admiring
(d) is admiring

정답 (b) has been admiring

해석 사라와 토니는 수년 전 같은 사무실에서 일하기 시작했다. 사라는 그녀가 토니를 처음 만났을 때부터 그를 **존경해 왔지**만, 그녀는 너무 수줍어서 먼저 다가가지 못한다.

해설 사라와 토니가 수년 전 같은 사무실에서 일하기 시작했던 것(started)은 과거 시제이며, 빈칸 문장에는 과거 처음 만났을 때부터(since she first met him) 존경해왔지만 현재까지 다가가지 못하는 중이므로 현재완료 진행시제가 적절하다. 따라서 (b) has been admiring이 정답이다.

단어 make the first move 먼저 다가가다(시작하다)

4 현재완료진행

The show I'm hooked on now has just started airing its seventh season. I ____________ it for a month, but I'm only halfway through the second season, so it will take some time to catch up.

(a) had watched
(b) am watching
(c) will have watched
(d) have been watching

정답 (d) have been watching

해석 내가 지금 빠져 있는 프로그램이 이제 막 일곱 번째 시즌을 방영하기 시작했어. 나는 한 달 동안 그것을 **봐왔지**만, 두 번째 시즌을 겨우 절반 정도 끝내서, 따라잡는 데 시간이 걸릴 것 같아.

해설 프로그램이 방영을 시작한 것(has started)은 현재 시제이며, 빈칸 문장에는 과거부터 한 달 동안(for a month) 프로그램을 봐 왔던 행위가 두 번째 시즌을 절반 정도까지 끝내고 있다는 현재까지 진행 중인 일을 나타내므로 현재완료 진행시제가 적절하다. 따라서 (d) have been watching이 정답이다.

단어 be hooked on ~에 빠지다, 꽂히다, 중독되다
air 방영하다
take a while 시간이 조금 걸리다
catch up (밀린 것을) 따라잡다
halfway through (~을) 절반 정도 끝낸

5 현재진행

Lobster prices have been going up due to a decrease in the number of fishermen. Though the cost of lobster ____________, some restaurant owners refuse to pass these price increases onto the customers.

(a) would soar
(b) is soaring
(c) will be soaring
(d) had been soaring

정답 (b) is soaring

해석 어민 수의 감소로 인해 바닷가재의 값이 상승해왔다. 바닷가재의 가격이 **치솟고 있는 중**이지만, 일부 식당 주인들은 이러한 가격 인상을 손님들에게 전가하기를 거부한다.

해설 첫번째 문장의 동사가 현재완료진행 시제인 것으로 보아 바닷가재의 값은 과거부터 현재까지 계속 상승하고 있는 상황이고, 현재 시점에서 식당 주인들이 가격 인상을 손님들에게 전가하기를 거부한다는 내용이 나오고 있다. 즉, 빈칸에는 현재에도 계속 가격이 치솟고 있는 중이라고 하는 것이 자연스러우므로 현재진행 시제 (b) is soaring이 정답이다.

단어 lobster 바닷가재
decrease 감소; 감소하다, 줄다
fisherman 어부
owner 주인
increase 증가; 증가하다, 늘다
customer 손님, 고객

과거시제

PRACTICE

1.	(a)	2.	(a)	3.	(c)	4.	(d)	5.	(a)

1 과거진행

While waiting for her dad to come home from work to help her with her math assignment, Francesca decided to make some sketches. She __________ a picture of a butterfly **when** he walked through the door.

(a) was still drawing
(b) is still drawing
(c) still draws
(d) still drew

정답 (a) was still drawing

해석 그녀의 아버지가 그녀의 수학 숙제를 도와주기 위해 퇴근하기를 기다리는 동안, 프란체스카는 스케치 몇 개를 그리기로 결심했다. 그가 문으로 들어섰을 때 그녀는 **여전히** 나비 그림을 **그리고 있었다**.

해설 아버지를 기다리는 동안 스케치를 결심했던 것(decided)은 과거 시제이며, 빈칸 문장에는 과거에 그가 돌아왔을 때에도(when he walked through the door) 그림을 그리는 중이었다며 과거에 진행 중이었던 일을 나타낼 때 쓰이는 과거진행시제가 적절하다. 따라서 **(a) was still drawing**이 정답이다.

단어 assignment 숙제, 과제
decide 결심하다, 결정하다

TIP
While 주어 + was/were Ving, 주어 + 단순과거동사
주어 + 단순과거동사 **while** 주어 + was/were Ving

When 주어 + 단순과거동사, 주어 + was/were Ving
주어 + was/were Ving **when** 주어 + 단순과거동사

2 과거완료진행

Dr. Ash Willoughby was looking forward to retirement. However, on his last day at the office, he found that he was a little sad to leave the position he __________ in for nearly 40 years.

(a) had been working
(b) has been working
(c) is working
(d) would be working

정답 (a) had been working

해석 애쉬 윌로비 박사는 은퇴를 고대하고 있는 중이었다. 하지만, 그의 마지막 출근 날, 그는 그가 거의 40년 동안 **일해왔었던** 자리를 떠나기가 조금 슬프다고 생각했다.

해설 박사가 은퇴를 고대하고 있었던 것(was looking)은 과거 시제이며, 빈칸 문장에는 과거 이전(대과거)부터 거의 40년 동안(for nearly 40 years) 일해왔었던 것이 과거까지 진행 중인 일을 나타낼 때 쓰이는 과거완료 진행시제가 적절하다. 따라서 **(a) had been working**이 정답이다.

단어 look forward to ~을 고대하다, 기대하다
retirement 은퇴
position 자리, 직책
nearly 거의

3 과거완료진행

Although Sheila usually finished first in the town's annual marathon, she wasn't really surprised when she came in sixth place this year. She knew that she __________ as hard as she should have.

(a) would not train
(b) has not been training
(c) had not been training
(d) is not training

정답 (c) had not been training

해석 비록 셰일라는 보통 매년 열리는 마을의 마라톤 대회에서 1위를 차지했지만, 그녀는 올해 6위로 들어왔을 때 그다지 놀라지 않았다. 그녀가 했어야 했던 만큼 열심히 **훈련하지 않았던** 것을 알고 있었다.

해설 셰일라가 6위로 들어왔을 때 놀라지 않았던 것(wasn't surprised)은 과거 시제이며, 빈칸 문장에는 과거 이전부터 열심히 훈련해오지 않았던 것(대과거)이 과거까지 진행 중이었던 일을 나타낼 때 쓰이는 과거완료 진행시제가 적절하다. 따라서 (c) had not been training이 정답이다.

단어 finish (경주에서 순위를) 차지하다
annual 매년 열리는, 연례의
come in (경주에서 몇 위로) 들어오다

4 과거진행

Residents of Centerville were upset that the town's historic oak trees would be cut down to make space for a new bank. **While** the workers __________ chainsaws, the citizens stood in the street and protested.

(a) will have brought in
(b) had been bringing in
(c) are bringing in
(d) were bringing in

정답 (d) were bringing in

해석 센터빌의 주민들은 새로운 은행을 위한 공간을 마련하기 위해 마을의 역사적인 참나무들이 베어지는 것에 화가 났다. 노동자들이 전기 톱을 **가지고 오는** 동안, 시민들은 거리에 서서 시위했다.

해설 참나무들이 베어지는 것에 화가 났던 것(were)은 과거 시제이며, 빈칸 문장에는 과거에 노동자들이 전기톱을 가지고 오는 중이었다며 과거에 진행 중이었던 일을 나타낼 때 쓰이는 과거진행시제가 적절하다. 따라서 (d) were bringing in이 정답이다.

단어 resident 주민, 거주자
upset 화가 난
oak tree 참나무
chainsaw (벌목용) 전기 톱
protest 시위하다, 항의하다, 이의를 제기하다

5 과거완료진행

Jeremy and Vanessa were disappointed when they heard the first rumbling of thunder. They __________ food all day in anticipation of their picnic, but the sudden rainstorm ruined all of their plans.

(a) had been preparing
(b) would prepare
(c) prepared
(d) are preparing

정답 (a) had been preparing

해석 제레미와 베네사는 첫번째 우르릉거리는 천둥소리를 들었을 때 실망했다. 그들은 소풍을 기대하며 하루 종일 음식을 **준비하고 있었던 중**이었으나, 갑작스러운 폭풍우가 그들의 모든 계획을 엉망으로 만들었다.

해설 천둥 소리에 실망했던 것(were)은 과거 시점이며, 빈칸 문장에서 음식을 준비하는 행위는 폭풍우가 계획을 망쳐 놓았다는 과거 시점을 기준으로 그 이전(대과거)부터 과거 시점까지 하루 종일(all day) 진행되는 것임을 나타내므로 과거완료 진행시제가 적절하다. 따라서 (a) had been preparing이 정답이다.

단어 disappoint 실망시키다
rumbling 우르릉거리는 소리
thunder 천둥
anticipation 기대, 고대
sudden 갑작스러운, 급작스러운
rainstorm 폭풍우
ruin 엉망으로 만들다, 망치다

PART 04 Final 지텔프 43+ General Test of English Language Proficiency

미래시제

PRACTICE

1.	(b)	2.	(c)	3.	(a)	4.	(a)	5.	(c)

1 미래완료진행

My best friend moved to Paris with her fiancé after we both graduated from college. We promised to send each other letters every month. By June, we __________ to each other for five years.

(a) have been writing
(b) will have been writing
(c) are writing
(d) will write

정답 (b) will have been writing

해석 우리 둘 다 대학을 졸업한 후 나의 가장 친한 친구가 약혼자와 파리로 이사를 갔다. 우리는 매달 서로에게 편지를 보내기로 약속했다. 6월이 되면, 우리는 5년 동안 서로에게 **편지를 써 오고 있는 중일 것이다**.

해설 빈칸 문장은 미래의 특정 시점(By June)이 되면 서로에게 5년 동안 편지를 써 오고 있는 중일 것으로 미래의 특정 시점까지 계속해서 진행될 일을 나타낼 때 쓰이는 미래완료 진행시제가 적절하다. 따라서 (b) will have been writing이 정답이다.

단어 fiancé 약혼자
graduate 졸업하다
promise 약속하다

2 미래진행

The Space Fighters is my all-time favorite rock band. The group __________ next week at the Hedgestone Arena, and more than 20,000 fans are expected to attend the concert.

(a) had performed
(b) were performing
(c) will be performing
(d) will have been performing

정답 (c) will be performing

해석 스페이스 파이터즈는 내가 언제나 가장 좋아하는 록 밴드이다. 그 그룹은 다음 주 헤지스톤 아레나에서 **공연할 것**이며, 2만 명 이상의 팬들이 콘서트에 참석할 것으로 예상된다.

해설 빈칸 문장은 미래(next week)에 헤지스톤 아레나에서 공연할 것이라며, 미래에 진행할 일을 나타낼 때 쓰이는 미래진행시제가 적절하다. 따라서 (c) will be performing이 정답이다.

단어 perform 공연하다
expect 예상하다, 기대하다
attend 참석하다

3 미래완료진행

Dr. Tomako has dedicated her life to finding a cure for dementia, a disease that makes the afflicted lose their memories and eventually die. By the end of December, she __________ the sickness for 25 years.

(a) will have been studying
(b) is studying
(c) will be studying
(d) studies

정답 (a) will have been studying

해석 토마코 박사는 고통받는 사람들이 기억을 잃고 결국 죽게 만드는 질병인 치매의 치료법을 찾는 것에 그녀의 평생을 바쳤다. 12월 말이면, 그녀는 25년 동안 이 질병을 **연구해오고 있는 중일 것이다.**

해설 빈칸 문장은 미래의 특정 시점(By the end of December)이 되면 25년간 질병을 연구해오고 있는 중일 것으로 미래의 특정 시점까지 계속해서 진행될 일을 나타낼 때 쓰이는 미래완료 진행시제가 적절하다. 따라서 (a) will have been studying이 정답이다.

단어 dedicate 바치다, 전념하다
cure 치료법
dementia 치매
the afflicted 고통받는 사람들, 괴로워하는 사람들
sickness 질병, 병

4 미래진행

Susan is having a birthday party on Saturday and has asked me to help her with the decorations. Before the party starts, I __________ her to the store to buy flowers, party hats, and a banner.

(a) will be accompanying
(b) had accompanied
(c) have been accompanying
(d) will have been accompanying

정답 (a) will be accompanying

해석 수잔은 토요일에 생일 파티를 하는데 나에게 그녀가 장식하는 것을 도와 달라고 부탁했어. 파티가 시작하기 전, 나는 꽃, 파티 모자, 그리고 현수막을 사기 위해 그녀와 가게에 **같이 갈 거야.**

해설 수잔이 토요일에 파티를 열 것이라는 것(is having a birthday party on Saturday, 현재 진행형은 가까운 미래를 표현할 때 쓰이기도 한다)은 미래를 의미하며, 빈칸 문장은 가까운 미래(Before the party starts)에 파티 장식을 사기 위해 가게에 같이 갈 것이라며 미래에 진행할 일을 나타낼 때 쓰이는 미래진행시제가 적절하다. 따라서 (a) will be accompanying이 정답이다.

단어 decoration 장식, 장식품
accompany 같이 가다, 동행하다
banner 현수막, 배너

5 미래완료진행

Amy plans to study all weekend for Monday's exam. To prevent burnout, she has scheduled herself several breaks. Today she has a break planned at 2 p.m. because, by then, she _______ for six hours.

(a) is studying
(b) has been studying
(c) will have been studying
(d) would have studied

정답 (c) will have been studying

해석 에이미는 월요일 시험을 위해 주말 내내 공부할 계획이다. 탈진을 예방하기 위해, 그녀는 스스로 몇 번의 휴식을 계획했다. 오늘 그녀는 오후 2시에 휴식 계획을 세웠는데, 그때쯤이면, 6시간 동안 **공부를 해 오고 있는 중일 것이기** 때문이다.

해설 빈칸 문장은 미래의 특정 시점(at 2 p.m., by then)이 되면 6시간 동안 공부해오고 있는 중일 것으로 미래의 특정 시점까지 계속해서 진행될 일을 나타낼 때 쓰이는 미래완료 진행시제가 적절하다. 따라서 (c) will have been studying이 정답이다.

단어 exam 시험
prevent 예방하다, 막다
burnout 탈진, 극도의 피로
several 몇 번의, 몇몇의
break 휴식

PRACTICE

1.	(b)	2.	(d)	3.	(c)	4.	(d)	5.	(d)

1 가정법 과거

Cynthia is weighing her options about which city she should live in next. If she moved to Los Angeles, she __________ to enjoy sunny and beautiful weather all year long.

(a) will be able
(b) would be able
(c) would have been able
(d) had been able

정답 (b) would be able

해석 신시아는 다음에 어떤 도시에 살아야 할 것인지에 대해 그녀의 선택을 따져 보고 있다. 만약 그녀가 로스앤젤레스로 이사를 간다면, 그녀는 일년 내내 화창하고 아름다운 날씨를 즐길 **수 있을 것이다.**

해설 어떤 도시에 살아야 할 지 따져 보고 있다고 설명하며, 빈칸 문장은 if ~ 과거동사(moved) 형태로 그녀가 로스앤젤레스로 이사를 간다면 어떨지 가정하고 있으므로 would/could/should/might + 동사원형 형태로 현재 사실에 반대되는 가정을 해야 한다. 따라서 (b) would be able이 정답이다.

단어 weigh (결정을 내리기 전에) 따져 보다, 저울질하다
option 선택
be able to ~할 수 있다

2 가정법 과거완료

When a chocolate chip cookie recipe called for one cup of sugar, Margaret accidentally used salt instead. As a result, her cookies were disgusting. If she had not made that mistake, the cookies __________ delicious.

(a) would taste
(b) had tasted
(c) will have tasted
(d) would have tasted

정답 (d) would have tasted

해석 초콜릿 칩 쿠키 레시피에서 설탕 한 컵을 요구했을 때, 마가렛은 실수로 소금을 대신 사용했다. 그 결과, 그녀의 쿠키들은 역겨웠다. 만약 그녀가 그런 실수를 하지 않았다면, 쿠키들이 **맛있었을 것이다.**

해설 마가렛이 설탕 한 컵 대신 소금을 사용했다고 설명하며, 빈칸 문장은 if ~ 과거완료동사(had not made) 형태로 그녀가 그런 실수를 하지 않았다면 어땠을 지 가정하고 있으므로 would/could/should/might + have p.p. 형태로 과거 사실에 반대되는 가정을 해야 한다. 따라서 (d) would have tasted가 정답이다.

단어 recipe 레시피
accidentally 실수로, 잘못하여
disgusting 역겨운, 혐오스러운

3 가정법 과거완료

Clara tripped and fell onstage while performing her ballet solo in *Swan Lake* last night. She knew that if she had practiced harder before the show, she __________ a stronger performance.

(a) had given
(b) will have given
(c) would have given
(d) would give

정답 (c) would have given

해석 클라라는 어젯밤 「백조의 호수」에서 발레 독주 공연을 하던 중 발을 헛디뎌 무대 위에서 넘어졌다. 만약 그녀가 공연 전에 더 열심히 연습했다면, 그녀는 더 강렬한 무대를 **선보였을 것임을** 알고 있었다.

해설 클라라가 발레 독주 공연을 하다가 발을 헛디뎌 무대 위에서 넘어졌다고 설명하며, 빈칸 문장은 if ~ 과거완료동사(had practiced) 형태로 그녀가 더 열심히 연습했다면 어땠을 지 가정하고 있으므로 would/could/should/might + have p.p. 형태로 과거 사실에 반대되는 가정을 해야 한다. 따라서 (c) would have given이 정답이다.

단어 trip 발을 헛디디다
onstage 무대 위에서의
practice 연습하다

4 가정법 미래

Bleach and vinegar are two common household chemicals that become very dangerous when combined. If one were to mix bleach and vinegar together, toxic vapors __________ into the air.

(a) would have been released
(b) are released
(c) have been released
(d) would be released

정답 (d) would be released

해석 표백제와 식초는 결합될 때 매우 위험해지는 2개의 흔한 가정용 화학 약품이다. 만약 누군가가 표백제와 식초를 함께 섞는다면, 유독성 증기가 공기 중으로 **방출될 것이다**.

해설 실현 가능성이 낮은 상황을 가정(누군가가 표백제와 식초를 섞는다면)하고 있으므로 would/could/should/might + 동사원형 형태로 현재 사실에 반대되는 가정을 해야 한다. 따라서 (d) would be released가 정답이다.

단어 bleach 표백제
vinegar 식초
common 흔한
chemicals 화학 약품
combine 결합하다
toxic 유독성의
vapor 증기
release 방출하다, 내보내다

5 가정법 과거완료

Carl stayed up studying for his algebra test until 2 a.m. If he had gone to bed earlier, he __________ so sleepy when he got up only five hours later.

(a) would not feel
(b) will not have felt
(c) had not felt
(d) would not have felt

정답 (d) would not have felt

해석 칼은 새벽 2시까지 그의 대수학 시험을 위해 공부하면서 깨어 있었다. 만약 그가 일찍 자러 갔다면, 그가 5시간 후에 일어났을 때 그는 그렇게 **졸리지 않았을 것이다**.

해설 칼이 시험을 위해 새벽까지 공부하면서 깨어 있었다고 설명하며, 빈칸 문장은 if ~ 과거완료동사(had gone) 형태로 그가 일찍 자러 갔다면 어땠을 지 가정하고 있으므로 would/could/should/might + have p.p. 형태로 과거 사실에 반대되는 가정을 해야 한다. 따라서 (d) would not have felt가 정답이다.

단어 stay up 깨어 있다, 안 자다
algebra 대수학

조동사

PRACTICE

1.	(d)	2.	(d)	3.	(a)	4.	(c)	5.	(b)

1

Miss Appleyard was preparing her class for the fire drill that would take place later that day. She told her students that once the fire alarm started to ring, they __________ follow her directions carefully.

(a) may
(b) will
(c) could
(d) must

정답 (d) must

해석 애플야드 씨는 그날 늦게 있을 소방 훈련을 위해 그녀의 수업을 준비하는 중이었다. 그녀는 학생들에게 화재 경보기가 울리기 시작하면, 그녀의 지시를 주의 깊게 **따라야 한다고** 말했다.

해설 소방 훈련에서 학생들에게 화재 경보기가 울리면 그녀의 지시를 주의 깊게 따라야 한다고 설명하고 있으므로, '~해야 한다'의 의미를 지닌 의무/필요/강요의 조동사가 들어가는 것이 자연스럽다. 따라서 (d) must가 정답이다.

단어 prepare 준비하다
fire drill 소방 훈련
take place (계획된 일이) 일어나다
fire alarm 화재 경보기
direction 지시, 지시사항

2

Nothing is going to stop Mark from taking the overnight camping trip that he's been looking forward to all week. Come rain or come shine, Mark __________ depart for the campsite at 10 a.m. sharp.

(a) could
(b) should
(c) might
(d) will

정답 (d) will

해석 아무것도 마크가 일주일 내내 고대해왔던 야영 여행을 가는 것을 막을 수 없을 것이다. 비가 오나 눈이 오나, 마크는 오전 10시 정각에 야영지로 **떠날 것이다**.

해설 마크는 비가 오나 눈이 오나 야영지로 떠날 것이라고 설명하고 있으므로, '~할 것이다'의 의지를 표현하는 의미를 가진 미래의 조동사가 들어가는 것이 자연스럽다. 따라서 (d) will이 정답이다.

단어 come rain or come shine 비가 오나 눈이 오나, 언제나, 항상
depart 떠나다, 출발하다
sharp 정각

3

My brother was reading *The Secret History* while on vacation but left it at the hotel when he returned home. I told him that he ______ borrow my copy if he wanted to finish the book.

(a) could
(b) must
(c) might
(d) would

정답 (a) could

해석 오빠는 휴가 동안 「The Secret History」를 읽고 있던 중 그가 집에 돌아왔을 때 호텔에 책을 두고 왔다. 나는 그가 책을 다 읽기를 원한다면 내 책을 **빌려도 된다고** 그에게 말했다.

해설 오빠가 휴가 동안 책을 읽다가 호텔에 책을 두고 왔는데 책을 다 읽고 싶다면 화자의 책을 빌려도 된다고 말하고 있으므로, '~할 수 있다'의 의미를 가진 허가/제의의 조동사가 들어가는 것이 자연스럽다. 따라서 (a) could가 정답이다.

단어 return 돌아오다
borrow 빌리다

4

Lee invited me to the grand opening of a Vincent Van Gogh exhibit next week. I told him I __________ go, but I still wasn't sure if I had to babysit my little sister that day.

(a) shall
(b) will
(c) might
(d) must

정답 (c) might

해석 리는 다음 주에 빈센트 반 고흐 전시회의 개장에 나를 초대했다. 나는 그에게 내가 **갈 지도 모른다고** 말했지만, 그 날 내 여동생을 돌봐야 하는지를 아직 확신하지 못했다.

해설 리가 새로운 전시회에 초대하여 갈지도 모른다고 말했지만 여동생을 돌봐야 하는 지 아직 확신하지 못한다고 설명하고 있으므로, '~일지도 모른다'의 의미를 가진 불확실한 추측의 조동사가 들어가는 것이 자연스럽다. 따라서 (c) might가 정답이다.

단어 invite 초대하다
exhibit 전시회
babysit (아이를)돌보다

5

Aunt Sharon keeps her house spotless and gets angry if anyone tracks dirt across the floor. Visitors to her home __________ always take their shoes off before going inside.

(a) could
(b) should
(c) would
(d) might

정답 (b) should

해석 샤론 고모는 그녀의 집을 티끌 하나 없이 유지하며 누군가가 바닥에 더러운 발자국을 남긴다면 화를 낸다. 그녀의 집에 방문하는 사람들은 안으로 들어가기 전에 항상 신발을 **벗어야 한다**.

해설 샤론 고모가 집이 더러워지는 것을 싫어한다며 그녀의 집에 방문하면 안으로 들어가기 전 항상 신발을 벗어야 한다고 설명하고 있으므로, '~해야 한다'의 의미를 가진 의무/필요/강요의 조동사가 들어가는 것이 자연스럽다. 따라서 (b) should가 정답이다.

단어 aunt 고모, 이모
spotless 티끌 하나 없는
track 발자국을 남기다
floor 바닥
inside 안에

조동사 should 생략

PRACTICE

1.	(b)	2.	(b)	3.	(c)	4.	(a)	5.	(d)

1

The boss at Turkey Town Food was concerned about his workers' stress levels as the busy holiday season ended. Attempting to raise morale, he proposed that every worker ________ in a company softball game for fun.

(a) participated
(b) participate
(c) will participate
(d) is participating

정답 (b) participate

해석 Turkey Town Food의 사장은 바쁜 휴가철이 끝나자 직원들의 스트레스 수치에 대해 걱정했다. 사기를 높이려고 시도하기 위해, 그는 재미로 회사 소프트볼 게임에 모든 직원이 **참여해야 한다**고 제안했다.

해설 주절에 'propose'와 같이 제안, 명령, 요구, 주장을 나타내는 동사가 올 경우, that절의 동사 앞에 '~해야 한다'의 의미를 갖는 조동사 should가 생략되어 (should) + 동사원형의 형태로 나타난다. 따라서 (b) participate가 정답이다.

단어 concern 걱정하다, 우려하다
attempt 시도하다
raise 높이다, 올리다
morale 사기, 의욕
propose 제안하다
participate 참여하다, 참가하다

2

Our apartment building will finally start participating in the local recycling program. The landlord requests that each tenant ________ plastic, aluminum, and glass items in the proper containers.

(a) is discarding
(b) discard
(c) will discard
(d) discarded

정답 (b) discard

해석 우리 아파트가 마침내 지역 재활용 프로그램에 참여하기 시작할 것이다. 집주인은 각 세입자에게 적절한 용기 안에 플라스틱, 알루미늄, 유리 제품을 **폐기해야 한다**고 요청했다.

해설 주절에 'request'와 같이 제안, 명령, 요구, 주장을 나타내는 동사가 올 경우, that절의 동사 앞에 '~해야 한다'의 의미를 갖는 조동사 should가 생략되어 (should) + 동사원형의 형태로 나타난다. 따라서 (b) discard가 정답이다.

단어 landlord 집주인
request 요청하다, 요구하다
tenant 세입자
container 용기, 그릇

3

Though the cause is unclear, hundreds of dead pufferfish washed up on a beach in South Africa. The government insisted that passersby __________ the dangerous fish, as they contain a poison more deadly than cyanide.

(a) did not consume
(b) will not consume
(c) not consume
(d) have not consumed

정답 (c) not consume

해석 원인은 불분명하지만, 남아프리카의 한 해변에서 수백 마리의 죽은 복어가 떠밀려왔다. 정부는 이 위험한 물고기가 청산가리보다 더 치명적인 독이 들어있기 때문에 행인들이 **먹지 말아야 한다**고 주장했다.

해설 주절에 'insist'와 같이 제안, 명령, 요구, 주장을 나타내는 동사가 올 경우, that절의 동사 앞에 '~해야 한다'의 의미를 갖는 조동사 should가 생략되어 (should) + 동사원형의 형태로 나타난다. 따라서 (c) not consume이 정답이다.

단어 unclear 불분명한, 불확실한
pufferfish 복어
passersby 행인, 오가는 사람들
contain ~이 들어 있다, 함유되어 있다
deadly 치명적인
cyanide 청산가리

4

Dolly just watched a woman in the grocery place some eggs in her cart without opening the carton. Tapping the woman's shoulder, Dolly suggested that she __________ the package for any broken eggs before purchasing them.

(a) check
(b) will check
(c) checks
(d) is checking

정답 (a) check

해석 돌리는 식료품점에서 한 여성이 상자를 열지 않고 그녀의 카트에 계란들을 놓는 것을 지켜보았다. 여성의 어깨를 두드리며, 돌리는 계란을 구매하기 전에 깨진 계란이 있는지 포장 상자를 **확인해야 한다**고 권했다.

해설 주절에 'suggest'와 같이 제안, 명령, 요구, 주장을 나타내는 동사가 올 경우, that절의 동사 앞에 '~해야 한다'의 의미를 갖는 조동사 should가 생략되어 (should) + 동사원형의 형태로 나타난다. 따라서 (a) check가 정답이다.

단어 grocery 식료품점
place 놓다, 두다
carton (작게 포장된 것 여러 개가 든) 상자
shoulder 어깨
purchase 구매하다, 사다

5

Due to recent events in Ingrid's life, her grades have been slipping. Concerned, her guidance counselor recommends that she __________ a semester off to work on improving her mental health.

(a) will take
(b) takes
(c) is taking
(d) take

정답 (d) take

해석 잉그리드의 삶에서의 최근 사건들로 인해, 그녀의 성적들이 떨어지고 있다. 걱정스러운, 그녀의 지도 상담사는 그녀가 정신 건강 증진에 애쓰기 위해 한 학기 휴학을 **해야 한다**고 권고한다.

해설 주절에 'recommend'와 같이 제안, 명령, 요구, 주장을 나타내는 동사가 올 경우, that절의 동사 앞에 '~해야 한다'의 의미를 갖는 조동사 should가 생략되어 (should) + 동사원형의 형태로 나타난다. 따라서 (d) take가 정답이다.

단어 recent 최근의
grade 성적
slip 떨어지다, 전락하다
counselor 상담사
semester 학기
work on ~에 애쓰다, 공을 들이다

to부정사 & 동명사

PRACTICE

1.	(c)	2.	(b)	3.	(a)	4.	(c)	5.	(a)
6.	(a)	7.	(c)	8.	(c)	9.	(b)	10.	(d)

1 동명사

Global warming has been the cause of many weather crises in the past few decades. Conservationists suggest __________ less energy in daily life to help combat this problem.

(a) having used
(b) to use
(c) using
(d) to have used

정답 (c) using

해석 지구 온난화는 지난 수십 년간 많은 기상 위기의 원인이 되어 왔다. 환경 보호 활동가들은 이 문제를 방지하는 것을 돕기 위해 일상생활에서 에너지를 덜 **사용할 것을** 제안한다.

해설 동사 'suggest'는 동명사를 목적어로 취하기 때문에 **(c) using**이 정답이다. having p.p. 형태는 문장의 본동사보다 먼저 일어난 일을 말할 때 사용되므로 (a)는 답이 될 수 없다.

단어 crise 위기
decade 10년
conservationist 환경 보호 활동가
combat 방지하다

2 to부정사

I need to study extra hard for my upcoming final exams. My mother promised __________ me a new smartphone when exams are over, but only if I aced every subject.

(a) having bought
(b) to buy
(c) buying
(d) to have bought

정답 (b) to buy

해석 나는 곧 있을 기말고사를 위해 공부를 더 열심히 해야 한다. 엄마가 시험이 끝나면 나에게 새 스마트폰을 **사줄 것을** 약속했지만, 오직 내가 모든 과목 시험을 잘 봤을 때에만 해당된다.

해설 동사 'promise'는 to부정사를 목적어로 취하기 때문에 **(b) to buy**가 정답이다. to have p.p. 형태는 문장의 본동사보다 먼저 일어난 일을 말할 때 사용되므로 (d)는 답이 될 수 없다.

단어 upcoming 곧 있을
promise 약속하다
ace (시험을) 잘 보다

3 동명사

Though Larry insisted that his friends not throw him a birthday party, they decided to surprise him anyway. Unaware of Larry's aversion to aging, his friends were shocked at how much he disliked __________ his birthday.

(a) celebrating
(b) to celebrate
(c) having celebrated
(d) to have celebrated

정답 (a) celebrating

해석 비록 래리가 그의 친구들이 그에게 생일 파티를 열지 말라고 주장했지만, 그들은 어쨌든 그를 놀라게 하기로 했다. 래리가 나이 먹는 것을 아주 싫어한다는 것을 모르는 그의 친구들은 래리가 그의 생일을 **축하하는 것을** 얼마나 싫어하는지에 충격 받았다.

해설 동사 'dislike'는 동명사를 목적어로 취하기 때문에 (a) celebrating이 정답이다. having p.p. 형태는 문장의 본동사보다 먼저 일어난 일을 말할 때 사용되므로 (c)는 답이 될 수 없다.

단어 surprise 놀라게 하다
unaware ~을 모르는
aversion 아주 싫어함, 혐오감
dislike 싫어하다

4 동명사

Carl always makes jokes and disrupts Ms. Rally's English class. She decided to incentivize the rest of the students by rewarding them if they stopped __________ at Carl's jokes.

(a) to have laughed
(b) having laughed
(c) laughing
(d) to laugh

정답 (c) laughing

해석 칼은 항상 농담을 하고 랠리 씨의 영어 수업을 방해한다. 그녀는 만약 나머지 학생들이 칼의 농담에 **웃는 것을** 멈추면 그들에게 보상을 해줌으로써 그들을 격려하기로 결정했다.

해설 동사 'stop'은 to부정사와 동명사 모두 목적어로 취할 수 있다. 해당 문제에서는 '웃는 것을 멈추는'이라는 의미가 되어야 하므로 (c) laughing이 정답이다. having p.p. 형태는 문장의 본동사보다 먼저 일어난 일을 말할 때 사용되므로 (b)는 답이 될 수 없다.

단어 joke 농담
disrupt 방해하다, 지장을 주다
incentivize 격려하다, 장려하다
rest 나머지(사람들)
reward 보상하다
laugh 웃다

TIP
stop + to V : ~하기 위해 멈추다
stop + V ing : ~하는 것을 멈추다

5 to부정사

Morgan was distraught to find that her 12-year-old son was able to buy an M-rated video game. After she saw her son's purchase, she immediately went to the store and demanded __________ with the manager.

(a) to speak
(b) having spoken
(c) to have spoken
(d) speaking

정답 (a) to speak

해석 모건은 그녀의 12살짜리 아들이 M등급 비디오 게임을 살 수 있다는 것을 알고 심란했다. 그녀가 아들의 구매품을 본 후, 그녀는 즉시 매장으로 가서 매니저와 **통화할 것을** 요구했다.

해설 동사 'demand'는 to부정사를 목적어로 취하기 때문에 (a) to speak가 정답이다. to have p.p. 형태는 문장의 본동사보다 먼저 일어난 일을 말할 때 사용되므로 (c)는 답이 될 수 없다.

단어 distraught 심란한, 제정신이 아닌
purchase 구매품
immediately 즉시, 즉각

6 동명사

Nuclear power is an efficient and safe way to produce energy. Unfortunately, people who clean up after a nuclear meltdown risk ________ radiation poisoning, which can be deadly.

(a) contracting
(b) to contract
(c) having contract
(d) to have contract

정답 (a) contracting

해석 원자력은 에너지를 생산하기 위한 효율적이고 안전한 방법이다. 불행하게도, 핵 융해 후 청소하는 사람들은 치명적일 수 있는 방사능 중독에 **걸릴** 위험이 있다.

해설 동사 'risk'는 동명사를 목적어로 취하기 때문에 (a) contracting이 정답이다. having p.p. 형태는 문장의 본동사보다 먼저 일어난 일을 말할 때 사용되므로 (c)는 답이 될 수 없다.

단어 nuclear power 원자력
efficient 효율적인, 능률적인
meltdown 융해
contract ~에 걸리다
radiation 방사능
poisoning 중독
deadly 치명적인

7 to부정사

Tuberculosis, a severe lung disease, ravaged the globe in the early 1900s. Believing that patients could benefit from the great outdoors, one doctor invented a "cure chair" ________ sufferers of the disease.

(a) assisting
(b) having assisted
(c) to assist
(d) to have assisted

정답 (c) to assist

해석 심각한 폐질환인 결핵은 1900년대 초에 세계를 피폐하게 만들었다. 환자들이 멋진 야외에서 혜택을 받을 수 있다고 믿으면서 한 의사는 이 질병의 환자들을 **돕기 위해** "치유 의자"를 발명했다.

해설 to부정사의 부사적 용법(~하기 위해서)을 사용하여 결핵 환자들을 돕기 위한 "치유 의자" 발명이라는 특정한 목적을 나타내고 있으므로 (c) to assist가 정답이다. to have p.p. 형태는 문장의 본동사보다 먼저 일어난 일을 말할 때 사용되므로 (d)는 답이 될 수 없다.

단어 tuberculosis 결핵
severe 심각한
lung 폐
ravage 피폐하게 만들다, 황폐하게 만들다
globe 세계
patient 환자
outdoors 야외, 옥외
invent 발명하다
sufferer 환자

8 to부정사

George is always copying his older brother Zach. Though it annoys Zach greatly, his parents tell him ________ a good example for his younger brother to follow.

(a) setting
(b) to have set
(c) to set
(d) having set

정답 (c) to set

해석 조지는 항상 그의 형 잭을 따라한다. 그것이 잭을 매우 짜증나게 하지만, 그의 부모님은 그에게 그의 남동생이 따를 모범을 **보이라고** 말한다.

해설 목적어가 사람일 때, 동사 'tell'은 to부정사를 간접목적어로 취하기 때문에 (c) to set이 정답이다. to have p.p. 형태는 문장의 본동사보다 먼저 일어난 일을 말할 때 사용되므로 (b)는 답이 될 수 없다.

단어 annoy 짜증나게 하다
greatly 매우, 대단히
parent 부모

9 동명사

Acidity levels in Lake Momahawk have been on the rise in recent years. The local authorities have prohibited __________ in the lake, lest one risk having a reaction to the water.

(a) having swum
(b) swimming
(c) to have swum
(d) to swim

정답 (b) swimming

해석 모마호크 호수의 산성도는 최근 몇 년간 상승해오고 있다. 현지 당국은 사람이 물에 대한 반응이 나타날 위험이 있지 않도록 호수에서 **수영하는 것을** 금지했다.

해설 동사 'prohibit'은 동명사를 목적어로 취하기 때문에 **(b) swimming**이 정답이다. having p.p. 형태는 문장의 본동사보다 먼저 일어난 일을 말할 때 사용되므로 (a)는 답이 될 수 없다.

단어 acidity 산성
authority 당국
prohibit 금지하다
reaction 반응

10 to부정사

The annual Christmas fundraiser is coming up soon. A local nonprofit is looking for volunteers __________ their members with setting up the banquet hall and cleaning up after the event.

(a) to have helped
(b) helping
(c) having helped
(d) to help

정답 (d) to help

해석 매년 열리는 크리스마스 모금 행사가 곧 다가온다. 지역 비영리단체가 구성원들이 행사 후 연회장 설치와 청소하는 것을 **도와줄** 자원봉사자를 찾고 있다.

해설 to부정사의 형용사적 용법(~할)을 사용하여 연회장 설치와 청소를 도와줄 자원봉사자라고 앞 명사(volunteers)를 수식하고 있으므로 **(d) to help**가 정답이다.

단어 annual 매년 열리는, 연례의
fundraiser 모금 행사
nonprofit 비영리단체
banquet 연회장

연결어

PRACTICE

1.	(d)	2.	(b)	3.	(a)	4.	(c)	5.	(c)

1

Left-handed people are often inconvenienced by living in a world that favors right-handedness. But being left-handed can also be dangerous. ___________, left-handed people are 85% more likely to have a car accident than right-handed people.

(a) And yet
(b) Afterward
(c) However
(d) For instance

정답 (d) For instance

해석 왼손잡이는 오른손잡이를 선호하는 세상에서 살게 됨으로써 종종 불편을 겪는다. 그러나 왼손잡이인 것은 또한 위험할 수도 있다. **예를 들어**, 왼손잡이가 오른손잡이보다 교통사고를 당할 가능성이 85% 더 높다.

해설 빈칸 앞 문장에서 왼손잡이가 살면서 불편을 겪는다는 내용이며, 빈칸 뒤 문장에서 왼손잡이가 교통사고를 당할 가능성이 높다는 내용이므로 빈칸에는 '예를 들어'로 앞 내용의 예시가 이어질 때 사용되는 접속부사가 들어가야 한다. 따라서 (d) For instance가 정답이다.

단어 inconvenience 불편을 겪다
favor 선호하다
be more likely to ~할 가능성이 더 높다
car accident 교통사고

2

The two eldest sisters are going through the house in a panic, cleaning and preparing the guest room for their grandparents' sudden visit. ___________, the youngest sister is just sitting on the couch and watching TV.

(a) Shortly
(b) Meanwhile
(c) In fact
(d) To illustrate

정답 (b) Meanwhile

해석 두 큰언니는 조부모의 갑작스러운 방문을 대비해 손님방을 청소하고 준비하면서 당황한 채 온 집안을 샅샅이 뒤지고 있다. **한편**, 막내 언니는 TV를 보면서 소파에 앉아 있다.

해설 빈칸 앞 문장에서 두 큰언니가 조부모의 갑작스러운 방문을 대비해 집을 샅샅이 뒤지며 청소하고 있다는 내용이지만, 빈칸 뒤 문장에서 막내 언니는 TV를 보며 소파에 앉아있다는 내용이므로 빈칸에는 '한편'으로 앞뒤 내용이 대비될 때 사용되는 접속부사가 들어가야 한다. 따라서 (b) Meanwhile이 정답이다.

단어 go through ~을 샅샅이 뒤지다
in a panic 당황하여
grandparents 조부모
sudden 갑작스러운
couch 소파

3

It really upset me when I overheard my friend Emily say that my speech in Social Studies was "boring." I don't want to talk to her ________ she shows that she's ready to apologize.

(a) unless
(b) as far as
(c) in order that
(d) once

정답 (a) unless

해석 제 친구 에밀리가 사회 과목에서 제 연설이 "지루하다"고 말하는 것을 우연히 들었을 때 그 말은 저를 정말 속상하게 했어요. 저는 **만약** 그녀가 사과할 준비가 되어 있다는 것을 보여주지 **않는다면** 그녀와 이야기하고 싶지 않아요.

해설 빈칸 앞 문장에서 연설이 지루하다는 것을 우연히 듣고 속상했다는 내용이며, 빈칸 뒤 문장에서 사과할 준비가 되었음을 보여주지 않으면 이야기하고 싶지 않다는 내용이므로 빈칸에는 '만약 ~하지 않는다면'으로 반대되는 조건을 나타낼 때 사용되는 접속사가 들어가야 한다. 따라서 (a) unless가 정답이다.

단어 upset 속상하게 하다
overheard 우연히 듣다
apologize 사과하다

4

During the Victorian Era, rings that spelled out words in gemstones were popular. A gemstone's first letter indicated one letter in the word. ________, a row of coral, amethyst, ruby, and emerald would mean "care."

(a) In addition
(b) On the contrary
(c) For example
(d) After all

정답 (c) For example

해석 빅토리아 시대 동안에는, 원석의 단어로 철자를 썼던 반지들이 유행이었다. 원석의 첫 글자는 단어에서 한 개의 글자를 나타냈다. **예를 들어**, 산호(c), 자수정(a), 루비(r), 에메랄드(e)의 한 줄은 "배려(care)"를 의미했을 것이다.

해설 빈칸 앞 문장에서 빅토리아 시대에 원석으로 단어의 철자를 쓴 반지가 유행해서 원석의 첫 글자는 단어의 한 글자를 표시했다는 내용이며, 빈칸 뒤 문장에서 보석 한 줄은 "배려"를 의미한다는 상세한 예시를 들어 설명하므로 빈칸에는 '예를 들어'로 앞 내용의 예시가 이어질 때 사용되는 접속부사가 들어가야 한다. 따라서 (c) For example이 정답이다.

단어 spell out 철자를 쓰다
gemstone (보석의)원석
indicate 표시하다, 나타내다
a row of 한 줄로, 일렬의
coral 산호
amethyst 자수정

5

Airline companies offer cheap flights during a destination country's wet season. The drop in price motivates consumers to consider travelling __________ rain will most likely occur throughout their trip.

(a) supposing that
(b) now that
(c) even if
(d) as long as

정답 (c) even if

해석 항공사들은 목적지 국가의 우기 동안 저렴한 항공편을 제공한다. 가격의 하락은 **비록** 고객들의 여행 내내 비가 내릴 가능성이 가장 높을 **지라도** 그들에게 여행을 고려하도록 동기를 부여한다.

해설 빈칸 앞 문장에서 고객들이 여행을 고려하도록 동기를 부여한다는 내용이며, 빈칸 뒤 문장에서 여행 내내 비가 내릴 가능성이 가장 높을 것이라며 서로 반대되는 내용이므로 빈칸에는 '비록 ~일지라도'로 양보/대조를 나타낼 때 사용되는 접속사가 들어가야 한다. 따라서 (c) even if가 정답이다.

단어 offer 제공하다, 주다
destination 목적지
drop 하락, 감소
motivate 동기를 부여하다
customer 고객
consider 고려하다, 숙고하다
occur 발생하다

관계사

PRACTICE

1.	(d)	2.	(c)	3.	(b)	4.	(c)	5.	(b)

1

While my car was parked in front of my house, a hit-and-run driver crashed into it and left behind some extensive damage. The neighbor __________ looked very apologetic even though the accident wasn't his fault.

(a) what delivered the bad news
(b) which delivered the bad news
(c) that he delivered the bad news
(d) who delivered the bad news

정답 (d) who delivered the bad news

해석 제 차가 집 앞에 주차되어 있는 동안, 뺑소니 운전자가 차를 들이받았고 몇몇 대규모의 파손을 남겼습니다. **나쁜 소식을 전달한** 이웃은 비록 사고가 그의 잘못이 아닐 지라도 매우 미안해 보였습니다.

해설 해당 문장에서 The neighbor이 주어이며 동사는 looked이므로, 빈칸에는 The neighbor(이웃)을 부연 설명하며 의미를 제한해야 한다. 선행사가 사람이므로 주격 관계대명사 who가 들어가야 한다. 따라서 (d) who delivered the bad news가 정답이다.

단어 park 주차하다
in front of ~의 앞에
hit-and-run 뺑소니의
crash 부딪치다, 박살내다
neighbor 이웃
apologetic 미안해 하는, 사과하는
fault 잘못

2

Jeff hopes to become a chef one day, so on the weekends he likes challenging himself to cook difficult recipes. Beef Wellington, __________, is the next recipe that he plans to attempt.

(a) that is one of the hardest dishes to master
(b) what is one of the hardest dishes to master
(c) which is one of the hardest dishes to master
(d) who is one of the hardest dishes to master

정답 (c) which is one of the hardest dishes to master

해석 제프는 언젠가 요리사가 되기를 희망하는데, 그는 주말에 스스로 어려운 레시피를 요리하는 것에 도전하기를 좋아한다. **완전히 익히기 가장 어려운 요리 중 하나인** 비프 웰링턴은 그가 시도하기를 계획하는 다음 레시피이다.

해설 해당 문장에서 Beef Wellington이 주어이며 동사는 is이므로, 콤마(,) 사이에는 Beef Wellington(비프 웰링턴)을 부연 설명해야 한다. 선행사가 사물이므로 주격 관계대명사 which 혹은 that이 들어가야 하는데, 관계대명사 that은 콤마 뒤에 나올 수 없다. 따라서 (c) which is one of the hardest dishes to master이 정답이다.

단어 chef 요리사
challenge 도전하다
dish 요리, 음식
master ~을 완전히 익히다, ~에 숙달하다

3

Jean was known for being very forgetful. Today her friends teased her because she couldn't remember the name of the film __________ just an hour earlier.

(a) where she had been watching
(b) that she had been watching
(c) who she had been watching
(d) what she had been watching

정답 (b) that she had been watching

해석 진은 매우 잘 잊어버리는 것으로 알려져 있다. 오늘 그녀의 친구들은 **그녀가** 불과 한 시간 전에 **보았던** 영화의 이름을 기억하지 못했기 때문에 그녀를 놀렸다.

해설 해당 문장에서 빈칸에는 선행사 the name of the film(영화의 이름)을 부연 설명하며 의미를 제한해야 한다. 선행사가 사물이며 관계사절의 목적어가 없으므로 목적격 관계대명사 that이 들어가야 한다. 따라서 (b) that she had been watching이 정답이다.

단어 be known for ~로 알려져 있다
forgetful 잘 잊어버리는, 건망증이 있는
tease 놀리다, 장난하다
remember 기억하다

4

I think my older brother Sam is playing a practical joke on me. My teddy bear, __________, is now sitting on a rocking chair in the corner—but I don't remember moving it there.

(a) who had been lying on my bed
(b) that had been lying on my bed
(c) which had been lying on my bed
(d) where it had been lying on my bed

정답 (c) which had been lying on my bed

해석 나는 오빠 샘이 나한테 장난을 치고 있다고 생각해. **내 침대 위에 누워 있었던** 내 곰인형이 지금 구석에 있는 흔들의자에 앉아 있는데 나는 곰인형을 그곳으로 옮긴 기억이 없어.

해설 해당 문장에서 My teddy bear가 주어이며 동사는 is이므로, 콤마(,) 사이에는 My teddy bear(내 곰인형)을 부연 설명해야 한다. 선행사가 사물이므로 주격 관계대명사 which 혹은 that이 들어가야 하는데, 관계대명사 that은 콤마 뒤에 나올 수 없다. 따라서 (c) which had been lying on my bed가 정답이다.

단어 practical joke 장난
lie 눕다
rocking chair 흔들의자

5

Marcy needs some tortillas for dinner tonight, but the local grocery store is all sold out. She remembers seeing some being sold by a street vendor, but she can't remember the street __________.

(a) how she saw the seller
(b) where she saw the seller
(c) who she saw the seller
(d) what she saw the seller

정답 (b) where she saw the seller

해석 마시는 오늘 밤 저녁으로 토르티야가 좀 필요한데, 동네 식료품점은 다 팔렸다. 그녀는 어떤 거리의 노점상에서 판매되는 것을 본 것은 기억하지만, **판매자를 봤던** 그 거리를 기억하지 못한다.

해설 해당 문장에서 빈칸에는 선행사 the street(거리)를 부연 설명하며 의미를 제한해야 한다. 선행사가 장소이며 관계사절의 문장이 완전하므로 장소의 관계부사 where이 들어가야 한다. 따라서 (b) where she saw the seller가 정답이다.

단어 sold out 다 팔린, 매진된
vendor 노점상
seller 판매자

Reading & Vocabulary 정답 한 눈에 보기

PART 1.

53.	(d)	54.	(c)	55.	(d)	56.	(a)	57.	(c)
58.	(b)	59.	(a)						

PART 2.

60.	(b)	61.	(a)	62.	(b)	63.	(c)	64.	(d)
65.	(a)	66.	(d)						

PART 3.

67.	(d)	68.	(c)	69.	(a)	70.	(a)	71.	(b)
72.	(d)	73.	(c)						

PART 4.

74.	(d)	75.	(a)	76.	(c)	77.	(b)	78.	(d)
79.	(b)	80.	(c)						

PRACTICE

53.	(d)	54.	(c)	55.	(d)	56.	(a)	57.	(c)	58.	(b)	59.	(a)

해석

DAVE BREGER

[53] **Dave Breger was a famous American cartoonist** during the World War II era. [57] **He popularized the term "G.I. Joe," which was also the title of the comic strip** he created for the Army's weekly newspaper. [55] His work became renowned because **he used his experiences in the military** to make realistic comic strips.

Irving David Breger was born on April 15, 1908, in Chicago, Illinois, to Russian immigrants. He first showed an interest in cartooning during high school, where he created sketches for his school's newspaper. He went on to study architectural engineering at the University of Illinois, but soon transferred to Northwestern University where he graduated in 1931 with a degree in abnormal psychology.

Breger had a hard time finding work during the Great Depression, after the US stock market [58] **collapsed**. This forced him to work in his father's sausage factory. While working in the family business, [54] he had several encounters with infamous Chicago gangsters. **Fearing for his safety**, he **eventually moved to New York** where he began working as a freelance cartoonist.

데이브 브레거

[53] 데이브 브레거는 제 2차 세계대전 시대 동안 유명한 미국 만화가였다. [57] 그는 "지아이 조"라는 용어를 대중화시켰는데, 이것은 또한 그가 육군 주간지를 위해 만들어낸 만화의 제목이기도 했다. [55] 그의 작품은 그가 사실적인 만화를 만들기 위해 군대에서의 그의 경험을 사용했기 때문에 유명해지게 되었다.

어빙 데이비드 브레거는 1908년 4월 15일, 시카고 일리노이 주에서 러시아 이민자 가정에서 태어났다. 그는 고등학교 때 처음으로 만화 제작에 관심을 보였고, 그곳에서 학교 신문을 위한 그림을 그렸다. 그는 건축공학 공부를 계속하기 위해 일리노이 대학에 갔지만, 곧 노스웨스턴 대학교로 편입해 이상심리학 학위를 받으며 1931년 졸업했다.

브레거는 미국 주식 시장이 [58] **붕괴된** 이후, 대공황 기간 동안 일자리를 찾는데 어려움을 겪었다. 이는 어쩔 수 없이 그가 그의 아버지의 소시지 공장에서 일하게 했다. 가업에 종사하는 동안, [54] 그는 시카고의 악명 높은 조직폭력배들과 여러 번 부딪혔다. 안전을 우려하며, 그는 결국 뉴욕으로 이주해 그곳에서 프리랜서 만화가로 일하기 시작했다.

When WWII broke out, he was drafted into the military, but was allowed to continue working as a cartoonist. There, he created a comic series entitled *Private Breger* for the *Saturday Evening Post* newspaper. Soon after entering the military, he was commissioned by *Yank, the Army Weekly* to publish his comic strip, but with a title that would better fit the style of the military newspaper.

제 2차 세계대전이 발발했을 때, 그는 군대에 징집되었지만, 만화가로서 일을 계속하도록 허락 받았다. 그곳에서, 그는 《새터데이 이브닝 포스트》 신문의 「이등병 브레거」라는 제목을 붙인 만화 시리즈를 창작했다. 군에 입대한 직후, 그는 육군 주간지 'Yank'로부터 그의 만화를 연재해 달라는 의뢰를 받았지만, 군 신문의 문체에 더 잘 맞는 제목으로 제작되었다.

56) He **named the strip *G.I. Joe*** because **much of the army's equipment and items supplied by the government** was stamped with the initials "G.I." for "government issue." After its first 59) **release** in June 1942, the series became widely read, and "G.I. Joe" replaced "Yank" as the slang term used to refer to any American soldier. The strip was also published by the King Features Syndicate, Inc. under the title *Private Breger*. After leaving the military, he helped found the National Cartoonists Society in 1946, and the comic strip became *Mister Breger*.

56) 그는 이 연재물을 「지아이 조」라고 이름 지었는데 이는 정부에 의해 공급되는 많은 육군 장비와 물품에 "관급품"의 이니셜 "G.I."가 찍혀 있었기 때문이다. 1942년 6월 첫 59) **발간** 후, 이 시리즈는 널리 읽히게 되었고, "지아이 조"는 모든 미국 군인을 지칭하는 데 사용되는 속어로서 "Yank"를 대체하게 되었다. 이 연재물은 「이등병 브레거」라는 제목으로 킹피처 신디케이트 사에서 출판되기도 했다. 전역 후, 그는 1946년 전국 만화가 협회를 설립하는 것을 도왔고, 이 만화는 「미스터 브레거」가 되었다.

Dave Breger died on January 16, 1970, but his work continued to be published until March 21 of the same year. His legacy has survived through comic books, action figures, and Hollywood movies that center on G.I. Joe characters. 57) Today, people still refer to American military personnel as "G.I.'s," even though very few people remember who it was that invented the term.

데이브 브레거는 1970년 1월 16일에 사망했지만, 그의 작품은 같은 해 3월 21일까지 계속 출판되었다. 그의 유산은 지아이 조 캐릭터를 중심으로 한 만화책, 액션 피규어, 그리고 할리우드 영화를 통해 존립했다. 57) 오늘날, 비록 누가 이 용어를 만들었는지 거의 기억하지 못할지라도, 사람들은 여전히 미국의 군인들을 "G.I.'s"라고 부른다.

단어

cartoonist 만화가 era 시대 popularize 대중화시키다 term 용어, 말 comic strip (신문 내 연결된) 만화
army 육군, 군대 renowned 유명한, 명성 있는 experience 경험 military 군대 realistic 사실적인, 실제 그대로의
immigrant 이민자, 이주민 cartooning 만화 제작 architectural engineering 건축 공학
transfer 편입하다, 이동하다 graduate 졸업하다 degree 학위 abnormal psychology 이상심리학(술)
Great Depression 대공황 stock market 증시, 증권시장 collapse 붕괴되다, 무너지다
force (어쩔 수 없이) ~하게 하다, 강요하다 factory 공장 encounter 마주치다, 맞닥뜨리다 infamous 악명 높은
gangster 조직 폭력배, 깡패 fear 우려하다, 염려하다, 두려워하다 freelance 프리랜서 draft into ~에 징집하다, 징병하다
entitle 제목을 붙이다 private 이등병, 이병 commission 의뢰하다, 주문하다 publish 출간하다, 출판하다
equipment 장비, 용품 supply 공급하다, 제공하다 government 정부 stamp 찍다, 찍어 내다
replace 대신하다, 대체하다 slang term 속어 refer to 지칭하다, 언급하다 soldier 군인 legacy 유산
survive 존립하다, 생존하다 military personnel 군인

문제

53 세부사항

What is **Dave Breger best known for**?

데이브 브레거는 무엇으로 가장 잘 알려져 있는가?

Paraphrasing
[본문] Dave Breger was a famous ~

(a) being a famous military general
(b) developing new theories in psychology
(c) designing buildings as an architect
(d) creating a series of popular comics

Paraphrasing
[본문] a famous American cartoonist

(a) 유명한 군 장성이 되는 것
(b) 심리학의 새로운 이론들을 개발하는 것
(c) 건축가로서 건물들을 설계하는 것
(d) 인기 만화 시리즈를 제작하는 것

해설 브레거는 제 2차 세계대전 시대 동안 유명한 미국 만화가였다는 내용을 통해 (d) creating a series of popular comics가 정답임을 알 수 있다.

단어 general 장성, 장군 theory 이론 psychology 심리학 architect 건축가

54 세부사항

Why did Breger **decide to move to New York** to pursue a career in cartooning?

Paraphrasing
[본문] eventually moved to New York

왜 브레거는 만화 일을 계속 하기 위해 뉴욕으로 이주하기로 결심했는가?

(a) because he couldn't find a job
(b) so he could join the Army
(c) because he wanted to **avoid problems with gangs**

Paraphrasing
[본문] Fearing for his safety

(d) so he could develop his talent in sketching

(a) 그가 일자리를 구할 수 없었기 때문에
(b) 그가 육군에 입대할 수 있도록 하기 위해서
(c) 그가 폭력배와의 문제를 피하고 싶었기 때문에
(d) 그가 스케치에 재능을 개발할 수 있도록 하기 위해서

해설 브레거가 공장에서 일하면서 조직폭력배들과 여러 번 부딪혔는데, 안전을 우려하여 뉴욕으로 이주해 프리랜서 만화가로 일하기 시작했다는 내용을 통해 (c) because he wanted to avoid problems with gangs가 정답임을 알 수 있다.

단어 decide 결심하다, 결정하다 pursue 계속하다, 추구하다 talent 재능

55 추론

What is most likely **the subject matter of his comics**?

그의 만화의 주제는 무엇일 것 같은가?

(a) difficulties during the Great Depression
(b) his life as an immigrant in the U.S.
(c) American politics during the 1940s
(d) **life as a soldier during WWII**

Paraphrasing
[본문] he used his experience in the military

(a) 대공황 동안의 어려움
(b) 미국에서 이민자로서의 그의 삶
(c) 1940년대 미국의 정치
(d) 제 2차 세계대전 동안의 군인으로서의 삶

해설 브레거는 제 2차 세계대전 동안의 유명한 만화가였으며, 「지아이 조」라는 사실적인 만화를 만들기 위해 군대에서의 경험을 사용했다는 내용을 통해 제 2차 세계대전 동안 군인으로서의 삶을 주제로 정했을 것임을 추측할 수 있다. 따라서 (d) life as a soldier during WWII가 정답이다.

단어 subject matter (책, 그림 등의) 주제 difficulty 어려움 Great Depression 대공황 immigrant 이민자, 이주민 politics 정치 soldier 군인

56 세부사항

Where did Breger **get the term "G.I. Joe"**?

어디에서 브레거는 "지아이 조"라는 용어를 얻었는가?

Paraphrasing
[본문] named the strip "G.I. Joe"

(a) from **goods provided by the military**

Paraphrasing
[본문] much of the army's equipment and items supplied by the government

(b) from the name "Joe," which was slang for "Americans"
(c) from one of the issues of *Yank*
(d) from one of the comic strips he sketched

(a) 군에서 제공된 물품으로부터
(b) "미국인들"의 속어였던 "조"라는 이름으로부터
(c) 'Yank'의 간행 호 중 하나로부터
(d) 그가 스케치한 만화 중 하나로부터

해설 "지아이 조"라는 이름은 정부에 의해 공급되는 육군 장비와 물품에 "관급품"의 이니셜 "G.I."가 찍혀 있는 것을 보고 지었다는 내용을 통해 (a) from goods provided by the military가 정답임을 알 수 있다.

단어 goods 물품, 물건 slang 속어 issue (신문 정기 간행물의) 호 comic strip 만화

57 추론

Which is probably the reason the **term "G.I. Joe"** became widely used?

"지아이 조"라는 용어가 널리 쓰이게 된 이유는 무엇일 것 같은가?

(a) It was stamped on military uniforms.
(b) People found it humorous.
(c) **Breger's comic strip was** very **popular.**

Paraphrasing
[본문] He popularized the term "*G.I. Joe*", which was also the title of the comic strip.

(d) The Army needed a better nickname for its soldiers.

(a) 그 용어가 군복에 찍혀 있었다.
(b) 사람들은 그 용어가 재미있다고 생각했다.
(c) 브레거의 만화는 매우 인기있었다.
(d) 육군은 병사들을 위한 더 나은 별명이 필요했다.

해설 지문 첫 부분에 브레거는 「지아이 조」라는 만화의 제목을 통해 용어를 대중화시킨 것으로 유명한 만화가였다는 내용을 통해 브레거의 만화가 매우 인기있어 "지아이 조"라는 용어가 널리 쓰이게 되었음을 추측할 수 있다. 따라서 (c) Breger's comic strip was very popular이 정답이다.

단어 widely 널리 stamp 도장을 찍다 uniform 군복, 제복, 유니폼 humorous 재미있는, 유머러스한 nickname 별명, 닉네임

58 어휘

In the context of the passage, collapsed means ________.

(a) died
(b) failed
(c) fainted
(d) broke

글의 문맥 상, collapsed는 ________을 의미한다.

(a) 사망한
(b) 실패한
(c) 기절한
(d) 부서진

해설 문맥 상 미국 주식 시장이 붕괴된 이후를 설명하고 있으므로 '**붕괴된, 실패한**'이 적절하다. 따라서 **(b) failed**가 정답이다.

59 어휘

In the context of the passage, release means ________.

(a) issue
(b) clearance
(c) expression
(d) statement

글의 문맥 상, release는 ________을 의미한다.

(a) 발행
(b) 승인
(c) 표현
(d) 진술

해설 문맥 상 만화의 첫 발간 후 널리 읽히게 되었다고 설명하고 있으므로 '**발간, 발행**'이 적절하다. 따라서 **(a) issue**가 정답이다.

PRACTICE

60.	(b)	61.	(a)	62.	(b)	63.	(c)	64.	(d)	65.	(a)	66.	(d)

해석

H1N1 INFLUENZA VIRUS

H1N1 is an influenza virus that was first detected in humans in 2009 when it caused multiple epidemics. 60) **It is commonly known as "swine flu,"** as **it was thought to be similar** to viruses that cause the flu in pigs. Later tests revealed that H1N1 is composed of several genes from different flu viruses that normally infect pigs, birds, and humans.

Swine flu is similar to regular influenza in that it can spread when an infected person coughs or sneezes, making it extremely infectious. In some cases, people have 65) **contracted** the disease by simply touching an infected object, and then touching their mouth, nose, or eyes. Studies show that 61) **a person with swine flu is most infectious** one day before the onset of its symptoms, **which most commonly consist of a fever and cough**, and may include a sore throat, headache, body aches, chills, and fatigue. In a few cases, infected people have also reported experiencing nausea, vomiting, and diarrhea. These symptoms usually start at the onset of the sickness and last for approximately seven days.

신종 인플루엔자 바이러스

신종 인플루엔자(H1N1)는 2009년 다중 전염병을 일으켰을 때 사람들에게서 처음 발견된 인플루엔자 바이러스이다. 60) 그것은 돼지에게 독감을 일으키는 바이러스와 비슷하다고 생각되었기 때문에 흔히 "돼지 독감"으로 알려져 있다. 이후 실험은 신종 인플루엔자가 보통 돼지, 조류, 사람들을 감염시키는 다른 독감 바이러스의 여러 유전자로 구성된다는 사실을 밝혀냈다.

돼지 독감은 감염자가 기침이나 재채기를 할 때 전염성을 극도로 높게 만들며 확산시킬 수 있다는 점에서 일반 독감과 비슷하다. 일부 경우에는, 사람들은 그저 감염된 물체를 만진 뒤, 그들의 입, 코, 눈을 만지기만 해도 질병에 65) **걸렸다**. 연구는 61) 돼지독감에 걸린 사람은 항상 발열과 기침을 동반하는 증상 발현 하루 전에 흔히 가장 전염성이 높고, 인후염, 두통, 몸살, 오한, 피로 등을 수반할 지도 모른다는 것을 보여준다. 몇몇 경우에는, 감염된 사람들은 메스꺼움, 구토, 설사를 경험한다고 보고하기도 했다. 이 증상들은 보통 질병이 발현되었을 때 시작되고 약 7일 동안 지속된다.

In early 2009, the World Health Organization (WHO) declared H1N1 a pandemic, or a rapidly spreading, worldwide disease. 62) **According to scientists, the reason for its fast transmission** is that it is a new type of disease, one which **humans have little or no immunity against**.

2009년 초, 세계보건기구(WHO)는 신종 인플루엔자를 빠르게 확산되는 전 세계적인 전염병이라고 선언했다. 62) 과학자들에 따르면, 빠르게 전염되는 이유는 인간들이 대항할 면역력이 거의 없거나 전혀 가지고 있지 않은 새로운 유형의 질병이기 때문이라고 한다.

Although the viral disease is extremely 66) **communicable**, there are ways to reduce the risk of infection. Health experts advise individuals to wash their hands often with soap and warm water for at least 20 seconds, or to routinely use hand sanitizers. Tissues should also be used when sneezing or coughing, and then disposed of properly. 63) Aside from personal hygiene, **health agencies also suggest** that **common surfaces such as doorknobs, light switches, and telephones be disinfected** and kept clean at all times.

바이러스성 질병은 매우 66) **전염성이 높지만**, 감염 위험을 줄일 수 있는 방법들이 있다. 보건 전문가들은 개인에게 최소한 20초 동안 비누와 따뜻한 물로 자주 손을 씻거나, 손소독제를 일상적으로 사용할 것을 권고한다. 재채기나 기침을 할 때도 휴지를 사용해야 하며, 올바르게 버려야 한다. 63) 개인 위생 이외에도, 보건당국은 또한 문 손잡이, 전등 스위치, 전화기와 같은 일반적인 물건의 표면이 소독 되어야 하며 항상 청결하게 유지되어야 한다고 말한다.

If someone is demonstrating flu-like symptoms, the individual should seek medical attention right away. 64) Infected patients should also **stay home and refrain from attending public gatherings**. In addition, it is advisable that they avoid stressful activities related to work, school, or travel.

누군가가 독감과 비슷한 증상을 보인다면, 개인은 즉시 치료를 받아야 한다. 64) 감염된 환자 또한 집에 머물러야 하며 공개 모임에 참석하는 것을 삼가야 한다. 또한, 직장, 학교, 여행과 관련된 스트레스를 줄 수 있는 활동은 피하는 것이 바람직하다.

단어

detect 발견하다 multiple 다중의, 많은 epidemics 전염병 commonly 흔히, 흔하게
be similar to ~와 비슷하다, 유사하다 reveal 밝히다, 드러내다 be composed of ~로 구성되어 있다 gene 유전자
infect 감염시키다 spread 확산시키다, 퍼뜨리다 cough 기침하다 sneeze 재채기하다 extremely 극도로, 극히, 매우
infectious 전염성의, 전염되는 contract (병에) 걸리다 disease 질병, 병 object 물건, 물체 onset 발현, 시작
symptom 증상 consist of ~로 구성되다 fever 발열, 열 sore throat 인후염 ache 아픔, 통증 chill 오한
fatigue 피로 nausea 메스꺼움 vomiting 구토, 토 diarrhea 설사 sickness 질병 approximately 약, 대략
declare 선언하다, 분명히 말하다 pandemic 전염병 rapidly 빠르게, 빨리 transmission 전염 immunity 면역력
viral 바이러스성의 communicable 전염성의, 전달되는 reduce 줄이다, 감소시키다 at least 최소한, 적어도
routinely 일상적으로 hand sanitizer 손소독제 dispose 버리다, 폐기하다 properly 올바르게, 적절하게
hygiene 위생 surface 표면 doorknob 문 손잡이 disinfect 소독하다, 살균하다 demonstrate 보여주다
medical attention 치료 refrain 삼가다 gathering 모임 be related to ~와 관련되다

문제

60 세부사항

Why is **H1N1 also called swine flu**?

Paraphrasing
[본문] it is commonly known as "swine flu"

(a) because it was similarly discovered in 2009
(b) because **they were assumed to be alike**

Paraphrasing
[본문] it was thought to be similar

(c) because it mostly affected pigs
(d) because they were both widespread

왜 신종 인플루엔자(H1N1)는 돼지 독감이라고도 불리는가?

(a) 이는 2009년에도 유사하게 발견되었기 때문에
(b) 두 질병이 유사하다고 추정되었기 때문에
(c) 주로 돼지에 영향을 미쳤기 때문에
(d) 두 질병 모두 널리 퍼졌기 때문에

해설 신종 인플루엔자(H1N1)은 돼지들에게서 독감을 일으키는 바이러스와 비슷하다고 여겨져 "돼지 독감"으로 알려져 있다는 내용을 통해 (b) because they were assumed to be alike가 정답임을 알 수 있다.

단어 assume 추정하다, 가정하다 affect 영향을 미치다 widespread 널리 퍼진, 광범위한

61 세부사항

What symptoms are **usually demonstrated by a patient infected with H1N1**?

무슨 증상이 신종 인플루엔자에 감염된 환자에게 항상 나타나는가?

Paraphrasing
[본문] a person with swine flu ~ which most commonly consist of ~

(a) fever and cough
(b) chills and diarrhea
(c) nausea and headache
(d) throat and body pains

(a) 발열과 기침
(b) 오한과 설사
(c) 메스꺼움과 두통
(d) 목과 신체 통증

해설 돼지독감에 걸린 사람은 항상 발열과 기침으로 동반하는 증상 발현 하루 전에 가장 전염성이 높다는 내용을 통해 신종 인플루엔자 환자들에게 항상 나타나는 증상은 발열과 기침임을 알 수 있다. 따라서 (a) fever and cough가 정답이다.

단어 symptom 증상 demonstrate 나타나다, 보여주다 patient 환자 infect 감염시키다 diarrhea 설사 nausea 메스꺼움, 구역질

62 세부사항

What **reason** did **scientists give for the rapid spread of the disease**?

과학자들은 이 질병의 급속한 확산에 대해 어떤 이유를 제시했는가?

Paraphrasing
[본문] According to scientists, the reason for its fast transmission

(a) It was similar to the flu, which didn't have a cure.
(b) People **did not have the time to build up a resistance to it.**

Paraphrasing
[본문] humans have little or no immunity against

(c) People often ate the pigs that carried the disease.
(d) It was immune to traditional methods of disinfecting.

(a) 치료제가 없었던 독감과 비슷했다.
(b) 사람들은 그것에 대한 저항력을 기를 시간이 없었다.
(c) 사람들은 종종 질병을 전파하는 돼지를 먹었다.
(d) 전통적인 소독 방법에 면역력이 있었다.

해설 과학자들에 따르면, 빠르게 전염되는 이유가 인간들이 대항할 면역력이 없었던 새로운 질병이기 때문이라는 내용을 통해 (b) People did not have time to build up a resistance to it이 정답임을 알 수 있다.

단어 cure 치료제, 치료 resistance 저항력, 저항 immune 면역력, 면역 disinfecting 소독, 살균

63 세부사항

Paraphrasing [본문] health agencies also suggest

According to health experts mentioned in the article, what is one way to avoid becoming infected with the disease?

(a) avoiding touching one's eyes, nose, and mouth
(b) seeing a doctor every seven days
(c) **sanitizing objects that we come into contact with**

Paraphrasing
[본문] common surfaces ~ be disinfected

(d) staying away from pork

기사에서 언급된 보건 전문가들에 따르면, 이 병에 감염되는 것을 피하기 위한 한 가지 방법은 무엇인가?

(a) 눈, 코, 입에 닿는 것을 피하기
(b) 매 7일마다 의사를 만나기
(c) 우리가 접촉한 물체들을 소독하기
(d) 돼지고기를 멀리 하기

해설 보건 전문가들은 개인 위생을 철저히 할 것을 강조하며 이외에도 문 손잡이, 전등 스위치, 전화기와 같은 표면이 소독 되어야 한다고 말했다는 내용을 통해 일상에서 자주 접촉하는 물체를 소독할 것을 권고했음을 알 수 있다. 따라서 (c) sanitizing objects that we come into contact with가 정답이다.

단어 sanitize 소독하다, 살균하다 come into contact with ~와 접촉하다, 만나다 stay away 멀리 하다, 떨어져 있다

64 추론

Why most likely should individuals who display flu symptoms **avoid contact** with others?

(a) so they can be properly sanitized
(b) to avoid embarrassment from having the disease
(c) so other people can develop immunity to the flu
(d) to prevent **the further spread of the disease**

Paraphrasing
[본문] stay home and refrain from attending public gatherings

독감 증상을 보이는 사람들이 왜 다른 사람들과의 접촉을 피해야 할 것 같은가?

(a) 그들이 올바르게 소독될 수 있도록 하기 위해
(b) 질병을 갖게 되는 것으로 인한 당혹감을 피하기 위해
(c) 다른 사람들이 독감에 대한 면역력을 기를 수 있도록 하기 위해
(d) 질병의 추가 확산을 막기 위해

해설 독감과 비슷한 증상을 보이는 사람이 있다면 집에 머무르고, 공개 모임에 참석하지 않으며, 직장, 학교, 여행과 같은 활동을 피해야 한다는 내용을 통해 공개적이고 넓은 장소에서의 질병 추가 확산을 막기 위해 다른 사람과의 접촉을 피해야 한다고 추측할 수 있다. 따라서 (d) to prevent the further spread of disease가 정답이다.

단어 display 보이다, 나타내다 contact 접촉하다, 닿다 properly 올바르게, 적절하게 embarrassment 당혹감 further 추가의, 더욱이

65 어휘

In the context of the passage, <u>contracted</u> means ________.

(a) caught
(b) grabbed
(c) arranged
(d) captured

글의 문맥 상, <u>contracted</u>는 ________을 의미한다.

(a) 걸렸다
(b) 움켜쥐었다
(c) 배열하다
(d) 포획했다

해설 문맥 상 감염된 물체를 만진 뒤 신체 일부를 만지기만 해도 질병에 걸렸다고 설명하고 있으므로 '**(병이) 걸렸다**'가 적절하다. 따라서 (a) caught가 정답이다.

66 어휘

In the context of the passage, <u>communicable</u> means ________.

(a) deadly
(b) poisonous
(c) widespread
(d) contagious

글의 문맥 상, <u>communicable</u>은 ________을 의미한다.

(a) 치명적인
(b) 독성이 있는
(c) 널리 퍼지는
(d) 전염성의

해설 문맥 상 바이러스성 질병의 전염성이 매우 높다고 설명하고 있으므로 '**전염성의, 전염되는**'이 적절하다. 따라서 (d) contagious가 정답이다.

PRACTICE

67.	(d)	68.	(c)	69.	(a)	70.	(a)	71.	(b)	72.	(d)	73.	(c)

해석

BERIMBAU

The *berimbau* is a simple percussion instrument made of wood. It is mainly used to provide background music during competitions involving the Brazilian martial art *capoeira*. 67) **Its similarity to instruments used in Africa** led **historians to believe that it originated from that region**, though it is now much more popular in Brazil.

The berimbau is shaped like a bow and is usually just under five feet long. A single metal string connects the two ends of the bow, which is attached to a hollow gourd or bowl. 68) **This bowl** acts as a resonator, **increasing the sound the instrument makes** when it is played. To play the berimbau, one holds it in one hand, wraps two fingers around the bow, slips the little finger under the string loop, and places the gourd against the abdomen. A small stone is then held between the index finger and thumb while the other hand holds a stick or a rattle.

69) **A berimbau's sound is determined by the size of its gourd resonator** instead of the length of its bow. Three different types are recognized: the largest, the *gunga*, has the lowest tone, the middle-sized *médio* has a middle tone, and the smallest, the *viola*, has the highest tone. During a capoeira match, all three types of berimbau are used together, each playing a different role.

베림바우

'베림바우'는 나무로 만들어진 단순한 타악기이다. 그것은 주로 브라질 무술인 '카포에이라'와 관련된 대회 중에 배경 음악을 제공하는 데 사용된다. 67) 아프리카에서 사용되는 도구와의 유사성은 역사가들이 비록 베림바우가 현재 브라질에서 훨씬 더 유명하지만 그것이 아프리카에서 유래되었다고 믿게 했다.

베림바우는 활과 비슷한 모양을 하고 있으며 보통 불과 5피트 이하의 길이이다. 하나의 금속 끈이 활의 양 끝을 연결하는데, 이 끈은 속이 빈 박이나 그릇에 부착되어 있다. 68) 이 그릇은 악기가 연주될 때 악기가 만들어내는 소리를 증가시키면서 공명기의 역할을 한다. 베림바우를 연주하기 위해, 연주자는 한 손에 그것을 잡고, 두 손가락을 활에 감으며, 새끼손가락을 끈 고리 밑으로 넣고, 박을 복부에 가까이 댄다. 그런 다음 집게손가락과 엄지손가락 사이에 작은 돌 하나를 잡고, 나머지 다른 손으로 막대기나 딸랑이를 잡는다.

69) 베림바우의 소리는 활의 길이 대신 박 공명기의 크기에 의해 결정된다. 세 가지의 다른 종류가 인정받는데, 가장 큰 '궁가'는 가장 낮은 음색을 가지며, 중간 크기의 '메지우'는 중간 음색을 갖고, 가장 작은 '비올라'가 가장 높은 음색을 가진다. 카포에이라 경기에서는 세 가지 종류의 베림바우가 모두 함께 사용되는데, 각기 다른 역할을 한다.

The gunga (or bass) player is normally the leader, and uses the instrument to start the songs to be played, and to signal the beginning and end of a fight. The médio player sets the main rhythm of the songs, and plays notes that [72] **complement** the sounds made by the gunga. As such, the médio is usually tuned to produce higher notes than the ones produced by the gunga.

궁가(또는 베이스) 연주자는 보통 리더이며, 연주될 노래를 시작하고 싸움의 시작과 끝을 알리는 데 악기를 사용한다. 메지우 연주자는 노래의 주요 리듬을 정하고, 궁가가 만들어내는 소리를 [72] **보완하는** 음을 연주한다. 따라서, 메지우는 보통 연주자가 궁가에 의해 만들어내는 음보다 더 높은 음을 내도록 조율되어 있다.

[70] The last in the [73] **ensemble** is the viola. This berimbau is tuned to produce even higher notes than the médio, and **is used to accompany the main rhythm**. This musician plays the same notes that the médio produces, **but at a slightly different rhythm**.

[73] **합주단**의 [70] 마지막은 비올라이다. 이 베림바우는 메지우보다 더 높은 음을 낼 수 있도록 조율되어 있으며, 주요 리듬에 반주를 위해 사용된다. 이 음악가는 메지우가 만들어내는 음계와 같은 음계지만, 약간 다른 리듬으로 연주한다.

[71] The assembly of berimbau musicians is a popular part of most Brazilian events and ceremonies, as participants are entertained by **the countless different rhythms they can create**.

[71] 베림바우 뮤지션들의 모임은 참가자들이 만들어 낼 수 있는 수많은 다양한 리듬에 의해 즐겁게 될 수 있기 때문에 대부분의 브라질 행사와 의식에서 인기 있는 부분이다.

단어

percussion instrument 타악기 wood 나무 background music 배경음악 competition 대회, 시합
martial art 무술 similarity 유사성, 유사 instrument 악기, 도구 historian 역사가
originated from ~에서 유래되다, 비롯되다 region 지역, 지방 bow 활 string 줄, 끈 attach 부착하다, 붙이다
hollow 속이 빈 gourd (식물) 박 bowl 그릇, 통 resonator 공명기 wrap 감다, 감싸다 finger 손가락
slip 넣다, 놓다 abdomen 복부, 배 index finger 검지, 집게손가락 thumb 엄지, 엄지손가락 tone 음색, 음
signal 알리다, 표시하다 note 음, 음표 complement 보완하다, 보충하다 ensemble 합주단, 앙상블
tune 조율하다, 음을 맞추다 accompany (반주에) 맞추다 slightly 약간 assembly 모임
ceremony 의식, 식 participant 참가자, 참여자 countless 수많은, 무수한

문제

67 세부사항

Why do **some people believe that the *berimbau* came from Africa**?

Paraphrasing
[본문] historians to believe that it originated from that region

왜 몇몇 사람들은 베림바우가 아프리카에서 왔다고 믿는가?

(a) because it is used to play songs from that continent
(b) because it is used during African ceremonies
(c) because it is currently made by African musicians
(d) because **it looks like the instruments played in Africa**

Paraphrasing
[본문] Its similarity to instruments used in Africa

(a) 아프리카 대륙의 노래를 연주하는 데 사용되기 때문에
(b) 아프리카 의식에 사용되기 때문에
(c) 현재 아프리카 음악가에 의해 만들어지기 때문에
(d) 아프리카에서 연주되는 악기와 유사해 보이기 때문에

해설 베림바우가 아프리카에서 사용되는 악기와의 유사성으로 인해 역사가들이 아프리카에서 유래되었다고 믿었다는 내용을 통해 (d) because it looks like the instruments played in Africa가 정답임을 알 수 있다.

단어 continent 대륙 musician 음악가

68 세부사항

What is the purpose of **the bowl-shaped part** of the berimbau?

Paraphrasing
[본문] This bowl

베림바우의 그릇 모양 부분의 용도는 무엇인가?

(a) attaching the ends of the bow together
(b) strumming the instrument's string
(c) **increasing the instrument's volume**

Paraphrasing
[본문] increasing the sound the instrument makes

(d) holding the instrument in place

(a) 활의 양쪽 끝을 부착하는 것
(b) 악기의 줄을 튕기는 것
(c) 악기의 음량을 증가시키는 것
(d) 악기를 제자리에 고정시키는 것

해설 그릇 모양은 연주될 때 악기가 만드는 소리를 증가시키면서 공명기의 역할을 한다는 내용을 통해 (c) increasing the instrument's volume이 정답임을 알 수 있다.

단어 bowl-shaped 그릇 모양의 attach 부착하다, 붙이다 bow 활 strum (줄을) 튕기다 volume 음량, 볼륨 in place 제자리에

69 세부사항

How **are berimbaus classified**?

베림바우는 어떻게 분류되는가?

Paraphrasing
[본문] A berimbau's sound is determined

(a) based on **how big their resonators are**

Paraphrasing
[본문] determined by the size of its gourd resonator

(b) based on how they are played
(c) based on the size of their bows
(d) based on the rhythms they make

(a) 공명기가 얼마나 큰지에 기초한다.
(b) 그들이 연주되는 방식에 기초한다.
(c) 활의 크기에 기초한다.
(d) 그들이 만든 리듬에 기초한다.

해설 베림바우의 소리는 박 공명기의 크기에 의해 결정된다는 내용을 통해 (a) based on how big their resonator are이 정답임을 알 수 있다.

단어 classify 분류하다, 나누다 resonator 공명기 rhythm 리듬

70 세부사항

According to the article, what is the role of the ***viola***?

기사에 따르면, '비올라'의 역할은 무엇인가?

(a) It plays **variations of the main rhythm of a song.**

Paraphrasing
[본문] is used to accompany the main rhythm, but a slightly different rhythm

(b) It sets the rhythm of the songs played by the assembly.
(c) It acts as the substitute for the *gunga*.
(d) It signals the start and the end of a match.

(a) 노래의 주요 리듬의 변주곡들을 연주한다.
(b) 모임에 의해 연주되는 노래들의 리듬을 설정한다.
(c) '궁가'를 대신하는 역할을 한다.
(d) 경기의 시작과 끝을 알린다.

해설 비올라는 주요 리듬에 맞춰 사용되며, 메지우가 만들어내는 음계와 같은 음계이지만 약간 다른 리듬으로 연주한다는 내용을 통해 노래의 주요 리듬의 변주곡을 연주한다는 것을 알 수 있다. 따라서 (a) It plays variations of the main rhythm of a song이 정답이다.

단어 variation 변주곡 assembly 모임 substitute 대신하는 것, 대체물

71 추론

Based on the text, what can most likely be said about **an assembly of berimbaus**?

본문에 따르면, 베림바우 모임에 대해 무엇이라고 말할 수 있을 것 같은가?

(a) They can only be played in Brazil.
(b) They can play a wide range of rhythms.

Paraphrasing
[본문] the countless different rhythms they can create

(c) They are very difficult to play.
(d) They can only be used during a *capoeira* match.

(a) 그들은 브라질에서만 연주될 수 있다.
(b) 그들은 다양한 리듬을 연주할 수 있다.
(c) 그들은 연주하기 매우 어렵다.
(d) 그들은 '카포에이라' 경기 중에만 사용될 수 있다.

해설 베림바우 모임은 참가자들이 만들어 낼 수 있는 수많은 다양한 리듬에 의해 즐겁게 될 수 있다는 내용을 통해 다양한 리듬을 연주할 수 있음을 추측할 수 있다. 따라서 (b) They can play a wide range of rhythms가 정답이다.

단어 a wide range of 다양한, 광범위한

72 어휘

In the context of the passage, complement means ________.

글의 문맥 상, complement는 ________을 의미한다.

(a) flatter
(b) combine
(c) increase
(d) match

(a) 돋보이게 하다
(b) 결합시키다
(c) 증가시키다
(d) (필요에) 맞추다

해설 문맥 상 궁가가 만들어내는 소리를 보완하는 음을 연주한다고 설명하고 있으므로 '**보완하다, (필요에) 맞추다**'가 적절하다. 따라서 (d) match가 정답이다.

73 어휘

In the context of the passage, ensemble means ________.

글의 문맥 상, ensemble은 ________을 의미한다.

(a) cast
(b) army
(c) band
(d) cluster

(a) 출연자들
(b) (특정 목적을 위해 모인) 부대, 집단
(c) 악단
(d) (조밀하게 모여 있는) 무리

해설 문맥 상 합주단에서의 악기 연주를 설명하고 있으므로 '**합주단, 악단**'이 적절하다. 따라서 (c) band가 정답이다.

Business Letter

PRACTICE

74.	(d)	75.	(a)	76.	(c)	77.	(b)	78.	(d)	79.	(b)	80.	(c)

해석

Mr. Kenneth White
3212 French Street
New Orleans, LA

Dear Mr. White:

We are pleased with your decision to book your upcoming trip to Alaska with Smart Travel, Inc. [74] We would like to take this opportunity **to thank you for selecting our travel agency** to [79] **handle** all of your travel needs. We promise to provide you with everything you require to help ensure that your vacation is as comfortable and enjoyable as possible.

[75] **As a Smart Travel client**, you will be receiving three gift certificates worth $50 each. These can be used at restaurants, bars, and other sites across the globe that have partnered with our company. In addition, you will receive a privilege card. [76, 77] The privilege card will allow you to earn travel points every time you make a reservation with us. **Your travel points can then be used for discounts on any future booking.**

케네스 화이트 씨
루이지애나주 뉴올리언스
프렌치 가 3212번지

화이트 씨께:

㈜스마트 여행사와 함께 다가오는 알래스카 여행을 예약하신 귀하의 결정에 기쁘게 생각합니다. [74] 이번 기회를 빌어 귀하의 모든 여행 필수품을 [79] **처리하기 위해** 저희 여행사를 선택해 주셔서 감사합니다. 귀하의 휴가가 최대한 편안하고 즐거울 것을 보장하기 위해 요구하시는 모든 것을 제공해 드릴 것을 약속드립니다.

[75] 스마트 여행사의 고객으로서, 귀하는 각각 50달러 상당의 상품권 3장을 받게 될 것입니다. 이는 언제든지 저희 회사와 제휴한 전 세계의 식당, 바, 그리고 기타 사이트에서 사용하실 수 있습니다. 또한, 귀하는 특전 카드를 받게 됩니다. [76, 77] 특전 카드는 귀하가 저희와 함께 예약하실 때마다 여행 포인트를 적립하실 수 있을 것입니다. 그런 다음 귀하의 여행 포인트는 향후 모든 예약에 할인으로 사용될 수 있습니다.

[75] **We will** [80] **deliver** **your Smart Travel starter kit** to your home address in the next couple of weeks. This handy kit includes the gift certificates, your privilege card, and a manual. The Smart Travel starter kit contains a huge amount of information that will be useful for your travels.

[75] 저희는 다음 몇 주 뒤에 스마트 여행사의 스타터 키트를 자택 주소로 [80] 배송해 드릴 것입니다. 이 편리한 키트에는 상품권, 귀하의 특전 카드 및 설명서가 포함되어 있습니다. 스마트 여행사 스타터 키트에는 귀하의 여행에 유용할 많은 양의 정보가 들어 있습니다.

We will also send your trip's itinerary to your email. Our staff is available 24 hours to assist you and answer your questions. [78] To speak with one of our travel agents, please **call our hotline number** at 555-0161 or **contact us via email**. For more information, you can also **check out our website**.

저희는 귀하의 여행 일정 또한 이메일로 발송해드릴 예정입니다. 당사 직원은 귀하를 돕고 귀하의 질문에 답변해 드리기 위해 24시간 이용 가능합니다. [78] 당사의 여행사 직원 중 한 명과 통화하시려면, 상담 전화번호 555-0161로 전화해 주시거나 이메일로 연락해 주십시오. 자세한 정보는, 당사 웹사이트에서 확인하실 수도 있습니다.

Best regards,

Teresa Anderson

Senior Marketing Manager

Smart Travel, Inc.

안부를 전하며,

Teresa Anderson

선임 마케팅 관리자

㈜스마트 여행사

단어

decision 결정, 결심 book 예약하다 upcoming 다가오는, 곧 있을 opportunity 기회 handle 처리하다, 다루다 promise 약속하다 ensure 보장하다, 반드시 ~하게 하다 vacation 휴가, 방학 comfortable 편안한 receive 받다, 수령하다 gift certificate 상품권 worth 상당의, 가치가 있는 privilege 특전, 특권 reservation 예약 discount 할인 deliver 배송하다, 배달하다 handy 편리한 contain 들어 있다, 포함하다 a huge amount of 많은 양의 itinerary 일정 available 이용 가능한 assist 돕다 hotline 상담 전화

문제

74 주제/제목

Why did Teresa Anderson write to Kenneth White?

왜 토니 앤더슨은 케네스 화이트에게 편지를 썼는가?

(a) to encourage him to join a travel club
(b) to send him discount codes
(c) to promote the services of Smart Travel, Inc.
(d) to thank him for using their services

Paraphrasing
[본문] to thank you for selecting our travel agency

(a) 그가 여행자 클럽에 가입하도록 권유하기 위해
(b) 그에게 할인 코드를 보내주기 위해
(c) ㈜스마트 여행사의 서비스를 홍보하기 위해
(d) 그가 서비스를 사용해 준 것에 대해 감사하기 위해

해설 첫 단락에서 저희 여행사를 선택해 주셔서 감사하다고 설명하는 부분을 통해 (d) to thank him for using their services가 정답임을 알 수 있다.

단어 encourage 권유하다, 격려하다 discount 할인 promote 홍보하다

75 추론

What will White **receive for being a Smart Travel client**?

Paraphrasing
[본문] As a Smart Travel client

화이트는 스마트 여행사의 고객이 되면 무엇을 받게 될 것인가?

(a) He will be given a starter kit.

Paraphrasing
[본문] We will deliver your Smart Travel starter kit

(b) He will be given a free trip.
(c) He will receive raffle entries.
(d) He will receive bonus points.

(a) 스타터 키트를 받게 될 것이다.
(b) 무료 여행을 받게 될 것이다.
(c) 추첨 응모권을 받게 될 것이다.
(d) 보너스 포인트를 받게 될 것이다.

해설 스마트 여행사 고객으로서 상품권 3장과 특전 카드를 받게 될 것인데, 이는 스마트 여행사 스타터 키트에 포함된 것들이므로 (a) He will be given a starter kit가 정답임을 알 수 있다.

단어 receive 받다, 수령하다 client 고객 raffle entry 추첨 응모권

76 세부사항

What is White eligible for as a **privilege card holder**?

(a) a complimentary, all-expenses paid vacation
(b) cash prizes that can be used for travel reservations
(c) travel points that can be used to book future trips

Paraphrasing
[본문] Your travel points can be used for discounts on any further booking

(d) access to the member's area of the website

화이트는 특전 카드 소지자로서 어떤 자격이 있는가?

(a) 무료로 모든 비용이 지불되는 휴가
(b) 여행 예약에 사용될 수 있는 상금
(c) 향후 여행을 예약하는 데 사용될 수 있는 여행 포인트
(d) 웹사이트 회원 영역에 대한 접근 권한

해설 특전 카드로 예약할 때마다 여행 포인트를 적립할 수 있으며, 향후 모든 예약에 할인으로 사용될 수 있다는 내용을 통해 (c) travel points that can be used to book future trips이 정답임을 알 수 있다.

단어 be eligible for ~할 자격이 있다 complimentary 무료의 expense 비용 access 접근 권한

77 추론

Why most likely is the travel agency **giving a privilege card** to White?

(a) to thank him for buying discount coupons
(b) to encourage him to continue using their services
(c) to assist him in all his travels
(d) to persuade him to make early reservations

여행사가 화이트에게 특전 카드를 주는 이유는 무엇일까?

(a) 그에게 할인 쿠폰들을 구매해 준 것에 대해 감사하기 위해
(b) 그들의 서비스를 계속 사용할 것을 권유하기 위해
(c) 그의 모든 여행에서 그를 돕기 위해
(d) 조기 예약을 하도록 그를 설득하기 위해

해설 특전 카드로 적립한 여행 포인트를 향후 모든 예약에 사용할 수 있다고 언급하는 부분을 통해 ㈜스마트 여행사가 향후 여행 예약 시에도 서비스를 계속 사용하도록 권유하기 위한 하나의 전략으로 특전 카드를 제공한다는 것을 추측할 수 있다. 따라서 (b) to encourage him to continue using their services가 정답이다.

단어 assist 보조하다, 돕다 persuade 설득하다

78 True or Not true

Which of the following is NOT a way **to contact Smart Travel, Inc.**?

(a) by sending **an email**

Paraphrasing [본문] contact us via email

(b) by **calling the hotline**

Paraphrasing [본문] call our hotline number

(c) by visiting their **website**

Paraphrasing [본문] check out our website

(d) by going to their office

다음 중 ㈜스마트 여행사에 연락할 수 없는 방법은 무엇인가?

(a) 이메일을 전송해서
(b) 상담 전화를 걸어서
(c) 웹사이트를 방문해서
(d) 그들의 사무실로 가서

해설 ㈜스마트 여행사에 연락할 수 있는 방법으로 상담 전화 번호(hotline number), 이메일(email), 웹사이트 방문(website)은 언급되어 있으나 사무실로 가는 방법은 언급되어 있지 않다. 따라서 (d) by going to their office가 정답이다.

단어 hotline 상담 전화

79 어휘

In the context of the passage, handle means ________.

(a) sell
(b) manage
(c) hold
(d) discuss

글의 문맥 상, handle은 ________을 의미한다.

(a) 판매하다
(b) 관리하다
(c) 잡다
(d) 논의하다

해설 문맥 상 여행 필수품을 처리하기 위해 스마트 여행사를 선택해 주셔서 감사하다고 설명하고 있으므로 '**처리하다, 관리하다**'가 적절하다. 따라서 (b) manage가 정답이다.

80 어휘

In the context of the passage, deliver means ________.

(a) leave
(b) give
(c) send
(d) produce

글의 문맥 상, deliver은 ________을 의미한다.

(a) 남기다
(b) 주다
(c) 전송하다
(d) 만들다

해설 문맥 상 스타터 키트를 자택 주소로 배송해 드릴 것이라고 설명하고 있으므로 '**배송하다, 전송하다**'가 적절하다. 따라서 (c) send가 정답이다.

Actual Test 정답 한 눈에 보기

Grammar

1.	2.	3.	4.	5.	6.	7.	8.	9.	10.
(c)	(b)	(a)	(d)	(c)	(a)	(a)	(c)	(b)	(d)
11.	12.	13.	14.	15.	16.	17.	18.	19.	20.
(b)	(c)	(a)	(d)	(a)	(c)	(b)	(d)	(c)	(b)
21.	22.	23.	24.	25.	26.				
(a)	(c)	(b)	(d)	(d)	(a)				

Listening

27.	28.	29.	30	31.	32.	33.
(b)	(a)	(d)	(a)	(b)	(d)	(a)
34.	35.	36.	37.	38.	39.	
(c)	(d)	(a)	(d)	(b)	(a)	
40.	41.	42.	43.	44.	45.	
(b)	(d)	(a)	(d)	(c)	(b)	
46.	47.	48.	49.	50.	51.	52.
(b)	(d)	(b)	(a)	(c)	(a)	(d)

Reading & Vocabulary

53.	54.	55.	56.	57.	58.	59.
(b)	(d)	(a)	(c)	(d)	(b)	(c)
60.	61.	62.	63.	64.	65.	66.
(c)	(d)	(a)	(b)	(d)	(a)	(a)
67.	68.	69.	70.	71.	72.	73.
(d)	(a)	(c)	(d)	(a)	(d)	(c)
74.	75.	76.	77.	78.	79.	80.
(d)	(a)	(c)	(b)	(c)	(a)	(c)

Grammar

1.	2.	3.	4.	5.	6.	7.	8.	9.	10.
(c)	(b)	(a)	(d)	(c)	(a)	(a)	(c)	(b)	(d)
11.	12.	13.	14.	15.	16.	17.	18.	19.	20.
(b)	(c)	(a)	(d)	(a)	(c)	(b)	(d)	(c)	(b)
21.	22.	23.	24.	25.	26.				
(a)	(c)	(b)	(d)	(d)	(a)				

1 to부정사

In most comic books, all letters in the text are capitalized. This is done ________ the hanging "tails" in certain letters like "j" and "q," which add space between lines and make texts difficult to read.

(a) avoiding
(b) to be avoiding
(c) to avoid
(d) having avoided

정답 (c) to avoid

해석 대부분의 만화책에서, 텍스트의 모든 글자는 대문자로 표기된다. 이것은 행 사이의 공간을 더하고, 글을 읽기 어렵게 하는 "j", "q"와 같은 특정 문자의 늘어뜨려진 꼬리를 **피하기 위해** 행해진다.

해설 늘어뜨려진 꼬리를 **피하기 위한다는** 특정한 목적을 나타내고 있으므로 to부정사의 부사적 용법(~하기 위해서)이 적절하다. 따라서 정답은 (c) to avoid이다.

단어 capitalize v. 대문자로 표시하다
hang v. 늘어지다, 매달다
tail n. 꼬리
certain a. 특정한

2 가정법 과거완료

Earlier this year, Jason took part in the regional spelling bee, but he failed to win the competition. If he had prepared more thoroughly, he ________ the mistake that cost him the tournament.

(a) could not make
(b) would not have made
(c) had not made
(d) will not be making

정답 (b) would not have made

해석 올해 초, 제이슨은 지역 철자 맞추기 대회에 참가했지만, 대회에서 우승하지 못했다. 만약 그가 조금 더 철저히 준비했다면, 그는 토너먼트를 망치는 실수를 **저지르지 않았을 것이다.**

해설 제이슨이 대회에 참가했지만 우승하지 못했다고 설명하며, 빈칸 문장은 if ~ had p.p. 형태로 그가 조금 더 철저히 준비했다면 어땠을 지를 가정하고 있으므로 would/could/should/might + have p.p. 형태로 과거 사실에 반대되는 가정법 과거완료 형태가 와야 한다. 따라서 (b) would not have made가 정답이다.

단어 take part v. 참가하다, 참여하다
spelling bee n. 철자 맞추기 대회
thoroughly ad. 철저히, 철두철미하게

3 연결어

Assassin bugs use their needle-like *rostrum*, or beak, to inject prey with lethal saliva and suck them dry. To hide their scent, some species stack insects' corpses on their backs ________ they have killed them.

(a) after
(b) even if
(c) as long as
(d) unless

정답 (a) after

해석 침노린재(자객 벌레)는 바늘처럼 생긴 부리 모양의 돌기 또는 부리를 사용하여 먹이에 치명적인 타액을 주입하고 그들이 마르도록 빨아먹는다. 냄새를 감추기 위해, 몇몇 종은 곤충을 죽인 **이후** 등 위에 곤충의 시체를 쌓고 다닌다.

해설 빈칸 앞 문장에서 침노린재를 설명하며 침노린재가 냄새를 감추기 위해 등 위에 곤충의 시체를 쌓는다는 내용이며, 빈칸 뒤 문장에서 침노린재들이 곤충들을 죽인다는 내용이므로 곤충을 죽인 후 등 위에 시체를 쌓는 것이 자연스럽다. 따라서 빈칸에는 '~이후에'로 시간의 흐름을 나타내는 접속사가 들어가야 하므로 (a) after이 정답이다.

단어 rostrum n. 부리(모양의 돌기)
beak n. 부리
inject v. (액체를) 주입하다
prey n. 먹이
lethal a. 치명적인
saliva n. 침, 타액
suck v. 빨다, 빨아들이다
corpse n. 시체, 송장

4 현재완료진행

After a long first set, our school's volleyball team, The Fighting Southern Belles, feels exhausted already. They ________ for almost an hour, but they still need to play two more sets to finish the game.

(a) play
(b) were playing
(c) played
(d) have been playing

정답 (d) have been playing

해석 길었던 첫 세트 이후, 우리 학교 배구팀인 The Fighting Southern Belles는 벌써 기진맥진한다. 그들은 거의 한 시간 동안 **경기를 해 오고 있는 중**이지만, 경기를 끝내기 위해서는 아직 두 세트를 더 경기해야 한다.

해설 배구팀은 과거부터 현재까지 거의 한 시간 동안(for almost an hour) 경기를 해오고 있는 중이다. 현재완료진행은 have/has been ing의 형태로 어떠한 동작이 아직 끝나지 않고 계속적으로 (지금 이 순간에도) 이루어 지고 있다는 내용을 말할 때 사용하므로 정답은 (d) have been playing이다.

단어 volleyball n. 배구
exhausted a. 기진맥진한, 진이 다 빠진
already ad. 벌써, 이미

5 조동사 should 생략

The *paraffin* test determines whether there is gunshot residue (GSR) on someone's hands or clothes. It is vital that the test ________ promptly on a person because GSR can be easily washed off.

(a) is conducted
(b) will be conducted
(c) be conducted
(d) has been conducted

정답 (c) be conducted

해석 '파라핀 검사'는 누군가의 손이나 옷에 화약 잔여물(GSR)이 있는지를 판별한다. GSR은 쉽게 씻겨 없어질 수 있기 때문에 검사가 사람에게 즉시 **행해지는** 것이 중요하다.

해설 주절에 'vital'과 같이 중요성/필요성을 나타내는 형용사가 올 경우, that절의 동사 앞에 '~해야 한다'의 의미를 갖는 조동사 should가 생략되어 (should) + 동사원형의 형태로 나타난다. 따라서 (c) be conducted가 정답이다.

단어 **gunshot residue(GSR)** n. 화약 잔여물
promptly ad. 지체 없이, 즉시
conduct v. 행하다, 행동하다
wash off v. 씻겨 없어지다, 씻기다

6 동명사

The company I applied to said that they'd call back today around noon to conduct a phone interview. After several hours, I couldn't tolerate ________ for their call anymore so I called them myself.

(a) waiting
(b) to wait
(c) having waited
(d) to be waiting

정답 (a) waiting

해석 내가 지원한 회사에서 전화 면접을 진행하기 위해 오늘 정오쯤 다시 전화하겠다고 말했다. 몇 시간 후, 나는 더 이상 그들의 전화를 **기다리는 것을** 참을 수 없어서 직접 그들에게 전화를 했다.

해설 동사 'tolerate'는 동명사를 목적어로 취하기 때문에 (a) waiting이 정답이다. 완료형 동명사(having p.p.)는 문장의 본동사보다 먼저 일어난 일을 말할 때 사용되므로 (c)는 정답이 아니다.

단어 **apply** v. 지원하다, 신청하다
tolerate v. 참다, 견디다

7 가정법 과거완료

Last night's loss cost the hockey team the chance to enter the play-offs. Looking back at the game, the coach commented, "We ________ the game had we only executed our defensive strategy better."

(a) would have won
(b) won
(c) could win
(d) will win

정답 (a) would have won

해석 어젯밤의 패배로 하키팀은 플레이오프에 진출할 기회를 잃었다. 경기를 돌아보며, 감독은 "우리가 수비 전략만 더 잘 실행했다면 우리가 **이겼을 것이다**"라고 말했다.

해설 가정법 과거완료 구문에서 if절이 도치되어 있는 문장이다(if we had only executed our defensive strategy better => had we only executed our defensive strategy better). if절의 동사가 과거완료(if we had only executed)이므로 주절의 빈칸에는 would/could/should/might + have p.p. 형태가 와야 한다. 따라서 (a) would have won이 정답이다.

단어 **loss** n. 패배
execute v. 실행하다, 수행하다
defensive a. 수비의

8 미래진행

Liza's trip to Singapore is scheduled for next week. She is currently emailing her family to let them know she __________ at Raffle Hotel for the duration of her trip should they need to contact her.

(a) was staying
(b) stays
(c) will be staying
(d) would stay

정답 (c) will be staying

해석 리자의 싱가포르 여행은 다음 주로 예정되어 있다. 그녀는 가족들이 그녀에게 연락해야할 경우, 여행 기간 동안 래플 호텔에 **머무를 것임을** 알리기 위해 현재 이메일을 보내고 있다.

해설 여행이 다음 주로 예정되어 있고, 그 여행기간동안 래플 호텔에 머무는 것이므로 미래 시제가 적절하다. 보기에서 (c) will be staying이 유일한 미래시제이며, 미래 시점에 일이나 동작이 진행 중임을 나타낼 때 쓰는 미래진행형이 쓰였다. 따라서 정답은 (c) will be staying이다.

단어 currently ad. 현재
duration n. 기간

9 동명사

Many people drink too much coffee, with some people even consuming more than one cup of coffee each day. Food nutritionists recommend __________ daily caffeine intake to avoid heart disease, anxiety, and other related health problems.

(a) having minimized
(b) minimizing
(c) to minimizing
(d) to be minimizing

정답 (b) minimizing

해석 많은 사람들이 커피를 너무 많이 마시는데, 어떤 사람들은 심지어 하루에 한 잔 이상의 커피를 마신다. 식품 영양학자들은 심장병, 불안, 그리고 다른 관련된 건강 문제들을 피하기 위해 일일 카페인 섭취를 **최소화하는 것을** 권장한다.

해설 동사 'recommend'는 동명사를 목적어로 취하기 때문에 (b) minimizing이 정답이다. 완료형 동명사(having p.p.)는 문장의 본동사보다 먼저 일어난 일을 말할 때 사용되므로 (a)는 정답이 아니다.

단어 consume v. 마시다, 섭취하다
nutritionist n. 영양학자
recommend v. 권장하다, 추천하다
minimize v. 최소화하다
intake n. 섭취
anxiety n. 불안, 염려

10 연결어

Mrs. Brown was once a member of an organization that meets monthly to plan fundraising events for charities. __________, after always arriving late to the meetings, she was eventually asked to stop attending altogether.

(a) Therefore
(b) Furthermore
(c) Nevertheless
(d) However

정답 (d) However

해석 브라운 여사는 한 때 자선 단체를 위한 기금마련 행사를 계획하기 위해 매달 모임을 갖는 단체의 회원이었다. **하지만**, 항상 회의에 늦게 도착한 후, 그녀는 결국 참석을 완전히 멈추어 달라는 요청을 받았다.

해설 빈칸 앞뒤 문맥을 보고 적절한 의미의 접속부사를 찾아야 한다. 빈칸 앞 문장에서 브라운 여사가 단체의 일원이었다는 내용이지만, 빈칸 뒤 문장에서 항상 회의에 늦게 도착한 후 참석하는 것을 완전히 멈추라는 요청을 받았다는 내용이므로 빈칸에는 상반되는 의미를 연결하는 접속부사가 들어가야 한다. 따라서 (d) However이 정답이다.

단어 organization n. 단체, 조직
fundraising n. 모금
charity n. 자선 단체
eventually ad. 결국, 결국에는

11 조동사 should 생략

Hannah had just put her baby to sleep when a salesperson suddenly came knocking at her door. She hurriedly opened the door and asked that he __________ quiet because her baby was sleeping.

(a) will be
(b) be
(c) is
(d) had been

정답 (b) be

해석 한나가 그녀의 아기를 방금 막 재웠을 때 영업사원이 갑자기 그녀의 문을 두드렸다. 그녀는 서둘러 문을 열었고 그녀의 아기가 자고 있기 때문에 조용히 **해 줄 것을** 부탁했다.

해설 주절에 'ask'와 같이 제안, 명령, 요구, 주장을 나타내는 동사가 올 경우, that절의 동사 앞에 '~해야 한다'의 의미를 갖는 조동사 should가 생략되어 (should) + 동사원형의 형태로 나타난다. 따라서 **(b) be**가 정답이다.

단어 salesperson n. 영업사원
suddenly ad. 갑자기
knock v. [문을] 두드리다, 노크하다
hurriedly ad. 서둘러

12 가정법 과거

There is resounding scientific proof that the Earth is spherical and not flat, as some may claim. If Earth were indeed flat, it __________ impossible for people to circumnavigate the planet.

(a) was
(b) could have been
(c) would be
(d) is

정답 (c) would be

해석 일부 사람들이 주장하듯이, 지구는 평평하지 않고 구 모양이라는 명백한 과학적인 증거가 있다. 만약 지구가 정말 평평하다면, 사람들이 그 행성을 일주하는 것은 불가능**할 것이다**.

해설 지구는 평평하지 않다는 과학적 증거가 있다고 설명하며, 빈칸 문장은 if ~ were 형태로 지구가 정말 평평하다면 어떨지 가정하고 있으므로 would/could/should/might + 동사원형 형태로 현재 사실에 반대되는 가정법 과거 형태가 와야한다. 따라서 **(c) would be**가 정답이다.

단어 resounding a. 완전한, 굉장한
proof n. 증거
spherical a. 구체의, 구 모양의
flat a. 평평한
claim v. 주장하다
indeed ad. 정말로
circumnavigate v. 일주를 하다

13 현재진행

Linda works as a proofreader for a publishing company. Her main role is to check for typographical and formatting errors in manuscripts. Right now, she __________ the work of an up-and-coming author from Portland.

(a) is proofreading
(b) proofreads
(c) will be proofreading
(d) has proofread

정답 (a) is proofreading

해석 린다는 출판사에서 교정자로 일한다. 그녀의 주된 역할은 원고에서 오타 및 서식 오류를 확인하는 것이다. 지금, 그녀는 포틀랜드 출신의 유망 작가의 작품을 **교정하고 있는 중이다**.

해설 해당 문장에 현재진행시제의 단서가 되는 시간 부사구 "Right now"가 있고, 그녀가 지금 작품을 교정하고 있는 중이라는 의미가 되어야 하므로 현재진행시제가 와야 한다. 따라서 **(a) is proofeading**이 정답이다.

단어 proofreader n. 교정자
publishing company n. 출판사
typographical error n. 오타
formatting a. 구성 방식의, 서식의
manuscript n. 원고
up-and-coming a. 전도가 유망한, 떠오르는
author n. 작가, 저자

14 조동사

Yesterday, Susan's eight-year-old son fell asleep while watching television and didn't finish his homework. Susan told her son this morning that he __________ only watch television if he finished all his homework first.

(a) might
(b) would
(c) will
(d) could

정답 (d) could

해석 어제, 수잔의 여덟 살짜리 아들이 텔레비전을 보다가 잠이 들어 그의 숙제를 끝내지 못했다. 수잔은 오늘 아침 그녀의 아들에게 모든 숙제를 먼저 끝내야만 텔레비전을 볼 **수 있다고** 말했다.

해설 수잔의 아들이 잠에 들어 숙제를 끝내지 못했으며 숙제를 먼저 끝내야만 텔레비전을 볼 수 있다고 말하고 있으므로, '~할 수 있다'의 의미를 가진 허가/제의의 조동사가 들어가는 것이 자연스럽다. 따라서 **(d) could**가 정답이다.

단어 fall asleep v. 잠에 들다

15 to부정사

Mary arrived early at the mall. She then decided __________ around for some clothes while waiting for her friend. She had been trying on sleeveless dresses for half an hour when her friend finally arrived.

(a) to browse
(b) browsing
(c) having browsed
(d) to be browsing

정답 (a) to browse

해석 메리는 쇼핑몰에 일찍 도착했다. 그 후 그녀는 친구를 기다리는 동안 옷가지들을 **둘러보기로** 결심했다. 그녀의 친구가 마침내 도착했을 때 그녀는 30분 동안 민소매 드레스를 입어보고 있던 중이었다.

해설 동사 'decide'는 to부정사를 목적어로 취하기 때문에 **(a) to browse**가 정답이다. to be ~ing 형태는 미래에 진행될 동작을 나타낼 때 사용되므로 (d)는 답이 될 수 없다.

단어 arrive v. 도착하다
decide v. 결심하다, 결정하다
sleeveless a. 소매가 없는
half an hour n. 30분

16 미래완료진행

Richard is our school representative in the upcoming swim meet. To increase his chances of winning, he practices diligently every day. Altogether, he __________ for more than two months by the time he actually competes.

(a) trains
(b) is training
(c) will have been training
(d) has trained

정답 (c) will have been training

해석 리차드는 곧 있을 수영대회에서 우리 학교 대표이다. 우승 확률을 높이기 위해, 그는 매일 열심히 연습한다. 전적으로, 그가 실제로 출전할 때쯤이면 두 달 이상 **훈련해오는 중일 것이다**.

해설 빈칸 문장은 미래의 특정 시점(by the time he actually competes)이 되면 두 달 이상 훈련해오는 중일 것으로, 미래의 특정 시점까지 계속해서 진행될 일을 나타낼 때 쓰이는 미래완료 진행시제가 적절하다. 따라서 (c) will have been training이 정답이다.

단어 representative n. 대표
upcoming a. 곧 있을, 다가오는
diligently ad. 열심히, 부지런히
altogether ad. 전체적으로 보아, 대체로, 모두 합쳐, 총
compete v. 출전하다, (시합에) 참가하다

17 관계사

Television writer Hart Hanson released *The Driver* in 2017 to favorable reception. *The Driver*, __________, is a suspense/crime story about a Los Angeles limousine driver who gets involved in a series of complicated events.

(a) that is Hanson's debut novel
(b) which is Hanson's debut novel
(c) who is Hanson's debut novel
(d) where Hanson's debut novel is

정답 (b) which is Hanson's debut novel

해석 방송 작가 하트 핸슨은 2017년 「The Driver」을 개봉해 호평을 받았다. **핸슨의 데뷔 소설인** 「The Driver」는 일련의 복잡한 사건에 연루된 로스앤젤레스 리무진 운전사에 관한 서스펜스/범죄 이야기이다.

해설 해당 문장에서 *The Driver*가 주어이며 동사는 is이므로, 콤마(,) 사이에는 *The Driver*를 부연 설명해야 한다. 선행사가 사물이므로 주격 관계대명사 which 혹은 that이 들어가야 하는데, 관계대명사 that은 콤마 뒤에 나올 수 없으므로 답이 될 수 없다. 따라서 (b) which is Hanson's debut novel이 정답이다.

단어 release v. 개봉하다, 발표하다
favorable a. 호의적인
reception n. 평판, 반응
debut n. 데뷔, 첫 출연
complicated a. 복잡한

18 가정법 과거

Mr. Smith's wood carving business has not been doing well lately due to international competition. If I were him, I __________ on selling unique, locally made handcrafted wooden figurines rather than giving in to mass production.

(a) am focusing
(b) can be focusing
(c) would have focused
(d) would focus

정답 (d) would focus

해석 스미스 씨의 목각 사업은 국제 경쟁으로 인해 최근 잘 되지 않고 있다. 만약 내가 그라면, 대량생산에 굴복하기보다는 독특하고 현지에서 만들어진 수공예품인 나무 조각상을 파는 데 **집중할 것이다**.

해설 사업이 최근 잘 되지 않고 있다고 설명하며, 빈칸 문장은 if ~ were 형태로 내가 Smith 씨라면 어떨지 가정하고 있으므로 would/could/should/might + 동사원형 형태로 현재 사실에 반대되는 가정법 과거 형태가 와야한다. 따라서 (d) would focus가 정답이다.

단어 wood carving n. 목각
competition n. 경쟁
handcrafted a. 수공예품인
figurines n. 인형, 피규어
mass a. 대량의, 대규모의

19 과거완료진행

A team of architects was tasked with designing a unique, innovative building. They __________ on the project for six months already when the developer abruptly canceled it due to insufficient funding.

(a) work
(b) have been working
(c) had been working
(d) worked

정답 (c) had been working

해석 한 건축가 팀은 독특하고, 혁신적인 건물의 디자인을 설계하는 임무를 맡았다. 불충분한 자금 때문에 개발사가 프로젝트를 갑작스럽게 취소했을 때 그들은 그 프로젝트를 이미 6개월 동안 **진행해오던 중이었다**.

해설 건물 설계 임무를 맡았던 것(was tasked)는 과거 시제이며, 빈칸 문장에는 과거 이전부터 6개월 동안(for six months) 프로젝트를 진행해왔던 것(대과거)이 과거까지 진행 중이었던 일을 나타낼 때 쓰이는 과거완료 진행시제가 적절하다. 따라서 (c) had been working이 정답이다.

단어 architect n. 건축가
task v. 임무를 맡기다
innovative a. 혁신적인, 획기적인
developer n. 개발사, 개발회사
abruptly ad. 갑자기, 불쑥
insufficient a. 부족한, 불충분한

20 조동사

In Scrabble, a "bonus" is awarded if all seven tiles on a player's rack are used at once. In addition to the points gained from the tiles themselves, that player __________ receive 50 extra points.

(a) might
(b) will
(c) may
(d) can

정답 (b) will

해석 스크래블에서는, 만약 플레이어의 받침대에 있는 7개의 타일 모두가 한꺼번에 사용할 경우 "보너스"가 수여된다. 타일 자체에서 획득한 점수 이외에 해당 플레이어는 50점의 추가 점수를 받게 **될 것이다**.

해설 스크래블에서 7개의 타일을 한꺼번에 사용할 경우 보너스가 수여되는데, 50점의 추가 점수를 받을 것이라고 설명하고 있으므로, '~ 할 것이다'의 미래 조동사가 들어가는 것이 자연스럽다. 따라서 (b) will이 정답이다.

단어 Scrabble n. 스크래블 (철자가 적힌 플라스틱조각들로 글자를 만드는 보드게임의 일종)
rack n. 받침대, 선반
in addition to prep. ~ 이외에, ~ 일 뿐만 아니라
receive v. 받다, 수령하다

21 가정법 과거

With an estimated population of 500 million, krill can be found in all oceans. They are near the bottom of the food chain, so many marine life forms __________ if the entire krill population suddenly disappeared.

(a) would suffer
(b) would have suffered
(c) are suffering
(d) will be suffering

정답 (a) would suffer

해석 5억 마리의 개체로 추산되는 크릴새우는 모든 바다에서 발견된다. 그들은 먹이사슬의 거의 최하위이므로, 만약 크릴새우 개체군 전체가 갑자기 사라진다면 많은 해양생물들이 **고통 받게 될 것이다**.

해설 모든 바다에서 볼 수 있는 크릴새우가 먹이사슬의 최하위라고 설명하며, 빈칸 문장은 if ~ 과거동사(disappeared) 형태로 크릴새우가 갑자기 사라진다면 어떨지 가정하고 있으므로 would/could/should/might + 동사원형 형태로 현재 사실에 반대되는 가정법 과거 형태가 와야한다. 따라서 (a) would suffer이 정답이다.

단어 estimated a. 추산의, 추정의
population n. 개체, 개체군
million n. 100만
bottom n. 최하위, 맨 아래
marine a. 해양의, 바다의
suddenly ad. 갑자기, 급작스럽게

22 과거진행

Yesterday, Cynthia led an educational seminar on choosing the right university. During the seminar, several of the eager high school students interrupted her with questions **while** she __________ about loan applications.

(a) had explained
(b) explained
(c) was explaining
(d) has been explaining

정답 (c) was explaining

해석 어제, 신시아는 적합한 대학 선택에 대한 교육 세미나를 이끌었다. 세미나를 하는 중, 그녀가 대출 신청에 대해 **설명하고 있는** 동안 몇몇 열렬한 고등학생들이 질문을 하며 그녀를 방해했다.

해설 신시아가 교육 세미나를 진행한 것은 어제(yesterday)로 과거 시제이며, 빈칸 문장은 그녀가 대출 신청을 설명하던 중에 방해를 받았던 것이므로 과거에 진행 중이었던 일을 나타낼 때 쓰이는 과거진행시제가 적절하다. 따라서 (c) was explaining이 정답이다.

단어 eager a. 열렬한, 열심인
interrupt v. 방해하다, 가로막다, 중단시키다
loan n. 대출
application n. 신청, 지원

23 동명사

Lizzy has been buying issues of her favorite weekly magazine for five dollars each for the last six months. She has considered __________ to it for 75 dollars a year so she can save some money.

(a) to subscribe
(b) subscribing
(c) having subscribed
(d) to be subscribing

정답 (b) subscribing

해석 리지는 지난 6개월 동안 각 5달러에 그녀가 가장 좋아하는 주간 잡지의 여러 호를 구입해오고 있다. 그녀는 약간의 돈을 절약할 수 있도록 연간 75달러에 그것을 **구독하는 것을** 고려해왔다.

해설 동사 'consider'은 동명사를 목적어로 취하기 때문에 (b) subscribing이 정답이다. having p.p. 형태는 문장의 본동사보다 먼저 일어난 일을 말할 때 사용되므로 (c)는 답이 될 수 없다.

단어 issue n. (잡지 신문 같은 정기 간행물의) 호
consider v. 고려하다, 숙고하다
subscribe v. 구독하다, 가입하다

24 조동사 should 생략

In the 2012 film *The Master*, lead actor Joaquin Phoenix played the role of a World War II veteran. Phoenix insisted that he __________ some of the scenes to make his portrayal of the character authentically heartfelt.

(a) improvised
(b) had improvised
(c) improvises
(d) improvise

정답 (d) improvise

해석 2012년 영화 「마스터」에서, 주연 배우 호아킨 피닉스는 제2차 세계대전 참전 용사 역을 맡았다. 피닉스는 이 캐릭터에 대한 그의 묘사를 진정성 있고 진심 어리게 만들기 위해 몇몇 장면들을 **즉흥적으로 연기해야 했다고** 주장했다.

해설 주절에 'insist'와 같이 제안, 명령, 요구, 주장을 나타내는 동사가 올 경우, that절의 동사 앞에 '~해야 한다'의 의미를 갖는 조동사 should가 생략되어 (should) + 동사원형의 형태로 나타난다. 따라서 (d) improvise가 정답이다.

단어 veteran n. 참전 용사, 재향 군인
portrayal n. 묘사
authentically ad. 진정성 있게
heartfelt a. 진심 어린

25 가정법 과거완료

George failed to attend his dad's 60th birthday celebration because he missed his flight to Los Angeles. If he had known how terrible the traffic was around the airport, he __________ the office earlier.

(a) would leave
(b) left
(c) will be leaving
(d) would have left

정답 (d) would have left

해석 조지는 그의 로스앤젤레스행 비행편을 놓쳐서 아버지의 환갑 잔치에 참석하지 못했다. 만약 그가 공항 주변의 교통이 얼마나 끔찍한 지 알았다면, 그는 사무실을 더 일찍 **떠났을 것이다**.

해설 조지가 비행편을 놓쳐 아버지의 환갑 잔치에 참석하지 못했다고 설명하며, 빈칸 문장은 if ~ had p.p. 형태로 그가 공항 주변 교통이 얼마나 끔찍한 지 알았다면 어땠을 지 가정하고 있으므로 would/could/should/might + have p.p. 형태로 과거 사실에 반대되는 가정을 하는 것이 자연스럽다. 따라서 (d) would have left가 정답이다.

단어 celebration n. 잔치, 기념 행사
terrible a. 심한
traffic n. 교통

26 관계사

Ewing's sarcoma is a rare, cancerous tumor of the bone or soft tissue. It is named after the pathologist __________. In 1921, James Ewing established that this malignant tumor was distinct from other known cancer types.

(a) who described the very first cases
(b) which described the very first cases
(c) whom he described the very first cases
(d) when the very first cases were described

정답 (a) who described the very first cases

해석 '유잉 육종'은 뼈나 연조직의 희귀한 암 종양이다. 이것은 **가장 최초의 사례를 설명한** 병리학자의 이름을 따서 명명되었다. 1921년, 제임스 유잉은 이 악성 종양이 다른 알려진 암 종류와 구별된다는 것을 밝혀냈다.

해설 해당 문장에서 빈칸에는 선행사 pathologist(병리학자)를 부연 설명하며 의미를 제한해야 한다. 선행사가 사람이며 관계사절의 주어가 없으므로 주격 관계대명사 who가 들어가야 한다. 따라서 (a) who described the very first cases가 정답이다.

단어 rare a. 희귀한, 드문
cancerous a. 암의
tumor n. 종양
soft tissue n. 연조직
name after v. ~의 이름을 따서 명명하다
pathologist n. 병리학자
malignant a. 악성의
distinct a. 구별되는, 뚜렷이 다른, 별개의

Listening

27.	28.	29.	30.	31.	32.	33.
(b)	(a)	(d)	(a)	(b)	(d)	(a)
34.	35.	36.	37.	38.	39.	
(c)	(d)	(a)	(d)	(b)	(a)	
40.	41.	42.	43.	44.	45.	
(b)	(d)	(a)	(d)	(c)	(b)	
46.	47.	48.	49.	50.	51.	52.
(b)	(d)	(b)	(a)	(c)	(a)	(d)

PART 1

◀ PART 1 음원 듣기

27: What is the main subject of the conversation?

28: Why does Tom think that the new theme park's roller coaster is the best?

29: According to the conversation, what should people make sure of before they ride thrill rides?

30: In which activity can kids mingle freely with each other?

31: How most likely does the theme park choose the kids who can ride certain rides?

32: Why is Tom suggesting that Mary visit the theme park with her family?

33: Based on the conversation, what will Mary probably do next Sunday?

M: Hello, Mary!

F: Good morning, Tom! How was your weekend?

M: [27] It was great! My family and I went to the new theme park on Saturday.

F: That sounds nice. How was it?

M: Fantastic. There were a lot of exciting rides and all sorts of fun activities.

F: Oh, yeah? What kinds of rides does the park have?

M: 안녕하세요, 메리!

F: 좋은 아침이에요, 톰! 주말은 잘 보내셨나요?

M: [27] 좋았어요! 저희 가족들과 저는 토요일에 새로운 놀이공원에 갔어요.

F: 그거 좋은데요. 어땠어요?

M: 환상적이었어요. 그곳에는 신나는 놀이기구들과 온갖 종류의 재미있는 활동들이 많았어요.

F: 오, 그래요? 공원에는 어떤 종류의 놀이기구들이 있나요?

M: The park is full of all kinds of rides. However, my favorite was the roller coaster. I have to say it's the best one I have ever ridden.

F: Really? What exactly makes it better than the roller coasters in other parks?

M: [28] For starters, I think its highest point is about 450 feet in the air, which is the tallest one I've ever been on. It also has steep drops, sharp curves, and four loops. Plus, it's not only bigger than most other coasters, [28] but it's also way faster, which makes the ride such a fun experience. It will surely get your adrenaline pumping.

F: That sounds really cool. Aside from the roller coaster, what other rides did you like?

M: I liked all of them, actually, specially the thrill rides. There were drop towers and pendulum rides. Those are always very exciting, but you can't ride them if you have certain health problems or are prone to motion sickness.

F: That makes sense. [29] If the rides are really exhilarating, then I guess people have to make sure that they are physically fit before trying any of those rides you mentioned.

M: That's for sure. Fortunately, the park also offers rides that the whole family can enjoy, like the Jurassic train and a go-cart track where kids and adults can test out their driving skills.

F: That's good. Do they have other rides for kids?

M: Yeah, of course. They have this three-level carousel which kids really seemed to love. [30] They also have a ball pit where little children can jump around and play with other kids in a safe environment. There are also a bunch of other rides just for kids.

M: 공원은 모든 종류의 놀이기구들로 가득 차 있어요. 하지만, 제가 가장 좋아했던 것은 롤러코스터였어요. 제가 타본 것 중에 최고라고 말해야 할 것 같아요.

F: 정말요? 다른 공원에 있는 롤러코스터보다 정확히 무엇이 더 좋았어요?

M: [28] 우선, 가장 높은 지점은 450피트 상공이라고 생각하는데, 제가 타본 것 중 가장 높은 지점이에요. 또한 가파른 경사, 급커브, 그리고 360도 회전 구간이 4개 있어요. 게다가, 그것은 다른 대부분의 코스터들보다 더 클 뿐만 아니라 [28] 훨씬 더 빨라서, 놀이기구를 매우 재미있는 경험으로 만들어줘요. 분명히 당신의 아드레날린이 솟구칠 거예요.

F: 정말 멋지네요. 롤러코스터 외에도, 어떤 다른 놀이기구가 좋았나요?

M: 사실, 모든 것이 좋았어요, 특히 스릴 넘치는 놀이기구들이요. 드롭 타워와 바이킹이 있죠. 그것들은 항상 매우 재미있기는 하지만, 만약 당신이 특정 건강상의 문제가 있거나 멀미 나기 쉬운 사람이라면 그것들을 탈 수 없어요.

F: 그렇겠네요. [29] 만약 놀이기구들이 정말 신난다면, 저는 사람들이 당신이 말한 놀이기구들 중 어떤 것을 타보기 전에 그들이 신체적으로 건강한지 확인해야 한다고 생각해요.

M: 물론이죠. 다행히, 공원은 쥬라기 열차와 아이와 어른이 자신들의 운전 실력을 시험해 볼 수 있는 고카트 트랙 같이 온 가족이 즐길 수 있는 놀이기구들도 제공해요.

F: 좋은데요. 다른 어린이용 놀이기구들도 있나요?

M: 네, 그럼요. 그곳은 아이들이 정말로 사랑하는 것 같은 3단 회전 목마가 있어요. [30] 그곳은 또한 어린 아이들이 안전한 환경에서 뛸 수 있고 다른 아이들과 놀 수 있는 볼풀장도 있어요. 또한 어린이만을 위한 다른 많은 놀이기구들이 있죠.

F: That sounds really enjoyable for them. So, what else is in the park?

M: Well, they also have bumper cars, a Ferris wheel, bumper boats, and rides that spin around. [31] However, most of these rides also have a height requirement to restrict very small kids from riding them. On some rides, parents are allowed to join their children for safety purposes.

F: Wow! From what you are saying, it sounds like the new theme park is really worth checking out.

M: You bet! [32] I suggest that you take your family with you if you have the chance. The park will surely be an enjoyable experience for everyone.

F. [33] That's a good idea. My kids have been asking me to take them there anyway. I guess it's about time we all had a little adventure. Plus, we're all free on Sunday.

M: I'm sure you're all going to have a blast, Mary.

F: Thanks for the information, Tom. I'll be sure to try that roller coaster you mentioned.

F: 그들이 정말 재미있어 할 것 같네요. 그럼, 공원에는 또 무엇이 있나요?

M: 글쎄요, 그곳에는 범퍼카, 관람차, 범퍼 보트, 그리고 빙글빙글 도는 놀이기구도 있어요. [31] 하지만, 이러한 놀이기구들의 대부분은 또한 매우 작은 아이들이 그것들을 타는 것을 제한하기 위해 키 요구조건을 가지고 있어요. 일부 놀이기구에는, 안전 목적으로 부모들이 아이들과 함께 타는 것이 허용돼요.

F: 와! 당신이 말하는 것을 들어보면, 새로운 놀이공원은 정말 방문할 만한 가치가 있는 것 같이 들려요.

M: 당연하죠! [32] 기회가 있다면 가족들을 데리고 가는 것을 추천해요. 공원은 분명히 모두에게 즐거운 경험이 될 것이에요.

F: [33] 좋은 생각이네요. 저희 아이들이 그곳에 계속 데려가 달라고 부탁해왔어요. 이제 우리 모두가 약간의 모험을 할 시간인 것 같네요. 게다가, 저희는 일요일에 모두 한가해요.

M: 모두들 아주 즐거운 한때를 보내게 될 것이라고 확신해요, 메리.

F: 정보 감사해요, 톰. 말씀하신 롤러코스터 꼭 타보도록 할게요.

단어

theme park n. 놀이공원, 테마파크 all kind of a. 모든 종류의 ride n. 놀이기구 steep a. 가파른
sharp a. (변화가)급격한 loop n. 360도 회전 구간 adrenaline n. 아드레날린 pump v. 솟구치다, 쏟아지다
aside from prep. ~외에도 thrill n. 스릴, 전율 pendulum ride n. 바이킹 motion sickness n. 멀미
exhilarating a. 아주 신나는, 즐거운 mention v. 언급하다 seem v. ~처럼 보이다
ball pit n. 볼풀장(일정한 공간에 고무 공을 채워넣은 것) environment n. 환경 a bunch of a. 다수의
Ferris wheel n. 관람차 height n. 키 requirement n. 요구, 요구조건 restrict v. 제한하다
have a blast v. 아주 즐거운 한때를 보내다

문제

27

What is the main subject of the conversation?

(a) what makes a theme park fun
(b) Tom's weekend at a theme park
(c) which theme park is the best
(d) Mary's fondness for theme parks

대화의 주제는 무엇인가?

(a) 무엇이 놀이공원을 재미있게 하는지
(b) 놀이공원에서의 톰의 주말
(c) 어느 놀이공원이 최고인지
(d) 놀이공원에 대한 메리의 애정

해설 대화 첫 부분에 톰이 주말에 새로운 놀이공원에 간 것을 시작으로 놀이공원에 대한 이야기가 이어지고 있으므로 놀이공원에서의 톰의 주말에 대한 주제임을 알 수 있다. 따라서 (b) Tom's weekend at a theme park가 정답이다.

단어 fondness n. 애정, 선호

28

Why does Tom think that the new theme park's roller coaster is the best?

(a) because it has superior height and speed
(b) because it is the only roller coaster around
(c) because it has gentle drops and curves
(d) because it was his first roller coaster ride

왜 톰은 새로운 놀이공원의 롤러코스터가 최고라고 생각하는가?

(a) 월등한 높이와 속도를 가지고 있기 때문에
(b) 주변에서 유일한 롤러코스터이기 때문에
(c) 완만한 낙하 구간과 커브 구간을 갖기 때문에
(d) 그의 첫 롤러코스터 탑승이었기 때문에

해설 톰은 롤러코스터의 높이가 450피트 정도로 타본 것 중 가장 높은 지점을 갖고 있으며, 다른 롤러코스터들보다 훨씬 빨라서 매우 재미있는 경험으로 만들어준다고 이야기하므로 롤러코스터의 월등한 높이와 속도 때문에 최고라고 생각한다는 것을 알 수 있다. 따라서 (a) because it has superior height and speed가 정답이다.

단어 superior a. 우수한, 우월한　height n. 높이　gentle a. 부드러운

29

According to the conversation, what should people make sure of before they ride thrill rides?

(a) that they take certain medications
(b) that they come with their family
(c) that they enjoy theme park ride
(d) that they are physically fit

대화에 따르면, 사람들은 스릴 넘치는 놀이기구를 타기 전에 무엇을 확인해야 하는가?

(a) 특정 약물을 복용하는지
(b) 가족과 동행했는지
(c) 테마 파크 놀이기구들을 즐기는지
(d) 신체적으로 적합한지

해설 사람들이 어떤 것을 타보기 전에 그들이 신체적으로 건강한지 확인해야 한다고 생각한다고 이야기하므로 (d) that they are physically fit이 정답임을 알 수 있다.

단어 fit a. 꼭 맞는, 건강한 medicine n. 의학, 약

30

In which activity can kids mingle freely with each other?

(a) playing in the ball pit
(b) driving the bumper cars
(c) riding the three-level carousel
(d) racing the go-carts

어떤 활동에서 아이들이 서로 자유롭게 어울릴 수 있는가?

(a) 볼풀장에서 놀기
(b) 범퍼카 운전하기
(c) 3단 회전목마 타기
(d) 고카트 경주하기

해설 어린 아이들이 안전한 환경에서 뛸 수 있으면서 다른 아이들과 놀 수 있는 볼풀장이 있다고 이야기하므로 (a) playing in the ball pit이 정답이다.

단어 mingle v. (사람들과) 어울리다 ball pit n. 볼풀장(일정한 공간에 고무 공을 채워넣은 것) carousel n. 회전목마

31

How most likely does the theme park choose the kids who can ride certain rides?

(a) by asking if they are healthy enough
(b) by determining if they are tall enough
(c) by checking if their parents gave permission
(d) by finding out if they are young enough

놀이공원은 특정 놀이기구를 탈 수 있는 아이들을 어떻게 고를까?

(a) 그들이 충분히 건강한지를 물어서
(b) 그들이 충분히 키가 큰지를 판단해서
(c) 부모들이 허락해주는지를 확인해서
(d) 그들이 충분히 어린지를 파악해서

해설 놀이기구 대부분은 키 요구조건을 가지고 있다고 이야기하므로 아이들이 충분히 키가 큰지를 판단해서 특정 놀이기구에 탈 수 있게 허용한다는 것을 알 수 있다. 따라서 (b) by determining if they are tall enough가 정답이다.

단어 certain a. 특정한 determine v. 판단하다, 결정하다 permission n. 허락, 허가 find out v. 파악하다, 알아내다

32

Why is Tom suggesting that Mary visit the theme park with her family?

(a) They will meet Tom's family there.
(b) Her husband has been asking to go.
(c) They haven't been to a theme park before.
(d) Her entire family will enjoy the visit.

톰은 왜 메리에게 그녀의 가족과 함께 놀이공원을 방문하라고 추천하고 있는가?

(a) 그들은 그곳에서 톰의 가족을 만날 것이다.
(b) 그녀의 남편이 가자고 요청해오고 있다.
(c) 그들은 전에 놀이공원에 가본 적이 없다.
(d) 그녀의 가족 모두가 방문해서 즐길 것이다.

해설 톰은 놀이공원이 분명 메리의 가족 모두에게 즐거운 경험이 될 것이라며 가족들을 데리고 놀이공원에 가라고 추천하고 있으므로 (d) Her entire family will enjoy the visit이 정답이다.

단어 entire a. 모두의, 전체의, 온

33

Based on the conversation, what will Mary probably do next Sunday?

(a) take her family to the theme park
(b) go with Tom to the theme park
(c) find another park with rides for kids
(d) talk to Tom once again

대화에 따르면, 메리는 다음 주 일요일에 아마도 무엇을 할 것 같은가?

(a) 그녀의 가족을 놀이공원에 데려간다
(b) 톰과 함께 놀이공원에 간다
(c) 어린이용 놀이기구가 있는 다른 공원을 찾는다
(d) 톰에게 다시 한 번 이야기한다

해설 톰이 메리에게 가족들을 데리고 놀이공원에 가라고 추천했는데, 이에 메리가 좋은 생각이라며 일요일에 모두 한가하다고 이야기하고 있으므로 다음 주 일요일에 그녀의 가족을 놀이공원에 데려갈 것임을 알 수 있다. 따라서 (a) take her family to the theme park가 정답이다.

단어 ride n. 놀이기구

PART 2

◀ PART 2 음원 듣기

34: Who are the attendees of the training session?

35: According to the talk, what kind of equipment can members of Right-Flex International use?

36: Why does the gym offer a fitness assessment to its new members?

37: Who can use the gym's sports facilities at no additional cost?

38: Based on the speech, how most likely can the fitness videos help the company increase its market?

39: According to the speaker, what is a role of the personal trainers?

Good morning! 34) Welcome to day one of your training as new hires of Right-Flex Gym International. I will be your trainer for the next two weeks. 34) Let me start off by introducing you to the company and the services that we provide to our clients. If you have any questions or comments, please feel free to raise your hands, and I'll be glad to address them.

안녕하세요! 34) Right-Flex Gym International의 새로운 신입사원들로서 여러분의 교육 1일차를 환영합니다. 저는 앞으로 2주 동안 여러분의 교육 담당자가 될 것입니다. 34) 먼저 여러분들에게 회사와 저희가 고객들에게 제공하는 서비스를 소개하면서 시작하고자 합니다. 궁금하신 점이나 의견이 있으시다면, 언제든지 손을 들어주시면, 제가 기꺼이 대답해 드리겠습니다.

Right-Flex Gym International opened on October 5, 1993, as a small gym in New Jersey. After three years, the company expanded and opened four more branches in New York, West Virginia, Vermont, and Kentucky. Now, we have 30 branches located in several major US cities and five branches in Canada.

Right-Flex Gym International은 1993년 10월 5일 뉴저지에 작은 체육관으로 개업했습니다. 3년 후, 회사는 확장하여 추가로 4개의 지점들을 뉴욕, 웨스트 버지니아, 버몬트, 켄터키에 개업했습니다. 현재, 당사는 미국의 몇몇 주요 도시에 30개의 지점과 캐나다에 5개의 지점들을 가지고 있습니다.

We offer many products and services. 35) All of our centers are complete with cardiovascular training equipment including treadmills, stair-climbers, rowing machines, and stationary bicycles. We also have a variety of weightlifting machines, benches, and free weights. This equipment is available to our members to use whenever they like.

당사는 다양한 제품과 서비스를 제공합니다. 35) 당사의 센터 모두 런닝머신, 계단오르기 기구, 로잉머신, (실내)운동용 자전거를 포함하여 전신 지구력 운동 장비가 완비되어 있습니다. 저희는 또한 다양한 역도 기계와 벤치 프레스, 그리고 프리 웨이트를 보유하고 있습니다. 이 장비는 회원들이 원할 때 언제든지 사용할 수 있습니다.

Aside from providing first-class equipment, we also offer personalized fitness training. These personalized training plans are prepared and administered by certified personal trainers, all of whom are dedicated to giving our clients their undivided attention while helping them meet their fitness goals. We also strive to make the sessions as convenient as possible for our clients, allowing them to train on a schedule that suits them.

36) Every time new members register with us, we give them a free fitness assessment to evaluate their body mass index, heart rate, blood pressure readings, and aerobic exercise ability. This will help us in developing the right fitness programs for them.

We also offer different group classes that are taught by seasoned aerobics instructors. Apart from this, we have programs for kids like ballet, hip-hop dance, and martial arts. We also offer adult martial arts lessons that are taught by certified instructors.

For sports lovers, our facilities include indoor basketball and tennis courts. 37) All regular members, whether enrolled in our personalized or group training programs, can access these facilities free of charge. Additionally, these facilities can be rented by non-members at very affordable rates. We also have new improvements in the coming year, which include the construction of sauna and hot tub rooms for both men and women. These facilities will be available in most of our gyms by May of this year.

일류 장비를 제공하는 것 외에도, 저희는 개인 맞춤 헬스 트레이닝도 제공합니다. 이러한 개인 맞춤형 트레이닝 계획은 공인된 개인 트레이너에 의해 준비되고 관리되며, 이들 모두 고객의 피트니스 목표를 달성하도록 지원하면서 저희 고객에게 완전한 집중을 하기 위해 최선을 다하고 있습니다. 저희는 또한 고객에게 적합한 일정에 트레이닝을 받을 수 있도록 하며 고객이 최대한 편리한 시간에 맞추기 위해 노력하고 있습니다.

36) 저희 체육관에 신규 회원가입 시마다, 무료 체력평가를 제공하여 체질량지수, 심박수, 혈압 측정, 유산소 운동 능력을 평가해 드립니다. 이는 그들에게 적합한 헬스 프로그램을 개발하는 데 도움이 될 것입니다.

저희는 또한 경험이 많은 에어로빅 강사들이 가르치는 다양한 그룹 수업도 제공합니다. 이외에도 저희는 발레, 힙합 댄스, 무술과 같은 아이들을 위한 프로그램들이 있습니다. 또한 공인된 강사들이 가르치는 성인 무술 수업도 제공합니다.

스포츠 애호가들을 위해, 저희 체육관의 시설에는 실내 농구장과 테니스 코트가 있습니다. 37) 저희 체육관의 개인 또는 단체 트레이닝 프로그램에 등록한 모든 정회원들은 무료로 이러한 시설들을 이용할 수 있습니다. 게다가, 이러한 시설들은 비회원들에게 매우 저렴한 가격으로 대여될 수 있습니다. 또한 내년에는, 남성과 여성 모두를 위한 사우나와 온수 욕조실의 건설 등을 포함하여 새로운 개선사항을 갖고 있습니다. 이 시설들은 올해 5월쯤이면 당사의 헬스장 대부분에서 이용 가능할 것입니다.

In line with our initiative for market expansion, we are producing our first set of fitness videos, which will be distributed in both local and international markets. [38] This video series will contain our unique and patented fitness training programs that people can follow at home. We plan to have them ready for marketing and distribution by the end of the year.

시장 확대를 위한 계획에 따라, 저희는 국내외 시장에 배포될 예정인 첫 피트니스 동영상 세트를 제작하고 있습니다. [38] 이 영상 시리즈에는 사람들이 집에서 따라할 수 있는 저희 체육관의 독특하고 특허 받은 헬스 트레이닝 프로그램들이 포함될 것입니다. 저희는 연말까지 마케팅과 유통을 준비하도록 할 계획입니다.

Now that you're familiar with our mission, [39] let me stress that your role as personal trainers will be to encourage our clients to develop a positive attitude toward physical activities. You should also be able to increase their knowledge in fitness and motivate them to build a fit and fine body, which will increase their self-confidence.

이제, 저희의 사명을 알게 되셨으니, [39] 개인 트레이너로서의 여러분의 역할은 고객들이 신체 활동에 대해 긍정적인 태도를 갖도록 격려하는 것이 될 것임을 강조하고 싶습니다. 또한 여러분은 피트니스에 대한 그들의 지식을 향상시킬 수 있어야 하고, 그들이 건강하고 멋진 몸을 만들도록 동기를 부여하여 그들의 자신감을 높일 수 있어야 합니다.

That will be all for this morning. In the afternoon, we will be discussing the different needs of different individuals when it comes to fitness management. In the meantime, enjoy your lunch!

오늘 오전은 여기까지입니다. 오후에는, 피트니스 관리에 관한 개개인들의 다양한 요구에 대해 논의할 예정입니다. 그동안, 점심 맛있게 드세요!

단어

hire n. 신입 사원 **client** n. 고객 **raise** v. 들다, 들어올리다 **address** v. 말하다, 연설하다 **expand** v. (사업을) 확장시키다
branch n. 지점, 지사, 분점 **cardiovascular training** n. 지구력 운동 **equipment** n. 장비, 기구 **treadmill** n. 런닝머신
stationary bicycle n. (실내)운동용 자전거 **aside from** prep. ~이외에도 **offer** v. 제공하다, 주다
personalize v. 개인에 맞추다, 개인화하다 **prepare** v. 준비하다 **administer** v. 관리하다, 운영하다
certified a. 공인된, 증명된, 보증된 **undivided** a. 완전한, 전적인 **strive to** v. ~하기 위해 노력하다 **convenient** a. 편리한
register v. 등록하다, 기재하다 **assessment** n. 평가 **evaluate** v. 평가하다, 감정하다 **body mass index** n. 체질량지수
heart rate n. 심박수 **blood pressure** n. 혈압 **instructor** n. 강사, 교사 **martial art** n. 무술
enroll v. 등록하다, 명부에 올리다 **facility** n. 시설 **affordable** a. 저렴한, 알맞은 **improvement** n. 개선사항, 향상, 호전
initiative n. 계획 **distribute** v. 배포하다, 분배하다, 나누어 주다 **contain** v. 포함하다
encourage v. 격려하다, 용기를 북돋우다 **attitude** n. 태도 **self-confidence** n. 자신감 **management** n. 관리, 경영

문제

34

Who are the attendees of the training session?

(a) gym and spa owners
(b) health enthusiasts
(c) new gym personnel
(d) doctors and nurses

누가 교육 시간의 참석자인가?

(a) 체육관과 스파 소유주들
(b) 건강 마니아들
(c) 새로운 체육관 직원들
(d) 의사 및 간호사들

해설 연설 첫 부분에 Right-Flex Gym International의 새로운 신입사원들로서 교육 1일차를 환영한다며 회사와 고객들에게 제공하는 서비스에 대한 소개가 이어지고 있으므로 새로운 체육관 직원들이 교육 시간의 참석자임을 알 수 있다. 따라서 (c) new gym personnel이 정답이다.

단어 attendee n. 참석자 session n. 시간, 기간 gym n. 체육관 enthusiast n. 마니아, 애호가 personnel n. 직원들, 직원

35

According to the talk, what kind of equipment can members of Right-Flex International use?

(a) scales to measure their weight
(b) multi-purpose resistance bands
(c) exercise balls of various sizes
(d) aerobic and strength training machines

연설에 따르면, Right-Flex International의 회원들은 어떤 종류의 장비를 사용할 수 있는가?

(a) 몸무게를 재기 위한 체중계
(b) 다목적 저항 밴드
(c) 다양한 크기의 운동볼
(d) 유산소 및 근력 운동용 기계

해설 세번째 단락에서 센터는 런닝머신, 계단오르기 기구, 로잉머신 등의 전신 지구력 운동 장비와 역도 기계와 벤치 프레스 등을 보유하고 있다고 하면서 이러한 장비는 회원들이 원할 때 언제든지 사용할 수 있다고 언급되고 있으므로, 회원들은 유산소 및 근력 운동용 기계를 사용할 수 있다고 하는 것이 가장 적절하다. 따라서 (d) aerobic and strength training machines가 정답이다.

단어 scale n. 체중계 measure v. 측정하다 weight n. (몸)무게 multi-purpose a. 다목적의 resistance n. 저항 various a. 다양한 aerobic a. 유산소의 strength n. 힘, 근력

36

Why does the gym offer a fitness assessment to its new members?

(a) to develop a suitable training program for them
(b) to find out if they are fit to become gym members
(c) to match them with the best personal trainer
(d) to determine the best training days for them

왜 그 체육관은 신규 회원들에게 체력 평가를 제공하는가?

(a) 그들에게 적합한 트레이닝 프로그램을 개발하기 위해
(b) 체육관 회원이 되기에 적합한지 여부를 확인하기 위해
(c) 최고의 개인 트레이너와 그들을 매치하기 위해
(d) 최적의 운동 일수를 결정하기 위해

해설 무료 체력평가를 통해 신규 회원들에게 적합한 피트니스 프로그램을 개발하는 데 도움이 될 것이라고 이야기하므로 (a) to develop a suitable training program for them이 정답이다.

단어 suitable a. 적합한, 적절한 determine v. 결정하다

37

Who can use the gym's sports facilities at no additional cost?

(a) those who have no assigned fitness trainer yet
(b) those who are planning to become members
(c) those who enrolled their kids in martial arts lessons
(d) those who are regulars of the gym

누가 체육관의 운동 시설을 추가 비용 없이 이용할 수 있는가?

(a) 아직 전담 헬스 트레이너가 없는 사람들
(b) 회원이 되려고 계획하는 사람들
(c) 자녀를 무술 수업에 등록한 사람들
(d) 체육관의 정회원인 사람들

해설 체육관의 개인 또는 단체 트레이닝 프로그램에 등록한 모든 정회원들은 무료로 시설을 이용할 수 있다고 이야기하므로 (d) those who are regulars of the gym이 정답이다.

단어 additional a. 추가의 assigned a. 전담의, 할당된 enroll v. 등록하다 martial art n. 무술 regular n. 정회원, 정기 고객

38

Based on the speech, how most likely can the fitness videos help the company increase its market?

(a) by selling the videos to their gym clients
(b) by selling the videos to people who cannot go to their gym
(c) by requiring their clients to sell the videos
(d) by selling their videos to other gym operators

연설에 따르면, 피트니스 동영상이 회사의 시장 성장에 어떻게 도움이 될 수 있을까?

(a) 체육관 고객들에게 동영상을 판매해서
(b) 체육관에 갈 수 없는 사람들에게 동영상을 판매해서
(c) 고객들에게 동영상 판매를 요구해서
(d) 동영상을 다른 체육관 운영자에게 판매해서

해설 동영상 시리즈에는 사람들이 집에서 따라할 수 있는 독특하고 특허 받은 프로그램들이 포함될 것이라고 이야기하므로 체육관에 갈 수 없는 사람들이 집에서 따라할 수 있도록 동영상을 판매해서 시장 성장에 도움이 될 것임을 알 수 있다. 따라서 (b) by selling the videos to people who cannot go to their gym이 정답이다.

단어 require v. 요구하다 operator n. 운영자

39

According to the speaker, what is a role of the personal trainers?

(a) to help clients welcome physical activity
(b) to encourage clients to develop a perfect build
(c) to promote all the gym's new facilities to clients
(d) to share their self-confidence with their clients

화자에 따르면, 개인 트레이너의 역할은 무엇인가?

(a) 고객들이 신체 활동에 우호적이도록 도와주는 것
(b) 고객들이 완벽한 신체를 만들도록 격려하는 것
(c) 모든 체육관의 새 시설들을 고객들에게 홍보하는 것
(d) 트레이너의 자신감을 고객들과 공유하는 것

해설 개인 트레이너로서 역할은 고객들이 신체 활동에 대해 긍정적인 태도를 갖도록 격려하는 것이라고 이야기하므로 고객들이 신체 활동에 우호적이도록 도와주는 것이 개인 트레이너의 역할임을 알 수 있다. 따라서 (a) to help clients welcome physical activity가 정답이다.

단어 build n. 신체, (사람의) 체구 promote v. 홍보하다 self-confidence n. 자신감

PART 3

◀ PART 3 음원 듣기

40: According to Claudine, which shows the convenience of reading a novel?

41: Why does Francis think that the film version of a novel is more satisfying than its book version?

42: What happens when a long novel is made into a two-hour movie?

43: How can viewers lose control of their own schedules watching a film in a movie theater?

44: When does Francis lose sleep when reading a novel?

45: Based on the conversation, what will Claudine most likely do next Monday?

M: Hello, Claudine. What are you reading?

F: Hi, Francis. I'm reading John Becket's science fiction novel, *The Ten Dimensions*.

M: Wasn't that book released last year? In fact, a movie version will already be showing in theaters next week. If I were you, I'd just wait for the movie.

F: Oh, but I'd rather read the book than watch the film adaptation in a theater. [40)] For one thing, it's more convenient to simply pick up the book anytime and read it at home, in the park, in a coffeehouse… anywhere.

M: I see your point. You can also stop reading whenever you get tired and pick up where you left off some other time.

F: Precisely. Books are also more detailed. Imagine all the information you can get from a 400- to 800-page book! You get to know the characters, locations, and other elements of the book more intimately. You can also understand the storyline much better.

M: That's true, but the reason why I prefer to watch the film version of a novel in a theater is it's more visually satisfying. When you're reading, you have to imagine every scene based on descriptions in the book. [41)] When you're in the movies, all you have to do is sit back and watch the scenes on the big screen.

M: 안녕, 클라우딘. 뭐 읽고 있어?

F: 안녕, 프란시스. 난 존 베켓의 공상과학 소설인 「10차원」을 읽고 있어.

M: 그 책은 작년에 출판되지 않았니? 사실, 다음 주에 곧 영화 버전이 극장에서 상영될 거야. 내가 너라면, 그 영화를 기다릴 거야.

F: 아, 하지만 영화관에서 각색한 영화를 보는 것보다 책을 읽고 싶어. [40)] 우선 한 가지 이유는, 언제든 책을 집어 들고 집, 공원, 카페 등 어디서든 책을 읽는 것이 더 편리해.

M: 무슨 말인지 알겠어. 또한 네가 피곤할 때마다 그만 읽을 수도 있고 나중에 남겨둔 부분을 다시 읽을 수도 있어.

F: 정확해. 또한 책은 더 상세해. 400페이지에서 800페이지의 책에서 얻을 수 있는 모든 정보를 상상해 봐! 너는 책의 등장인물, 위치, 그리고 다른 요소들을 더 친밀하게 알 수 있어. 그리고 줄거리를 훨씬 더 잘 이해할 수도 있고.

M: 그렇긴 한데, 내가 영화관에서 소설의 영화 버전을 보는 것을 선호하는 이유는 그게 더 시각적으로 만족스럽기 때문이야. 책을 읽을 때, 책 속의 설명에 따라 모든 장면을 상상해야 하잖아. [41)] 영화를 볼 때는, 그저 앉아서 대형 스크린의 장면만 보면 돼.

F: And it helps that theaters have enhanced audio systems nowadays, right?

M: That's right. Movies can be very realistic. [42] And since unnecessary details are edited out of the film version for it to fit into a two-hour movie, it is faster-paced. And that makes the movie less boring, assuming, of course, that it's well-made.

F: Well, trying to cram a long novel into a standard-length film has its downsides, too. First, this could result in less information about the characters and the storyline itself. [42] The plot can suffer from gaps and inconsistencies through omission of content from the book version.

M: I agree. Some characters may even be deleted from the story.

F: Exactly. In addition, watching the film version of a novel in a movie theater gives you less control over your time.

M: What do you mean?

F: Well, you have to arrive at the theater for the show time, [43] and you certainly don't want to leave until the movie is over. That is, if you want to see the entire movie.

M: You're right. [43] When I watch a movie right after a hard day's work, I have no choice but to sit through it, even if I start dozing off!

F: Ha-ha-ha! That happens to me, too.

M: However, what I don't like about reading a novel is that a good one can be too engaging. [44] I sometimes lose several nights' sleep trying to find out what happens next in a particularly exciting story.

F: You may even neglect your regular tasks because you can't put the book down.

F: 그리고 요즘 극장들이 오디오 시스템을 향상시키는 것도 (몰입에) 도움이 되지?

M: 맞아. 영화는 매우 현실적일 수 있어. [42] 그리고 두 시간짜리 영화에 맞추기 위해 영화화 버전에서 불필요한 디테일이 편집되어 빠지기 때문에, 전개 속도가 더 빨라. 그래서 영화가 덜 지루해지지, 물론 영화가 잘 만들어졌다고 가정하면 말이야.

F: 글쎄, 표준 길이의 영화에 장편 소설을 집어넣으려고 노력하는 것 또한 단점들이 있어. 첫번째로, 이는 캐릭터와 줄거리 자체에 대한 정보를 적게 만들 수 있어. [42] 줄거리는 책 버전에서 내용이 생략되기 때문에 건너 뛰거나 일관성이 없을 수 있어.

M: 맞아. 일부 캐릭터들은 심지어 스토리에서 삭제될 수 있어.

F: 바로 그거야. 게다가 영화관에서 소설의 영화 버전을 보는 것을 너의 시간을 네 마음대로 쓰기 어렵게 해.

M: 무슨 뜻이야?

F: 음, 네가 상영 시간에는 극장에 도착해야 하고, [43] 영화가 끝날 때까지는 분명 떠나고 싶지 않을 거야. 즉, 만약 네가 영화 전체를 보고 싶다면 말이지.

M: 네 말이 맞아. [43] 힘든 하루 일과를 마치고 바로 영화를 보면, 내가 졸기 시작할지라도 그냥 앉아 있을 수밖에 없어!

F: 하하하! 나도 그런 적이 있어.

M: 하지만, 내가 소설을 읽는 것을 좋아하지 않는 것은 좋은 소설은 너무 매력적일 수 있다는 거야. [44] 나는 특히 흥미로운 이야기에서 다음에 무슨 일이 일어날지 알아내려고 종종 며칠 밤을 새우기도 해.

F: 네가 책을 내려놓을 수 없기 때문에 일상적인 업무도 소홀히 할 지도 몰라.

M: That's true. On the other hand, a novel with a good cinematic version may have a boring book version, at least in some parts. Long novels tend to contain too many details that may lose a reader's attention.

F: That's definitely a downside of reading a novel.

M: So, how's the book you're reading?

F: Actually, I've read better novels by the author. [45] Now I'm curious about its cinematic version. They say it's good.

M: Well, Claudine, [45] it's showing at the Corby Theater next Monday.

F: That'll be perfect. I'll go check it out, Francis.

M: 맞아. 반면에, 좋은 영화화 버전의 소설은 적어도 어떤 부분에서는 지루한 책 버전이 있을 수 있어. 장편 소설은 독자의 집중력을 잃게 하는 너무 많은 디테일들을 담는 경향이 있거든.

F: 그것은 분명히 소설을 읽는 것의 단점이야.

M: 그래서 네가 읽고 있는 책은 어때?

F: 사실, 나는 작가의 더 좋은 소설을 읽은 적이 있어. [45] 지금 난 영화 버전이 궁금해. 다들 괜찮다고 하던데.

M: 음, 클라우딘, [45] 다음 주 월요일에 Corby 극장에서 상영하네.

F: 너무 좋다. 가서 확인해볼게, 프란시스.

단어

dimension n. 차원, 관점 **release** v. 출간하다, 출판하다 **theater** n. 극장 **adaptation** n. 각색
convenient a. 편리한, 간편한 **element** n. 요소, 성분 **intimately** ad. 친숙하게, 친밀하게 **visually** ad. 시각적으로
satisfying a. 만족스러운, 만족하는 **description** n. 묘사, 표현, 서술, 기술 **enhance** v. 향상시키다, 높이다
unnecessary a. 불필요한 **amuse** v. 가정하다 **plot** n. 줄거리 **suffer** v. 시달리다, 고통받다
inconsistency n. 불일치 **omission** n. 생략 **delete** v. 삭제하다 **certainly** ad. 분명히, 확실히 **entire** a. 전체의
doze off v. 잠이 들다 **engaging** a. 매력적인, 호감이 가는 **several** a. 몇몇의, 일부의 **neglect** v. 소홀히 하다, 무시하다
task n. 업무, 일 **downside** n. 단점 **curious** a. 궁금한, 호기심이 많은

문제

40

According to Claudine, which shows the convenience of reading a novel?

(a) being able to finish it in one sitting
(b) being able to read it anytime she pleases
(c) being able to stay awake while reading it
(d) being able to understand it more easily

클라우딘에 따르면, 소설을 읽는 것이 어떤 편리함을 보여주는가?

(a) 소설을 한번에 끝낼 수 있는 것
(b) 그녀가 읽고 싶을 때 언제든지 읽을 수 있는 것
(c) 소설을 읽는 동안 깨어 있을 수 있는 것
(d) 소설을 더 쉽게 이해할 수 있는 것

해설 클라우딘은 소설을 읽고 싶은 한 가지 이유로 언제든 책을 집어 들고 집, 공원, 카페 등 어디서든 책을 읽는 것이 더 편리하다고 이야기하고 있으므로 (b) being able to read it anytime she pleases가 정답이다.

단어 convenience n. 편리함, 편의성 in one sitting ad. 한번에, 한 자리에서 please v. ~하고 싶다 awake a. 깨어 있는

41

Why does Francis think that the film version of a novel is more satisfying than its book version?

(a) The film version offers more details.
(b) He can enjoy the film just by listening to its audio.
(c) He can resume watching it wherever he left off.
(d) He can just view the scenes on the big screen.

왜 프란시스는 소설의 영화화 버전이 책 버전보다 더 만족스럽다고 생각하는가?

(a) 영화화 버전이 더 자세한 내용들을 제공한다.
(b) 그는 영화를 오직 소리로만 듣는 것으로도 즐길 수 있다.
(c) 그가 남겨두었을 때마다 다시 시청할 수 있다.
(d) 그는 그저 대형 스크린으로 장면들을 볼 수 있다.

해설 프란시스는 영화관에서 소설의 영화화 버전을 볼 때는 그저 앉아서 대형 스크린의 장면만 보면 되기 때문에 시각적으로 더 만족스럽다고 이야기하므로 (d) He can just view the scenes on the big screen이 정답이다.

단어 satisfying a. 만족스러운 offer v. 제공하다, 주다 resume v. 다시 시작하다, 재개하다

42

What happens when a long novel is made into a two-hour movie?

(a) The story loses a lot of significant content.
(b) The film becomes less life-like.
(c) The characters become more developed.
(d) The storyline becomes boring.

장편 소설이 두 시간짜리 영화로 만들어질 때 무슨 일이 발생하는가?

(a) 이야기는 중요한 내용을 많이 잃는다.
(b) 영화가 덜 현실적으로 된다.
(c) 등장인물들이 더 생겨난다.
(d) 줄거리가 지루해진다.

해설 두 시간짜리 영화에 맞추기 위해 영화화 버전의 불필요한 디테일을 편집하며, 이에 줄거리가 일부 생략되기도 한다고 이야기하므로 소설이 영화화될 경우 중요한 내용을 많이 잃는다는 것을 알 수 있다. 따라서 (a) The story loses a lot of significant content가 정답이다.

단어 significant a. 중요한, 의미 있는 boring a. 지루한

43

How can viewers lose control of their own schedules watching a film in a movie theater?

(a) by having to stay awake all through the showing
(b) by having to watch the film after work hours
(c) by having to arrive long before screening hours
(d) by having to finish the film within a specific time

어떻게 관객들이 영화관에서 영화를 보는 자신의 스케줄을 통제하지 못할 수 있는가?

(a) 상영 내내 깨어 있어야만 해서
(b) 근무 시간 이후 영화를 시청해야 해서
(c) 상영 시간 훨씬 전에 도착해야 해서
(d) 특정 시간 내에 영화를 끝내야 해서

해설 영화 전체를 보고 싶다면 영화가 끝날 때까지는 분명 떠나고 싶지 않을 것이라고 이야기하며, 힘든 일과 후 바로 영화를 보면 졸기 시작해도 앉아 있어야 한다고 이야기하므로 특정 시간 내에 영화를 끝내야 하므로 자신의 스케줄을 통제하지 못할 것임을 알 수 있다. 따라서 (d) by having to finish the film within a specific time이 정답이다.

단어 viewer n. 관객 arrive v. 도착하다 specific a. 특정한, 구체적인

44

When does Francis lose sleep when reading a novel?

(a) when the novel is too long to finish in one day
(b) when the novel has too many details
(c) when the novel is too interesting
(d) when the novel distracts him from his tasks

프란시스는 언제 소설을 읽으면 잠을 자지 못하는가?

(a) 소설이 너무 길어서 하루만에 다 못 끝낼 때
(b) 소설이 너무 많은 세부 사항을 가질 때
(c) 소설이 너무 흥미로울 때
(d) 소설이 그의 업무를 방해할 때

해설 프란시스가 흥미로운 이야기에서 다음에 무슨 일이 일어날지 알아내기 위해 종종 며칠 밤을 새운다고 이야기하므로 (c) when the novel is too interesting이 정답이다.

단어 distract v. 방해하다 task n. 업무, 일

45

Based on the conversation, what will Claudine most likely do next Monday?

(a) finish reading the rest of *The Ten Dimensions*
(b) watch the film version of a novel in a theater
(c) read a better book by the same author
(d) finish the tasks she has stopped doing

대화에 따르면, 클라우딘은 다음 주 월요일에 무엇을 할 것 같은가?

(a) 「10차원」의 나머지 부분 읽기를 끝낸다
(b) 극장에서 소설의 영화화 버전을 시청한다
(c) 동일한 저자가 쓴 더 좋은 책을 읽는다
(d) 그녀가 중단했던 작업을 끝낸다

해설 클라우딘이 영화화 버전이 궁금하다고 이야기하며, 다음 주 월요일에 Corby 극장에서 상영하는 것에 좋다고 이야기하므로 다음 주 월요일에 극장에서 영화화 버전을 시청할 것임을 알 수 있다. 따라서 (b) watch the film version of a novel in a theater이 정답이다.

단어 rest n. 나머지

PART 4

◀ PART 4 음원 듣기

46: According to the speaker, what is composting?
47: What is the first thing to consider when making compost?
48: What is one reason for keeping the compost in a bin or container?
49: What do brown sawdust and leftover food probably have in common?
50: Why should the composting materials be broken up into smaller pieces?
51: How most likely does mixing the materials well help the composting process?
52: According to the talk, why should the compost pile be turned regularly?

Good afternoon! Welcome to our annual gardening seminar. Today, we are going to discuss the basic steps in composting waste for use in your home garden.

In case you're not familiar with composting, 46) it is a natural process where organic materials, such as leaves and sawdust, are decomposed or broken down by bacteria, worms, and other organisms. The end product of the process, which is called compost, can be used as an organic or natural fertilizer for plants.

In this process, 47) the first step is to pick a location to set up a composting site. Ideally, the site should be located in or near the garden, since the product will be used there. Also, make sure to choose a location that's far from your neighbors to avoid causing a nuisance. This will keep your composting site from becoming an eyesore. But more importantly, it will help minimize the unnecessary spread of unpleasant odors during the process.

The second step is to construct a bin where you will place the raw materials. 48) It is important to store the compost in large bins, or containers, as this will help control the smell of the mixture and prevent it from attracting pests. This will also make the compost area look neat and clean, while also creating the proper environment for the essential decomposition to occur.

안녕하세요! 연례 정원 가꾸기 세미나에 오신 걸 환영합니다. 오늘은, 여러분의 집 정원에서 사용하는 쓰레기로 퇴비를 만드는 데 관한 기본적인 단계들에 대해 논의하겠습니다.

퇴비화에 익숙하지 않으신 경우를 위해, 46) 퇴비화는 나뭇잎과 톱밥과 같은 유기물이 부패되거나 박테리아, 벌레 및 다른 유기체들에 의해 분해되는 자연적인 과정을 말합니다. 퇴비라고 불리는 이 과정의 최종 산물은 식물들의 유기물이나 천연 비료로 사용될 수 있습니다.

이 과정에서, 47) 퇴비장을 조성할 장소를 선정하는 것이 첫 번째 단계입니다. 이상적으로는, 퇴비가 정원에서 사용될 것이기 때문에 퇴비장은 정원 내부 또는 근처에 위치되어야 합니다. 또한, 폐를 끼치지 않도록 이웃들과 멀리 떨어진 장소를 선택해야 합니다. 이는 퇴비장이 눈엣가시가 되는 것을 막아줄 것입니다. 그러나 더 중요한 것은, 퇴비화 과정 동안 불쾌한 냄새의 불필요한 확산을 최소화하는 데 도움이 될 것입니다.

두 번째 단계는 원료를 넣을 통을 만드는 것입니다. 48) 퇴비는 대형 통, 혹은 용기에 보관하는 것이 중요한데, 이는 혼합물의 냄새를 통제하고 해충을 유인하는 것을 막도록 도와줄 것이기 때문입니다. 이는 퇴비가 있는 구역이 깔끔하고 깨끗해 보이는 동시에 필수적인 부패가 일어날 적절한 환경을 조성할 수 있게 될 것입니다.

The third step is to gather the raw materials to be used for composting. [49] Keep in mind that almost anything that's biodegradable—meaning it can decay—can be used. There are two basic categories of materials for a compost pile: the brown category and the green category. The materials in the brown category are dry and typically brown in color. This includes hay, dried leaves, and sawdust. The second is the green category. This consists of fresh materials that are usually green in color, such as grass clippings, green leaves, and leftover food.

세 번째 단계는 퇴비화에 사용될 재료를 모으는 것입니다. [49] 부패할 수 있는 생분해성 물질이라면 거의 모든 것이 사용될 수 있음을 명심하세요. 퇴비 더미를 위한 재료의 두 가지 기본 범주는 갈색 범주와 녹색 범주가 있습니다. 갈색 범주의 재료는 건조하고 전형적으로 갈색입니다. 여기에는 건초, 마른 잎, 톱밥이 포함됩니다. 두 번째는 녹색 범주입니다. 여기에는 보통 녹색인 잔디 조각, 녹색 잎, 남은 음식 같은 신선한 재료들로 구성되어 있습니다.

Now that you have gathered the materials, the fourth step is to prepare them and separate them according to type. [50] It is best to reduce the size of the materials first. To do this, grind or chip large components into smaller pieces so they will decompose faster.

이제 여러분이 재료를 모았으니, 네 번째 단계는 재료를 준비하고 종류에 따라 분리하는 것입니다. [50] 먼저 재료의 크기를 줄이는 것이 가장 좋습니다. 이를 위해, 큰 성분을 잘게 갈거나 조각 내면 부패 속도가 더 빨라질 것입니다.

Once the materials are reduced in size, the fifth step is to put the materials into the bin. In this step, mix the brown and green materials in equal parts in order to make the compost stable. Spread the brown materials and green materials into the container in alternating layers. All materials should be spread in half-inch thick layers. [51] Afterward, mix the materials well, otherwise, the pile will not accumulate the right amount of heat and will take longer to decompose. If this happens, the quality of the final compost may also become less desirable.

일단 재료의 크기가 줄어들면, 다섯 번째 단계는 재료들을 통 안에 넣는 것입니다. 이 단계에서, 퇴비를 안정적으로 만들기 위해 갈색 재료와 녹색 재료를 균일한 비율로 섞습니다. 갈색 재료와 녹색 재료를 번갈아 층으로 만들어 용기에 펼칩니다. 모든 재료들은 1/2인치 두께의 층으로 펼쳐야 합니다. [51] 이후, 재료들을 잘 섞는데, 그렇지 않으면 더미가 적절한 양의 열을 축적하지 못해 분해하는 데 시간이 오래 걸릴 것입니다. 이렇게 된다면, 최종 퇴비의 가치 또한 낮아질 수 있습니다.

For the final step, [52] turn or mix the pile at least once a week. Doing this will speed up the decomposition of your compost material, as it will spread the microorganisms evenly throughout the pile. Another way of encouraging decay is to occasionally moisten the pile with water. Both of these methods are quite effective in accelerating the process.

마지막 단계는, [52] 최소한 일주일에 한 번씩 더미를 돌리거나 섞습니다. 이렇게 하면 퇴비 재료들의 분해 속도가 빨라져 미생물이 더미 전체에 골고루 퍼지게 될 것입니다. 부패를 촉진하는 또 다른 방법은 가끔 더미를 물로 적시는 것입니다. 두 방법 모두 과정을 가속화하는 데 매우 효과적입니다.

That concludes our lesson on making compost. If you follow these steps, you'll be producing quality organic compost in no time. Happy composting, and thank you very much for your time!

이것으로 퇴비 만들기에 대한 수업을 마칩니다. 만약 여러분이 이 단계들을 따른다면, 여러분은 금방 품질 좋은 유기농 퇴비를 생산할 수 있을 것입니다. 즐거운 퇴비 만들기 하시고, 시간 내주셔서 감사합니다!

단어

annual a. 연례의, 매년 열리는 **compost** v. 퇴비화하다, 퇴비를 만들다 / n. 퇴비 **waste** n. 쓰레기, 폐기물
familiar a. 익숙한, 친숙한 **sawdust** n. 톱밥 **decompose** v. 분해하다, 부패하다 **worm** n. 벌레 **fertilizer** n. 비료
nuisance n. 폐, 민폐, 성가신 것, 골칫거리 **eyesore** n. 눈엣가시, 보기 흉한 것 **minimize** v. 최소화하다
spread v. 펼치다, 펴다 **unpleasant** a. 불쾌한, 불편한 **odor** n. 냄새 **bin** n. (저장용, 보관용) 통
raw material n. 원재료 **attract** v. 유인하다, 끌어들이다 **pest** n. 해충 **neat** a. 깔끔한, 말끔한
proper a. 적절한, 제대로 된 **decomposition** n. 부패, 분해 **biodegradable** a. 생분해성의 **pile** n. 더미
hay n. 건초 **consist of** v. ~로 구성되다 **clipping** n. (깎아 낸) 조각 **leftover** a. 남은, 나머지의 **gather** v. 모으다
separate v. 분리하다, 나누다 **reduce** v. 줄이다, 감소시키다 **alternating** a. 번갈아 하는 **layer** n. 층
accumulate v. 축적하다, 모으다 **desirable** a. 가치 있는 **microorganism** n. 미생물 **evenly** ad. 골고루, 균등하게
decay n. 부패 **occasionally** ad. 가끔, 때때로 **accelerate** v. 가속화하다 **conclude** v. 마치다, 끝내다

46

According to the speaker, what is composting?

(a) the process of storing leaves in a large bin
(b) the process of turning organic materials into fertilizer
(c) the process of fertilizing dry crops
(d) the process of getting rid of waste materials

화자에 따르면, 퇴비화는 무엇인가?

(a) 큰 통에 잎들을 저장하는 과정
(b) 유기물을 비료로 변화시키는 과정
(c) 건조 농작물에 비료를 주는 과정
(d) 폐기물을 처리하는 과정

해설 퇴비화는 유기물이 부패되거나 박테리아, 벌레 및 다른 유기체들에 의해 분해되는 자연적인 과정이며, 퇴비는 천연 비료로 사용될 수 있다고 이야기하고 있으므로 퇴비화는 유기물을 비료로 변화시키는 과정임을 알 수 있다. 따라서 (b) the process of turning organic materials into fertilizer이 정답이다.

단어 **composting** n. 퇴비화 **store** v. 저장하다 **bin** n. (저장용, 보관용) 통 **fertilizer** n. 비료 **get rid of** v. ~을 처리하다, 제거하다

47

What is the first thing to consider when making compost?

(a) determining which composting method to use
(b) building the container for the compost materials
(c) informing the neighbors about the project
(d) choosing where to set up the composting area

퇴비를 만들 때 첫 번째로 고려해야 하는 것은 무엇인가?

(a) 어떤 퇴비화 방법을 사용할 지 결정하기
(b) 퇴비 재료를 위한 컨테이너 구축하기
(c) 프로젝트에 대해 이웃에게 알리기
(d) 퇴비장을 어디에 준비할 지 선택하기

해설 퇴비장을 조성할 장소를 선정하는 것이 첫 번째 단계라고 이야기하므로 (d) choosing where to set up the composting area가 정답이다.

단어 compost n. 퇴비 set up v. 준비하다

48

What is one reason for keeping the compost in a bin or container?

(a) to make the compost smell better
(b) to keep pests away from the compost
(c) to make the compost safer
(d) to attack only helpful bacteria to the compost

퇴비를 통이나 용기 속에 넣어 보관하는 한 가지 이유는 무엇인가?

(a) 퇴비 냄새를 더 좋게 만들기 위해
(b) 해충들이 퇴비로부터 떨어지도록 하기 위해
(c) 퇴비를 더욱 안전하게 만들기 위해
(d) 퇴비에 도움이 되는 박테리아만 끌어들이기 위해

해설 퇴비를 대형 통이나 용기에 보관하면 해충을 유인하는 것을 막도록 도와준다고 이야기하므로 (b) to keep pests away from the compost가 정답이다.

단어 pest n. 해충 attack v. 공격하다

49

What do brown sawdust and leftover food probably have in common?

(a) They both decompose over time.
(b) They are the same type of material.
(c) They are both dry materials.
(d) They both do not decompose easily.

갈색 톱밥과 남은 음식의 공통점은 아마도 무엇일까?

(a) 둘 다 시간이 지나면 부패한다.
(b) 동일한 유형의 재료이다.
(c) 둘 다 건조한 재료이다.
(d) 둘 다 쉽게 분해되지 않는다.

해설 갈색 범주의 재료인 톱밥과 녹색 범주의 재료인 남은 음식들은 퇴비 더미의 재료로, 퇴비 더미의 재료로 사용되는 것들은 부패할 수 있는 생분해성 물질이라고 이야기하므로 (a) They both decompose over time이 정답이다.

단어 sawdust n. 톱밥 leftover a. 남은, 나머지의 decompose v. 부패하다, 분해하다

50

Why should the composting materials be broken up into smaller pieces?

(a) to make them the same in size
(b) to make them easier to put into categories
(c) to make them decay faster
(d) to make them easier to separate

왜 퇴비화 재료를 더 작은 조각으로 쪼개야 하는가?

(a) 동일한 크기로 만들기 위해
(b) 범주에 넣기 더 쉽게 만들기 위해
(c) 더 빨리 부패하도록 하기 위해
(d) 분리하기 더 쉽게 만들기 위해

해설 재료의 크기를 줄이는 것이 가장 좋다고 이야기하며, 큰 재료를 잘게 갈거나 조각 내면 부패 속도가 빨라질 것이라고 이야기하므로 (c) to make them decay faster이 정답이다.

단어 decay v. 부패하다, 썩다 separate v. 분리하다, 나누다

51

How most likely does mixing the materials well help the composting process?

(a) The resulting heat speeds up the process.
(b) It helps in spreading the layers to their proper thickness.
(c) The resulting heat lowers the compost's quality.
(d) It makes the pile produce less offensive smells.

재료들을 잘 섞는 것이 퇴비화 과정에 얼마나 도움이 될까?

(a) 그 결과로 발생하는 열은 과정을 가속화한다.
(b) 적절한 두께로 층을 펼 수 있도록 도와준다.
(c) 결과로 초래된 열로 인해 퇴비의 품질이 저하된다.
(d) 더미에서 불쾌한 냄새가 덜 나도록 한다.

해설 재료들을 잘 섞지 않으면 더미가 적절한 양의 열을 축적하지 못해 분해하는 데 시간이 오래 걸린다고 이야기하므로 재료를 잘 섞으면 열로 인해 과정이 가속화된다는 것을 알 수 있다. 따라서 (a) The resulting heat speeds up the process가 정답이다.

단어 resulting a. 결과로 초래된 thickness n. 두께 offensive a. 불쾌한, 모욕적인

52

According to the talk, why should the compost pile be turned regularly?

(a) to keep the microorganisms active
(b) to increase the amount of the microorganisms
(c) to keep the microorganisms alive
(d) to distribute the microorganisms uniformly

대화에 따르면, 왜 퇴비 더미를 주기적으로 돌려야 하는가?

(a) 미생물을 활성 상태로 만들기 위해
(b) 미생물의 양을 증가시키기 위해
(c) 미생물을 살아있게 하기 위해
(d) 미생물을 균일하게 분배하기 위해

해설 최소한 일주일에 한 번씩 더미를 돌려야 퇴비 재료들의 분해 속도가 빨라져 미생물이 더미 전체에 골고루 퍼지게 된다고 이야기하므로 미생물을 균일하게 분배하기 위해 주기적으로 돌려야 한다는 것을 알 수 있다. 따라서 (d) to distribute the microorganisms uniformly가 정답이다.

단어 regularly ad. 주기적으로, 규칙적으로 microorganism n. 미생물 active a. 활동적인, 활성의 alive a. 살아 있는 distribute v. 분배하다, 나누다 uniformly ad. 균일하게, 균등하게

Reading & Vocabulary

53.	54.	55.	56.	57.	58.	59.
(b)	(d)	(a)	(c)	(d)	(b)	(c)
60.	61.	62.	63.	64.	65.	66.
(c)	(d)	(a)	(b)	(d)	(a)	(a)
67.	68.	69.	70.	71.	72.	73.
(d)	(a)	(c)	(d)	(a)	(d)	(c)
74.	75.	76.	77.	78.	79.	80.
(d)	(a)	(c)	(b)	(c)	(a)	(c)

PART 1

해석

SIR FRANCIS DRAKE

Sir Francis Drake was the first English sailor and navigator to sail around the world. Drake was instrumental in defeating the Spanish Armada and was the most famous sea captain of the Elizabethan era.

Francis Drake was born in Tavistock, England, in around 1540 to Edmund Drake and Mary Mylwaye. He first went to sea at the age of 12 as a crew apprentice and commanded his own ship by the age of 20.

In 1567, Drake joined a fleet sailing on one of the first English voyages that brought African slaves to the New World. 53) A Spanish squadron attacked the fleet, considering the sailors pirates, and destroyed most of its ships. Since then, the Spanish became Drake's sworn enemy, and he vowed to get revenge.

프랜시스 드레이크 경

프랜시스 드레이크 경은 전 세계를 항해한 최초의 영국 선원이자 항해자였다. 드레이크는 스페인의 무적 함대를 물리치는 데 중요한 역할을 했고 엘리자베스 시대의 가장 유명한 선장이었다.

프랜시스 드레이크는 1540년경 영국 타비스톡에서 에드먼드 드레이크와 메리 밀웨이 사이에서 태어났다. 그는 12살에 처음으로 견습 선원으로 바다에 나갔고, 20살이 되자 자신의 배를 지휘했다.

1567년에, 드레이크는 아프리카 노예들을 신세계(아메리카 대륙)로 데려가는 영국의 첫 항해들 중 하나를 떠나는 선단에 합류했다. 53) 한 스페인 소함대가 선원들을 해적으로 생각하여 선단을 공격했고, 배들의 대부분을 파괴시켰다. 이후, 스페인은 드레이크의 철천지원수가 되었고, 그는 복수를 하기로 맹세했다.

Drake got his chance in 1577 when he received a fleet of five ships and 164 men and was ordered by Queen Elizabeth I to conquer the Spanish colonies occupying the American Pacific Coast. Drake set sail for the Pacific aboard his flagship, the *Pelican*. [54] Along the way, he captured his sixth ship from the Spaniards. He ordered its captain, Nuno da Silva, to help him navigate the unfamiliar South American coast.

드레이크는 그가 5대의 함대와 164명의 선원들을 받고 엘리자베스 1세 여왕으로부터 아메리카 태평양 연안을 점령하고 있는 스페인 식민지들을 정복하라는 명령을 받았던 1577년에 기회를 얻었다. 드레이크는 주력 기함인 '펠리칸' 호를 타고 태평양을 향해 항해했다. [54] 가는 도중, 그는 스페인 사람들로부터 그의 여섯 번째 배를 포획했다. 그는 배의 선장인 누노 다 실바에게 그가 익숙하지 않은 남아메리카 해안을 항해하는 것을 도우라고 명령했다.

A series of [58] **mishaps** marked Drake's South American voyage. First, he lost two ships while crossing the Atlantic, and a third, that of da Silva, before reaching the Strait of Magellan. Violent storms destroyed another vessel while crossing the Pacific Ocean. [55] Shortly before reaching their destination, a fifth ship was forced to retreat to England. Despite having only one ship left, Drake went on to navigate the Strait of Magellan.

일련의 [58] **작은 사고들**이 드레이크의 남아메리카 항해에서 발생했다. 첫째, 그는 대서양을 건너는 도중 배 두 척을 잃었고, 세 번째로, 마젤란 해협에 도착하기 전 다 실바의 배를 잃었다. 거센 폭풍우들이 태평양을 건너는 동안 또 다른 배를 파괴했다. [55] 그들의 목적지에 도달하기 바로 직전에, 다섯 번째 배는 영국으로 후퇴할 수밖에 없었다. 오직 한 척의 배만 남았음에도 불구하고, 드레이크는 마젤란 해협을 계속 항해했다.

Drake successfully reached the coast of South America and [59] **plundered** Spanish ships, ports, and towns, stealing much of their wealth. He then sailed to Peru, where he captured two more ships and seized vast amounts of treasure. Sailing farther on, Drake reached an unknown land, which he named New England. He then proceeded west, passing by Moluccas, Celebes, Java, and the Cape of Good Hope, [56] eventually reaching the western tip of Africa in July 1580.

드레이크는 성공적으로 남아메리카 해안에 도착했고 스페인의 배들과 항구, 마을을 [59] **약탈해** 그들의 많은 재산을 빼앗았다. 그 후 그는 페루로 항해를 했고, 그곳에서 그는 두 척의 배를 차지하고 엄청난 양의 보물들을 장악했다. 더 멀리 항해하면서, 드레이크는 그가 뉴 잉글랜드라고 명명한 미지의 땅에 도착했다. 그 후 그는 몰루카 제도, 셀레베스(인도네시아 지역), 자바, 그리고 희망봉(남아프리카 지역)을 지나 서쪽으로 계속해서 나아갔고, [56] 마침내 1580년 7월에 아프리카 대륙의 서쪽 끝에 도착했다.

[57] Drake returned to England in September 1580 laden with treasure, including spices and chests filled with coins and jewelry, the value of which more than doubled England's yearly income. Pleased with the gifts, the Queen hailed him a hero of England and [57] granted him knighthood in April 1581.

[57] 드레이크는 1580년 9월 향신료, 동전들과 보물로 가득 찬 상자를 포함한 보물들을 잔뜩 싣고 영국으로 돌아갔는데, 그 가치는 영국의 연간 수입의 두 배 이상이었다. 선물에 기뻐하며, 여왕은 그를 영국의 영웅으로 맞이하며 [57] 그에게 1581년 4월 기사 작위를 수여했다.

단어

sailor n. 선원, 뱃사람 **navigator** n. 항해자 **sail** v. 항해하다, 나아가다 **instrumental** a. 도움이 되는
defeat v. 물리치다, 패배 시키다 **armada** n. 무적 함대 **apprentice** n. 견습, 수습생
command v. 지휘하다, 명령하다, 지시하다 **fleet** n. 함대, 선단 **voyage** n. 항해하다, 여행하다 **slave** n. 노예
squadron n. 소함대 **pirate** n. 해적 **sworn enemy** n. 철천지원수, 불구대천의 원수, 적 **vow** v. 맹세하다, 서약하다
revenge n. 복수, 보복 **order** v. 명령하다, 주문하다 **conquer** v. 정복하다, 물리치다 **colony** n. 식민지
occupy v. 점령하다, 차지하다 **flagship** n. 주력 기함 **capture** v. 차지하다, 억류하다 **Spaniard** n. 스페인 사람, 스페인인
unfamiliar a. 익숙하지 않은, 낯선 **mishap** n. 작은 사고 **destroy** v. 파괴하다, 말살하다 **vessel** n. 배, 선박
destination n. 목적지 **retreat** v. 퇴각하다, 후퇴하다 **plunder** v. 약탈하다, 강탈하다 **steal** v. 빼앗다, 훔치다
unknown a. 미지의, 알려지지 않은 **proceed** v. 계속 나아가다 **laden** a. 잔뜩 실은 **spice** n. 향신료 **chest** n. 상자, 궤
income n. 수입, 소득 **hail** v. 맞이하다, 환영하다 **grant** v. 인정하다, 주다, 수여하다 **knighthood** n. 기사 작위, 나이트 작위

문제

53

When did Francis Drake's conflict with the Spaniards start?

(a) when he started commanding his own ship
(b) when the Spaniards attacked his fleet
(c) when his fleet encountered Spanish pirates
(d) when he started training with a ship's crew

언제 프란시스 드레이크와 스페인 사람들의 갈등이 시작되었는가?

(a) 그가 자신의 배를 지휘하기 시작했을 때
(b) 스페인 사람들이 그의 함대를 공격했을 때
(c) 그의 함대가 스페인 해적과 마주쳤을 때
(d) 그가 배의 선원과 함께 훈련을 시작했을 때

해설 1567년, 한 스페인 소함대가 프란시스 드레이크 소속의 항해자들을 해적으로 생각하고 공격해 배들을 파괴시킨 이후 드레이크는 스페인을 원수로 삼아 복수를 맹세했다는 내용을 통해 (b) when the Spaniards attacked his fleet가 정답임을 알 수 있다.

단어 **conflict** n. 갈등, 충돌 **command** v. 지휘하다, 명령하다, 지시하다 **fleet** n. 함대 **encounter** v. 마주치다, 맞닥뜨리다 **pirate** n. 해적

54

Why most likely did Drake take Nuno da Silva with him on his expedition?

(a) to ask for his help in conquering the Spanish settlements
(b) to take him as a hostage to present to the Queen
(c) to order him to repair one of the fleet's ships
(d) to make him guide the fleet to the Spanish colonies

왜 드레이크는 그의 탐험에 누노 다 실바를 데리고 갔을까?

(a) 스페인 정착지를 정복하는 데 그의 도움을 요청하기 위해
(b) 그를 인질로 잡아 여왕에게 바치기 위해
(c) 그에게 함대의 선박 중 하나를 수리하도록 명령하기 위해
(d) 그가 스페인 식민지로 함대를 안내하도록 하기 위해

해설 드레이크가 스페인 식민지들을 정복하라는 명령을 받고 배를 차지한 후, 누노 다 실바에게 남아메리카 해안을 항해하는 것을 도우라고 명령했다는 내용을 통해 스페인 식민지들로 함대를 안내하도록 하기 위해 데려갔음을 알 수 있다. 따라서 (d) to make him guide the fleet to the Spanish colonies가 정답이다.

단어 expedition n. 탐험 ask for v. 요청하다, 요구하다 conquer v. 정복하다, 물리치다 settlement n. 정착지, 정착 hostage n. 인질 repair v. 수리하다, 보수하다, 수선하다 colony n. 식민지

55

How did Drake lose his fifth ship on his way to South America?

(a) It had to sail back to its home port.
(b) It was wrecked crossing the Pacific.
(c) It got lost in the Atlantic Pacific Coast.
(d) It was captured by a Spanish squadron.

어떻게 드레이크는 남아메리카로 가는 도중에 그의 다섯 번째 배를 잃었는가?

(a) 배가 모항으로 귀항해야 했다.
(b) 배가 태평양을 건너다가 난파되었다.
(c) 배가 대서양 태평양 해안에서 길을 잃었다.
(d) 배가 스페인 소함대에 의해 붙잡혔다.

해설 다섯 번째 배가 목적지에 도달하기 바로 직전 영국으로 퇴각하도록 강요되었다는 내용을 통해 (a) It had to sail back to its home port가 정답임을 알 수 있다.

단어 sail back v. 귀항하다 home port n. 모항 wreck v. 난파하다, 파괴하다 squadron n. 소함대

56

Where did Drake last land before returning to England?

(a) the southern part of the Moluccas
(b) a place he called New England
(c) somewhere around the western coast of Africa
(d) off the coast of Peru

어디에 드레이크가 영국으로 돌아가기 전 마지막으로 입항했는가?

(a) 몰루카 강의 남부
(b) 그가 뉴 잉글랜드라고 불렀던 곳
(c) 아프리카 서부 해안 주변 어딘가
(d) 페루 앞바다

해설 드레이크는 계속 나아가 마침내 1580년 7월에 아프리카 대륙의 서쪽 끝에 도착했으며, 9월에 영국으로 돌아갔다는 내용을 통해 마지막 입항지는 아프리카 서부 해안 주변 어딘가라는 것을 알 수 있다. 따라서 (c) somewhere around the western coast of Africa가 정답이다.

단어 land v. 입항하다, 착륙하다 return v. 돌아가다, 귀환하다 coast n. 해안 off the coast ad. ~ 앞바다에

57

Based on the passage, why most likely did Queen Elizabeth I knight Francis Drake?

(a) He was the first Englishman to lead an expedition.
(b) He conquered a new land for England.
(c) He was able to travel around the world.
(d) He brought honor and riches to England.

본문에 따르면, 엘리자베스 1세 여왕이 왜 프란시스 드레이크에게 기사 작위를 내렸을 것 같은가?

(a) 그는 탐험대를 이끈 최초의 영국인이었다.
(b) 그는 영국을 위해 새로운 땅을 정복했다.
(c) 그는 전 세계를 여행할 수 있었다.
(d) 그는 영국에 명예와 부를 가져다주었다.

해설 드레이크가 영국으로 돌아갈 때 싣고 간 향신료, 동전, 보물들의 가치가 영국 연간 수입의 두 배 이상이었다는 내용을 통해 영국에 명예와 부를 가져다주었다는 이유로 기사 작위를 내렸음을 알 수 있다. 따라서 (d) He brought honor and riches to England가 정답이다.

단어 expedition n. 탐험대, 탐험 conquer v. 정복하다, 물리치다 honor n. 명예, 영예

58

In the context of the passage, mishaps means ________.

(a) blessings
(b) misfortunes
(c) mistakes
(d) uncertainties

글의 문맥 상, mishaps는 ________을 의미한다.

(a) 축복
(b) 불행
(c) 실수
(d) 불확실성

해설 문맥 상 일련의 작은 사고들이 발생했다고 설명하며 뒤에 여러 불행한 사고들이 이어지고 있으므로 '**작은 사고, 불행**'이 적절하다. 따라서 (b) misfortunes가 정답이다.

59

In the context of the passage, plundered means ________.

(a) destroyed
(b) colonized
(c) robbed
(d) supported

글의 문맥 상, plundered는 ________을 의미한다.

(a) 파괴했다
(b) 식민지로 만들었다
(c) 약탈했다
(d) 지원했다

해설 문맥 상 드레이크가 스페인의 배들과 항구, 마을을 약탈해 재산을 빼앗았다고 설명하므로 '**약탈했다**'가 적절하다. 따라서 (c) robbed가 정답이다.

해석

RESEARCHERS HAVE DISCOVERED FOSSILS OF A "WALKING SEAL"

The remains of what is believed to be a prehistoric "walking seal" were recently discovered by accident during an expedition in the Canadian Arctic. [60] Canadian paleobiologist Natalia Rybczynski and her team were exploring the Haughton meteor impact crater on Devon Island when they [65] **stumbled** upon bones lying on the snow. At first glance, they thought that the bones belonged to a primitive otter. Upon closer examination, however, they identified them to be of an early form of seal.

Researchers examined the skeleton, which was over 65 percent intact, and learned that the specimen was at least 20 million years old. They named the species *Puijila darwini*, from the Inuit word *puijila*, meaning "young sea mammal," and *darwini*, in reference to Charles Darwin.

The animal was 43 inches long, with a stretched-out body that would have allowed it to swim easily in the water. It had large canine teeth, a short, flattened nose, [61] and a jaw that suggested that the creature was carnivorous and preyed on small animals. Unlike modern seals, which have flippers, [62] *Puijila* had webbed feet similar to that of a duck. This indicates that it was adept at both swimming and walking. Scientists speculate that when freshwater lakes froze during the winter, *Puijila* migrated over land to the sea to hunt for food.

연구원들이 "걸어 다니는 물개"의 화석을 발견했다

선사시대의 "걸어 다니는 물개"로 추정되는 유해가 최근 캐나다 북극에 한 탐험 도중 우연히 발견되었다. [60] 캐나다의 고생물학자인 나탈리아 립진스키와 그녀의 팀은 데번 섬의 호튼 운석 충돌 분화구를 탐험하고 있을 때 눈 위에 놓여있는 뼈들을 [65] **우연히 발견했다**. 언뜻 보기에는, 그들은 그 뼈들이 원시 수달의 것이라고 생각했다. 그러나, 자세히 조사해보니, 그들은 그것들이 물개의 초기 형태라는 것을 밝혀냈다.

연구자들은 65% 이상이 온전한 골격을 조사했고, 표본이 적어도 2,000만년이 되었다는 것을 밝혀냈다. 그들은 그 표본을 "어린 바다 포유류"를 의미하는 이누이트 단어 '푸이질라'와, 찰스 다윈을 지칭하는 '다위니'라는 말에서 그 표본을 '푸이질라 다위니'라고 명명했다.

이 동물은 물속에서 쉽게 수영을 할 수 있도록 하는 43인치로 길게 뻗은 몸통을 가졌다. 이 동물은 큰 송곳니, 짧고 납작한 코, [61] 그리고 그 생명체가 육식성이며 작은 동물들을 잡아먹었다는 것을 암시하는 턱을 가지고 있었다. 지느러미를 가진 현대의 물개와는 달리, [62] '푸이질라'는 오리와 유사한 물갈퀴를 가지고 있었다. 이는 수영과 보행에 모두 능숙했다는 것을 보여준다. 과학자들은 겨울 동안 담수 호수가 얼었을 때, 푸이질라가 먹이를 사냥하기 위해 육지를 건너 바다로 이주했다고 추측한다.

The new discovery may provide the possible missing link in the evolution of pinnipeds—sea mammals with flippers that include seals, sea lions, and walruses. [63] Scientists also believe that the finding could help explain how mammals evolved from animals with legs that lived strictly on land to animals with flippers that lived partly on land and in water.

이 새로운 발견은 물개, 바다사자, 바다코끼리를 포함하는 지느러미를 가진 바다 포유류인 기각류의 진화에서 잃어버린 연관성을 제공해 줄 수도 있다. [63] 과학자들은 또한 이 발견이 어떻게 포유류들이 전적으로 육지에서만 살았던 다리를 가진 동물들에서 부분적으로 육지와 물에서 살았던 지느러미를 가진 동물들로 진화했는지를 설명하는 데 도움을 줄 수 있다고 믿는다.

The *Puijila* skeleton is currently on display at the Canadian Museum of Nature in Ottawa. The discovery [66] **reaffirmed** the significance of doing research in remote places such as the Arctic. [64] Though a remarkable find, however, other scientists advise that the researchers perform more skeletal analyses to establish where *Puijila* exactly belongs in the pinniped family tree.

'푸이질라' 해골은 현재 오타와에 있는 캐나다 자연사 박물관에 전시되어 있다. 이 발견으로 북극과 같이 멀리 떨어진 장소에서 연구를 하는 것의 중요성을 [66] **재차 확인했다**. [64] 그러나 비록 놀라운 발견물일지라도, 다른 과학자들은 '푸이질라'가 정확하게 기각류의 계통도에서 어디에 속하는지를 입증하기 위해 연구자들이 더 많은 골격 분석을 진행해야 한다고 조언한다.

단어

fossil n. 화석　seal n. 물개, 바다표범　remains n. 유해　prehistoric a. 선사 시대의　by accident ad. 우연히
expedition n. 탐험, 여정　arctic n. 북극　paleobiologist n. 고생물학자　meteor n. 운석, 유성　impact n. 충돌
crater n. 분화구　stumble upon v. ~를 우연히 발견하다　bone n. 뼈　glance n. 흘끗 봄, 언뜻 봄
primitive a. 초기의, 원시적인 단계의　otter n. 수달　examination n. 조사, 검사　skeleton n. 골격, 해골, 뼈대
intact a. 온전한, 전혀 다치지 않은　specimen n. 표본, 견본　canine teeth n. 송곳니　flattened a. 평평한, 납작한
jaw n. 턱　creature n. 생명체, 생물　carnivorous a. 육식성의, 육식의　prey on v. ~를 먹이로 하다
flipper n. 지느러미, 물갈퀴　webbed feet n. 물갈퀴　duck n. 오리　indicate v. 보여주다, 나타내다
speculate v. 추측하다, 짐작하다　freshwater n. 민물, 담수　migrate v. 이주하다　evolution n. 진화
pinnipeds n. 기각류　mammal n. 포유류　walrus n. 바다코끼리　strictly ad. 전적으로, 절대적으로
reaffirm v. (무엇이 사실임을)재차 확인하다　remarkable a. 놀라운, 주목할 만한　find v. 발견하다 n. 발견물

문제

60

When did Natalia Rybczynski's team discover the fossils of the "walking seal"?

(a) while they were searching for prehistoric sea creatures
(b) while they were on a hunting expedition
(c) while they were studying a big hole caused by a meteor
(d) while they were stranded in the Arctic after an accident

언제 나탈리아 립진스키의 팀이 "걸어 다니는 물개"의 화석을 발견했는가?

(a) 그들이 선사 시대의 해양 생물을 찾는 동안
(b) 그들이 사냥 원정을 떠나 있던 동안
(c) 그들이 운석에 의해 생겨난 큰 구멍을 연구하는 동안
(d) 그들이 사고 후 북극에 발이 묶여 있던 동안

해설 나탈리아 립진스키와 팀이 운석 충돌 분화구를 탐험하고 있을 때 뼈들을 우연히 발견했다는 내용을 통해 (c) while they were studying a big hole caused by a meteor가 정답임을 알 수 있다.

단어 fossil n. 화석 prehistoric a. 선사 시대의 hunting n. 사냥 expedition n. 원정, 탐험 meteor n. 운석, 유성 strand v. 발을 묶다, 오도가도 못하다

61

Why did the scientists presume that *Puijila darwini* was meat-eating?

(a) Most carnivores developed 20 million years ago.
(b) Its feet were designed for hunting down prey.
(c) Modern seals are also meat-eating.
(d) Its mouth was fit for feeding on small animals.

왜 과학자들은 '푸이질라 다위니'가 육식을 한다고 추정했는가?

(a) 대부분의 육식 동물들은 2천만 년 전에 생겨났다.
(b) 그 발이 먹이를 사냥하기 위해 고안되었다.
(c) 현대 물개 또한 육식을 한다.
(d) 그 입은 작은 동물을 먹기에 적합했다.

해설 푸이질라 다위니가 육식성이며, 작은 동물을 잡아먹었다는 것을 암시하는 턱을 가지고 있었다는 내용을 통해 (d) Its mouth was fit for feeding on small animals가 정답임을 알 수 있다.

단어 presume v. 추정하다, 여기다 carnivore n. 육식 동물 feet n. 발 prey n. 먹이

62

How may having webbed feet instead of flippers have helped *Puijila* survive?

(a) by letting them hunt both on land and in water
(b) by preventing their feet from freezing
(c) by allowing them to run faster than land animals
(d) by helping them break through frozen lakes to hunt

어떻게 지느러미 대신 물갈퀴가 '푸이질라'가 생존할 수 있도록 도왔을 것 같은가?

(a) 육지와 물 모두에서 사냥을 할 수 있게 함으로써
(b) 그들의 발이 얼어붙는 것을 방지함으로써
(c) 그들이 육지 동물들보다 더 빨리 뛰게 함으로써
(d) 그들이 사냥하기 위해 얼어붙은 호수를 뚫고 나갈 수 있도록 도와줌으로써

해설 푸이질라의 물갈퀴가 수영과 보행에 모두 능숙했다고 설명하며, 평소 물에서 사냥을 하다가 겨울에 호수가 얼었을 때는 육지를 건너 바다로 이주했다는 내용을 통해 물갈퀴를 사용해 육지와 물 모두에서 사냥을 했음을 알 수 있다. 따라서 **(a) by letting them hunt both on land and in water**이 정답이다.

단어 **webbed feet** n. 물갈퀴 **flipper** n. 지느러미, 오리발 **prevent** v. 방지하다, 막다

63

Based on the article, what can most likely be said about modern pinnipeds?

(a) They used to live in the water.
(b) They may have once lived solely on land.
(c) They migrated from the Arctic.
(d) Their flippers are slowly turning into webbed feet.

기사에 따르면, 현대의 기각류에 대해 무엇이라고 말할 수 있을까?

(a) 그들은 물 속에서 살았다.
(b) 그들은 한때 육지에서만 살았을지도 모른다.
(c) 그들은 북극에서 이주했다.
(d) 그들의 지느러미가 물갈퀴로 서서히 변하고 있다.

해설 기각류의 진화로 포유류들이 전적으로 육지에서만 살 수 있는 다리를 가진 동물들에서 부분적으로 육지와 물에서 살 수 있는 물갈퀴를 가진 동물들로 진화했다는 내용을 통해 한때 육지에서만 살았다는 것을 추측할 수 있다. 따라서 **(b) They may have once lived solely on land**가 정답이다.

단어 **pinniped** n. 기각류 **migrate** v. 이주하다

64

What are other scientists proposing about the walking seal?

(a) that it be exhibited outside Canada
(b) that more discoveries similar to it be made
(c) that its earlier forms be discovered
(d) that its evolutionary sequence be studied

다른 과학자들은 걸어 다니는 물개에 대해 무엇을 제안하고 있는가?

(a) 캐나다 이외에서 전시되어야 한다
(b) 이것과 유사한 더 많은 발견이 있어야 한다
(c) 초기의 형태가 발견되어야 한다
(d) 진화의 과정이 연구되어야 한다

해설 다른 과학자들은 푸이질라가 정확히 기각류의 계통도에서 어디에 속하는지 입증하기 위해 연구자들이 더 많은 골격 분석을 진행해야 한다고 권고한다는 내용을 통해 진화의 과정을 연구해야 한다고 제안하는 것을 알 수 있다. 따라서 (d) that its evolutionary sequence be studied가 정답이다.

단어 propose v. 제안하다, 제시하다 exhibit v. 전시하다 discovery n. 발견 evolutionary a. 진화의, 점진적인 sequence n. 과정, 순서

65

In the context of the passage, <u>stumbled</u> means ________.

(a) chanced
(b) picked
(c) avoided
(d) hesitated

글의 문맥 상, <u>stumbled</u>는 ________을 의미한다.

(a) 우연히 발견했다
(b) 골랐다
(c) 피했다
(d) 망설였다

해설 문맥 상 팀이 운석 충돌 분화구를 탐험할 때 뼈들을 우연히 발견했다고 설명하므로 '**우연히 발견했다**'가 적절하다. 따라서 (a) chanced가 정답이다.

66

In the context of the passage, <u>reaffirmed</u> means ________.

(a) confirmed
(b) supposed
(c) extended
(d) suggested

글의 문맥 상, <u>reaffirmed</u>는 ________을 의미한다.

(a) 확인했다
(b) 추측했다
(c) 확장했다
(d) 제안했다

해설 문맥 상 이 발견으로 멀리 떨어진 장소에서 연구를 하는 것의 중요성을 재차 확인했다고 설명하므로 '**재차 확인했다, 확인했다, 더 분명히 했다**'가 적절하다. 따라서 (a) confirmed가 정답이다.

해석

SILVER COIN

The silver coin is one of the oldest forms of currency known to man. Originating from ancient civilizations thousands of years ago, [67-b)] one of the coin's earliest specimens was made from a gold and silver alloy and [67-c)] featured an image of an animal on one side. Over time, [67-a)] silver coins evolved into many sizes and shapes and acquired different designs. Some are highly prized for their rarity, condition, and historical significance.

Evidence found on the islands of the Aegean Sea revealed that people had [72)] **extracted** silver from lead as far back as 3000 BCE. [68)] Being a soft, easily-shaped metal, silver was usually fashioned into jewelry and other ornaments. Ancient people also used silver items for bartering, an early form of trade wherein people exchanged goods and services instead of paying with money.

The earliest silver coins were developed in Greek Anatolia, present-day Turkey, around 700 to 600 BCE. Their use was adopted throughout Greece, Persia, and later, the Roman city-states. Ancient Greeks created the "drachma" as a silver trade coin, while early Romans issued the silver "denarii" coin. Ancient civilizations typically used silver coins to fund military operations. [69)] Their wide distribution resulted in the portraits of their rulers and their architectural achievements becoming known to neighboring countries.

은화

은화는 인간에게 알려진 화폐의 가장 오래된 형태들 중 하나이다. 수천 년 전 고대 문명에서 유래한, [67-b)] 이 동전의 가장 초기의 견본 중 하나는 금과 은의 합금으로 만들어졌으며 [67-c)] 한쪽 면에 동물의 모습을 특징으로 삼고 있었다. 시간이 흐르면서, [67-a)] 은화는 다양한 크기와 형태로 발전했고 다양한 디자인을 습득했다. 일부는 희귀성, 상태, 그리고 역사적인 중요성으로 높이 평가되고 있다.

에게 해의 섬들에서 발견된 증거는 사람들이 기원전 3000년 전 까지만 해도 납에서 은을 [72)] **추출했다는** 것을 보여줬다. [68)] 부드럽고, 쉽게 성형이 가능한 금속인 은은 일반적으로 보석류와 다른 장신구들로 만들어졌다. 고대인들은 또한 물물교환을 위해 은품을 사용했는데, 이는 돈을 지불하는 대신에 상품과 서비스를 교환하는 초기의 거래 형태였다.

최초의 은화들은 현재의 터키 지역인, 그리스 아나톨리아에서 기원전 700년에서 600년경에 개발되었다. 은화의 사용은 그리스, 페르시아, 그리고 나중에, 로마의 도시 국가들을 통해 채택되었다. 초기 로마인들이 은화 "데나리"를 발행하는 한편 고대 그리스인들은 은으로 된 무역용 동전인 "드라크마"를 만들었다. 고대 시민들은 일반적으로 군사 작전에 자금을 대기 위해 은화를 사용했다. [69)] 은화의 광범위한 보급은 통치자들의 초상화와 건축학적 업적들을 이웃 나라들에 알려질 수 있게 하는 결과를 초래했다.

[70] Generally, silver coins have little monetary value because they are produced in the millions. This is why old and rare forms of the coin are highly sought after. Another factor that contributes to the value of a silver coin is its condition. Silver coins that are in [73] **mint** condition are more desirable to collectors than those that are dented or damaged. Commemorative coins, on the other hand, are made from silver in its purest form. These, along with ancient coins, are available for viewing in museums, galleries, and through private collections.

Some countries still produce 100% pure silver coins as a special coin series. However, when widely used as a form of currency, silver coins must be durable. [71] Governments therefore mix silver with harder metals, such as copper and tin, to make the coins stronger and more suitable for widespread use.

[70] 일반적으로, 은화들은 수백만 개씩 생산되기 때문에 화폐 가치가 거의 없다. 이것이 오래되고 희귀한 동전의 형태들이 수요가 많은 이유이다. 은화의 가치에 기여하는 또 다른 요소는 은화의 상태이다. [73] **새것과 같은** 상태의 은화들은 움푹 들어가거나 손상된 은화들보다 수집가들에게 더욱 바람직하다. 반면, 기념 주화들은 가장 순수한 형태의 은으로 만들어진다. 이러한 것들은 고대 동전들과 함께 박물관과 미술관에서, 그리고 개인 소장품들을 통해 관람할 수 있다.

일부 국가들은 여전히 순도 100% 은화를 특별한 동전 시리즈로 생산하고 있다. 그러나, 화폐의 형태로 널리 사용될 때는, 은화는 내구성이 있어야 한다. [71] 따라서 정부들은 폭넓게 사용되도록 동전을 더 강하고 적합하기 만들기 위해 은을 구리와 주석과 같이 더 단단한 금속과 혼합한다.

단어

currency n. 화폐, 통화 **originate** v. 유래하다, 비롯하다 **civilization** n. 문명 **specimen** n. 견본, 표본
alloy n. 합금 **feature** v. 특징으로 삼다, 특징을 이루다 **acquire** v. 습득하다, 얻다 **rarity** n. 희귀성, 진귀성
significance n. 중요성 **reveal** v. 보여주다, 밝히다 **extract** v. 추출하다, 뽑다 **ornament** n. 장신구, 장식품
bartering n. 물물교환 **trade** n. 거래, 무역 **issue** v. 발행하다 **fund** v. 자금을 대다, 기금을 대다 **operation** n. 작전, 활동
distribution n. 보급, 분배 **portrait** n. 초상화 **ruler** n. 통치자, 지배자 **architectural** a. 건축학(술)의
monetary a. 화폐의, 통화의 **million** n. 100만 **in mint condition** a. 새것과 같은, 아주 새로운, 제조 직후의 상태와 같은
desirable a. 호감 가는, 가치 있는 **collector** n. 수집가 **dent** v. 움푹 들어가게 만들다, 찌그러뜨리다
commemorative coin n. 기념주화 **purest** a. 가장 순수한 **private** a. 개인 소유의, 사적인
durable a. 내구성이 있는, 오래 가는 **copper** n. 구리 **tin** n. 주석 **suitable** a. 적합한, 알맞은

문제

67

According to the article, what is NOT a feature of the early silver coin?

(a) It came in a number of forms and motifs.
(b) It combined silver with another metal.
(c) It showed images such as animals and portraits.
(d) It was used for bartering for other goods.

기사에 따르면, 초기 은화의 특징이 아닌 것은 무엇인가?

(a) 여러 가지 형태와 디자인으로 만들어졌다.
(b) 은과 다른 금속을 결합했다.
(c) 동물들과 초상화 같은 이미지들을 보여주다.
(d) 다른 물건들과 물물교환하는 데 사용되었다.

해설 (a) 은화는 다양한 크기와 형태로 발전했고, 다양한 디자인을 습득했다는 내용을 통해 알 수 있다.
(b) 초기 견본 중 하나는 금과 은의 합금으로 만들어졌다는 내용을 통해 알 수 있다.
(c) 초기 견본 중 하나가 한쪽 면에 동물의 모습을 특징으로 삼고 있다는 내용을 통해 알 수 있다.
(d) 물물교환은 초기 은화가 아닌 시간이 지난 후의 은화의 특징이므로 **(d) It was used for bartering for other goods**가 정답이다.

단어 **motif** n. (장식용) 디자인 **combine** v. 결합하다

68

Why did early peoples prefer silver for jewelry making?

(a) because it could be shaped with little difficulty
(b) because it was very abundant in Greece
(c) because it could be exchanged for money
(d) because it produced durable jewelry

왜 초기 대중들은 보석 제작을 위해 은을 선호했는가?

(a) 거의 어려움 없이 모양을 만들 수 있기 때문에
(b) 그리스에서 매우 풍부했기 때문에
(c) 돈으로 교환될 수 있었기 때문에
(d) 내구성이 강한 보석을 생산했기 때문에

해설 부드럽고 쉽게 성형이 가능한 금속인 은은 일반적으로 보석류로 만들어졌다는 내용을 통해 어려움 없이 모양을 만들 수 있어 보석 제작에 은을 선호했음을 알 수 있다. 따라서 **(a) because it could be shaped with little difficulty**가 정답이다.

단어 **prefer** v. 선호하다, ~을 더 좋아하다 **abundant** a. 풍부한 **exchange** v. 교환하다, 맞바꾸다 **durable** a. 내구성이 있는, 오래가는

69

How most likely did early leaders become well known with the wide use of silver coins?

(a) by paying their soldiers with the coins
(b) by adopting the coins in many countries
(c) by having their images etched on the coins
(d) by naming the coins after themselves

초기 통치자들은 은화를 널리 사용하면서 얼마나 유명해졌을까?

(a) 군인들에게 동전을 지불함으로써
(b) 많은 나라에서 동전을 채택함으로써
(c) 동전 위에 이미지를 새겨 넣음으로써
(d) 그들 자신의 이름을 따서 동전을 명명함으로써

해설 은화의 광범위한 보급으로 초기 통치자들이 자신의 초상화와 건축학적 업적들을 이웃 나라에 알릴 수 있었다는 내용을 통해 동전에 초상화와 건축학적 업적의 이미지를 새겨 넣어서 유명해질 수 있었음을 추측할 수 있다. 따라서 (c) by having their images etched on the coins가 정답이다.

단어 soldier n. 군인, 군사 adopt v. 채택하다 etch v. 새겨 넣다, 새기다

70

According to the article, why don't silver coins hold much value?

(a) because no rare silver coins were ever made
(b) because silver is an inferior metal
(c) because the coins are difficult to keep in good condition
(d) because too many coins are in circulation

기사에 따르면, 왜 은화가 많은 가치를 갖지 않는가?

(a) 희귀한 은화가 만들어지지 않았기 때문에
(b) 은이 질이 낮은 금속이기 때문에
(c) 동전은 양호한 상태를 유지하기 어렵기 때문에
(d) 너무 많은 동전들이 유통되고 있기 때문에

해설 은화들은 수백만 개씩 생산되기 때문에 화폐 가치가 거의 없다는 내용을 통해 (d) because too many coins are in circulation가 정답임을 알 수 있다.

단어 rare a. 희귀한, 드문 inferior a. 질이 낮은, 열등한 circulation n. 유통

71

What do governments do to make the silver coin fit for widespread use?

(a) They combine it with tougher metals.
(b) They make it as pure as possible.
(c) They use a strong metal that looks like silver.
(d) They keep it from private collectors.

정부는 은화를 폭넓은 사용에 적합하게 하기 위해 어떻게 해야 하는가?

(a) 더 단단한 금속과 결합한다.
(b) 가능한 한 순수하게 만든다.
(c) 은처럼 보이는 강한 금속을 사용한다.
(d) 개인 수집가로부터 그것을 지킨다.

해설 정부는 동전을 더 강하고 적합하게 만들어 폭넓게 사용되도록 하기 위해 구리나 주석과 같은 더 강한 금속과 은을 혼합한다는 내용을 통해 **(a) They combine it with tougher metals**가 정답임을 알 수 있다.

단어 government n. 정부 combine v. 결합하다 tougher a. 더 단단한, 더 튼튼한 collector n. 수집가

72

In the context of the passage, extracted means ________.

(a) valued
(b) summarized
(c) introduced
(d) obtained

글의 문맥 상, extracted는 ________을 의미한다.

(a) 가치 있게 생각했다
(b) 요약했다
(c) 소개했다
(d) 얻어냈다

해설 문맥 상 사람들이 납에서 은을 추출했다고 설명하므로 '**얻어냈다**'가 적절하다. 따라서 **(d) obtained**가 정답이다.

73

In the context of the passage, mint means ________.

(a) worn
(b) unusual
(c) perfect
(d) thorough

글의 문맥 상, mint는 ________을 의미한다.

(a) 낡은
(b) 특이한
(c) 완벽한
(d) 철저한

해설 문맥 상 새것과 같은 상태의 은화들이 손상된 은화들보다 호감을 준다고 설명하므로 '**완벽한**'이 적절하다. 따라서 **(c) perfect**가 정답이다.

PART 4

해석

Farrah Parker
1898 East Sussex St.
Lake Worth, FL

Dear Ms. Parker:

[74] This is in response to your letter that we received on March 10. You complained of having been charged an extra fee for the shipping and handling of your vintage guitar during your flight to Sydney. You stated that this should not have happened given that all flight passengers are entitled to a maximum of 40 pounds of check-in luggage without any fees. [75] With this reasoning, our company should not have imposed an additional fee, as you had not exceeded the baggage weight limit.

[76] We have conducted an investigation regarding this incident and found your complaint to be valid. Our findings conclude that, while the item required special handling due to its [79] **fragile** nature, you should not have been charged an additional fee, as it is the responsibility of the airline company to ensure the proper shipment and safety of cargo at no extra cost.

Our records show that the flight was not fully booked at the time, and as such, [77] the ground attendant should have allowed you to hand-carry the instrument and store it in one of the aircraft's overhead compartments.

파라 파커
플로리다 주 레이크 워스
이스트서식스 가 1989번지

파커양에게

[74] 이 편지는 당사가 3월 10일에 받았던 귀하의 서신에 대한 답신입니다. 귀하는 시드니로 가는 귀하의 비행편에서 귀하의 빈티지 기타의 운송 및 취급비에 추가 요금이 청구되었다고 불만을 제기하셨습니다. 귀하께서는 모든 비행기 탑승객들이 별도의 요금 없이 최대 40파운드의 수하물을 부칠 수 있는 자격이 주어진다는 것을 고려해 볼 때 이러한 일이 발생해서는 안 된다고 언급하셨습니다. [75] 이러한 이유로, 당사는 귀하께서 수하물 중량 제한을 초과하지 않으셨기 때문에, 추가 요금을 부과하지 말았어야 했습니다.

[76] 당사는 이 사건에 대해 조사를 실시했고 귀하의 불만이 정당한 것으로 밝혀졌습니다. 당사의 조사 결과로, 물품이 [79] **파손되기 쉬운** 특성을 갖기 때문에 특별 취급이 필요했지만, 추가 비용 없이 화물을 적절히 선적하고 화물의 안전을 보장하는 것은 항공사의 책임이기 때문에, 귀하께서는 추가 요금을 부과 받지 말았어야 한다는 결론을 내렸습니다.

당사의 기록들은 당시 비행기가 만석 예약이 아니었다는 것을 보여주고 있으며, [77] 따라서, 지상 승무원은 귀하가 악기를 손으로 직접 들고 악기를 항공기의 기내 선반에 보관하도록 허용했어야 합니다.

In light of these events, we would like to offer our sincerest apologies. We would also like to offer you two complimentary round-trip tickets to any domestic destination of your choice as a gesture of goodwill on our part. [78] We assure you that similar incidents will not happen again in the future, and we hope that you will continue [80] **patronizing** Zenith Airways.

Sincerely,

Charlie Birmingham

Charlie Birmingham
Customer Relations Manager
Zenith Airways

이러한 상황에 비추어, 당사는 진심 어린 사과를 드리고 싶습니다. 또한 당사 측에서 호의의 표시로 귀하가 선택하시는 국내 행선지로의 무료 왕복 항공권 두 장을 제공해 드리고 싶습니다. [78] 앞으로 이와 비슷한 사고가 다시는 발생하지 않을 것을 확신하며, 귀하가 제니스 항공사를 계속 [80] **애용해 주시기를** 바랍니다.

진심으로,

찰리 버밍햄

고객 관리 책임자
제니스 항공사

단어

response n. 답신, 회신 complain v. 불만을 제기하다, 불평하다 charge v. (요금을)청구하다
shipping and handling n. 운송 및 취급비, 배송비 state v. 언급하다, 말하다 passenger n. 승객
entitle v. 자격을 주다, 권리를 주다 impose v. 부과하다 exceed v. 초과하다, 넘다 conduct v. 실시하다, 행동하다
investigation n. 조사 incident n. 사건 valid a. 유효한, 정당한 conclude v. 결론을 내리다, 판단을 내리다
fragile a. 파손되기 쉬운, 부서지기 쉬운 additional a. 추가의, 추가적인 fee n. 비용, 요금 responsibility n. 책임, 책임감
ensure v. 보장하다 shipment n. 선적 ground attendant n. 지상직 승무원 instrument n. 악기
compartment n. 짐칸, 칸 sincerest a. 진심 어린, 진정한, 진심의 apology n. 사과 complimentary a. 무료의
round-trip n. 왕복(여행) domestic a. 국내의 goodwill n. 호의, 친선 assure v. 확신하다, 장담하다
patronize v. 애용하다

문제

74

What is Charlie Birmingham's main purpose in writing to Farrah Parker?

(a) to remind her of the airline's baggage limits
(b) to acknowledge their receipt of her complaint letter
(c) to instruct her on how to claim her luggage
(d) to inform her about the outcome of her complaint

파라 파커에게 편지를 쓰는 데 있어 찰리 버밍햄의 주된 목적은 무엇인가?

(a) 그녀에게 항공사 수하물의 한도를 상기시키기 위해
(b) 그녀의 이의제기 서신을 수신했음을 알리기 위해
(c) 그녀에게 수하물을 찾는 방법을 알려주기 위해
(d) 그녀에게 불만에 대한 처리 결과를 통지하기 위해

해설 서문에서 해당 편지가 파라 파커의 서신에 대한 답신이라고 언급하며, 기타 운송 및 취급비에 추가 요금이 청구되었다고 불만을 제기한 것에 대한 결론과 처리 방침을 안내하고 있으므로 (d) to inform her about the outcome of her complaint가 정답임을 알 수 있다.

단어 remind A of B v. A에게 B를 상기시키다 baggage n. 수하물 acknowledge v. 알리다, 인정하다 receipt n. 수령, 받기, 인수 complaint n. 이의제기, 불평, 불만 instruct v. 알려주다, 전하다 outcome n. 결과

75

Why did Parker protest the additional charge imposed by the airline?

(a) Her check-in luggage was still within the weight limit.
(b) The airline company did not take care of her luggage.
(c) She was charged without giving proper consent.
(d) Other passengers did not have to pay a fee.

왜 파커는 항공사가 부과한 추가 비용에 이의를 제기했는가?

(a) 그녀가 부칠 수 있는 수하물이 여전히 중량 한도 내에 있었다.
(b) 항공사가 그녀의 수하물을 처리하지 않았다.
(c) 그녀는 적절한 합의 없이 기소되었다.
(d) 다른 승객들은 요금을 지불할 필요가 없었다.

해설 파커가 수하물 중량 제한을 초과하지 않았기 때문에 항공사가 추가 요금을 부과해서는 안된다고 언급했다는 내용을 통해 (a) Her check-in luggage was still within the weight limit가 정답임을 알 수 있다.

단어 protest v. 이의를 제기하다, 항의하다 limit n. 한도, 한계, 제한 charge v. 기소하다, 고소하다 consent n. 합의

76

What was the result of Birmingham's investigation?

(a) that the airline did not make a mistake
(b) that further investigation is necessary
(c) that Parker's complaint was reasonable
(d) that the situation could not be remedied

버밍햄의 조사 결과는 무엇이었는가?

(a) 항공사는 실수를 범하지 않았다는 것
(b) 추가 조사가 필요하다는 것
(c) 파커의 불평이 타당하다는 것
(d) 상황이 해결되어질 수 없다는 것

해설 버밍햄은 조사를 실시해 파커의 불만이 정당한 것으로 밝혀졌다는 내용이 나오고 있으므로 (c) that Parker's complaint was reasonable이 정답이다.

단어 investigation n. 조사 further a. 추가의, 더 이상의 necessary a. 필요한 reasonable a. 타당한, 합리적인 remedy v. 해결하다, 처리하다

77

What does Birmingham say that the ground attendant should have done about Parker's concern?

(a) assure Parker that her guitar would be safe
(b) allow Parker to bring her guitar onto the plane
(c) ask Parker to leave her guitar at the airport
(d) remind Parker that her guitar would be charged extra

버밍햄은 지상직 승무원이 파커의 우려에 대해 어떻게 했어야 한다고 말하는가?

(a) 파커에게 그녀의 기타가 안전할 것이라고 확신시켜야 했다
(b) 파커가 그녀의 기타를 기내에 가지고 오도록 허용했어야 했다
(c) 파커에게 공항에 그녀의 기타를 두고 가라고 요청했어야 했다
(d) 파커에게 기타에 추가 요금이 청구될 것이라고 상기시켜야 했다

해설 지상 승무원이 파커가 악기를 손으로 직접 들고 항공기의 머리 위 짐칸에 보관하도록 허용했어야 한다는 내용을 통해 (b) allow Parker to bring her guitar onto the plane이 정답임을 알 수 있다.

단어 concern n. 걱정, 우려 assure v. 확신하다, 장담하다

78

Based on the letter, what will the airline probably avoid doing in the future?

(a) booking complaining customers
(b) registering passengers who don't know the airline's rules
(c) making unreasonable charges
(d) offering free tickets to aggrieved passengers

편지에 따르면, 항공사는 앞으로 무엇을 하기를 피할 것 같은가?

(a) 불평하는 고객들의 예약을 잡아 주는 것
(b) 항공사 규칙을 모르는 승객들을 등록시켜 주는 것
(c) 불합리한 요금을 부과하는 것
(d) 불만을 품은 승객들에게 무료 항공권을 제공하는 것

해설 항공사가 앞으로 편지의 내용과 비슷한 사고가 다시는 발생하지 않도록 하겠다는 내용을 통해 추가 요금 부과에 대한 파커의 이의를 받아들여 항공사가 앞으로 불합리하게 요금 부과를 하지 않을 것임을 알 수 있다. 따라서 (c) making unreasonable charges가 정답이다.

단어 **book** v. 예약하다 **complain** v. 불평하다, 항의하다 **register** v. 등록하다, 기재하다 **unreasonable** a. 불합리한, 비합리적인 **charge** n. 요금 **offer** v. 제공하다, 내놓다 **aggrieved** a. 불만을 품은, 분개한, 억울해 하는

79

In the context of the passage, fragile means ________.

(a) breakable
(b) smooth
(c) classic
(d) slight

글의 문맥 상, fragile은 ________을 의미한다.

(a) 깨지기 쉬운
(b) 부드러운
(c) 고전적인
(d) 작고 여윈

해설 문맥 상 물품이 파손되기 쉬운 특성을 갖기 때문에 특별 취급이 필요했다고 설명하므로 '**파손되기 쉬운, 깨지기 쉬운**'이 적절하다. 따라서 (a) breakable이 정답이다.

80

In the context of the passage, patronizing means ________.

(a) mocking
(b) reserving
(c) sponsoring
(d) assisting

글의 문맥 상, patronizing은 ________을 의미한다.

(a) 조롱하기
(b) 보류하기
(c) 후원하기
(d) 돕기

해설 문맥 상 제니스 항공사를 계속 애용해 주시기를 바란다고 설명하므로 '**애용해 주시기, 후원하기**'가 적절하다. 따라서 (c) sponsoring이 정답이다.

General Tests of English Language Proficiency

Final
지텔프
43+

지텔프 공식 교육사이트

지텔프는 지텔프에듀

G-TELP EDU

www.gtelpedu.com

경찰, 소방, 공무원, 군무원, 자격증, 취업 - 합격영어 지텔프!

본 교재에 대한 온라인 강의 및 무료 학습자료는
지텔프에듀 웹사이트에서 확인하실 수 있습니다.

G-TELP KOREA 출판사업본부

지텔프 부트캠프
43·65·73
100% + 200% 환급반
지텔프 정기시험 응시권 포함
0원
노베에서 목표점수 만드는데 필요한 시간
단 3개월, 부트캠프로 빠르게 목표달성!
공부할 시간 더 드려요
43점 달성 시
50% 환급
50
65점 달성 시
100% 환급
100
73점 달성 시
200% 환급
200
지텔프 정기시험
응시권 제공
지텔프
정기시험
응시권
수강시간
60일+30일 추가
+30
지텔프에듀의
당신의 목표달성을 위한 최적의 강의
목표점수를 위해
지텔프 특공대 출동!
지텔프
특공대
경찰·소방도
역시 지텔프!
경찰·소방
43/50+
강의만 구매해도
응시권 100% 증정
10원 이상 단과 강의 구매 시
생애 첫 지텔프 응시권 증정!
50%
50%

144 **honor** 명사 명예, 영광

It would be an honor to marry your daughter.
따님과 결혼하게 되어 영광입니다.

145 **huge** 형용사 거대한, 엄청난

A huge bug that crawled out of the sink caused a panic in the bathroom.
세면대에서 기어 나온 거대한 벌레가 욕실에 공포를 불러 일으켰다.

146 **hunt** 동사 사냥하다

Guns are an effective tool to hunt animals.
총은 동물들을 사냥하는 데 효과적인 도구이다.

147 **ideal** 형용사 이상적인

What does your ideal apartment look like?
당신의 이상적인 아파트는 무엇인 것 같나요?

148 **identify** 동사 확인하다

By identifying the problem, we can work towards the solution.
문제를 확인함으로써, 우리는 해결책을 위해 노력할 수 있습니다.

149 **identity** 명사 신원, 신분, 정체

Keeping your identity a secret online is in your best interest.
귀하의 신원을 온라인에서 비밀로 유지하는 것이 가장 좋습니다.

150 **illustrate** 동사 분명히 보여주다, 삽화를 넣다

The leaky pipe illustrates the many problems with the old building.
구멍이 난 파이프는 그 오래된 건물의 많은 문제점들을 분명히 보여준다.

151~180번 듣기

151 **imagine** 동사 상상하다

I like to imagine a future without poverty.
나는 가난이 없는 미래를 상상하는 것을 좋아한다.

152 **immediate** 형용사 즉각적인

Your immediate response in an emergency should be to call for help.
긴급 상황에서 여러분의 즉각적인 대응은 도움을 요청하는 것이어야 합니다.

153 **impact** 명사 영향, 충격

The film had a tremendous impact on its viewers.
그 영화는 관객들에게 엄청난 영향을 미쳤다.

154 **important** 형용사 중요한

Doctors stress how important it is to have a balanced diet.
의사들은 균형 잡힌 식사를 하는 것이 얼마나 중요한지를 강조한다.

155 **impossible** 형용사 불가능한

It seems impossible now, but we may one day be able to explore other galaxies.
지금은 불가능해 보이지만, 우리는 언젠가 다른 은하들을 탐험할 수 있을 지도 모릅니다.

156 **impression** **명사** 인상, 느낌, 감명

Despite leaving a bad first impression with each other, the two became best friends.
서로 나쁜 첫인상을 남겼음에도 불구하고, 두 사람은 가장 친한 친구가 되었다.

157 **improve** **동사** 개선되다, 향상시키다

Swallow your pride and admit that you have room to improve, Sally.
네 자존심을 버리고 네가 개선될 여지가 있다는 것을 인정해, 샐리.

158 **include** **동사** 포함시키다, 포함하다

Leaders should do their best to include all members working on a project.
리더는 프로젝트에 참여하는 모든 구성원들을 포함시키기 위해 최선을 다해야 한다.

159 **increase** **명사** 증가, 인상
동사 증가하다, 인상되다

Delivery services have seen an increase in sales.
배달 서비스는 매출의 증가를 보였다.

160 **indicate** **동사** 나타내다, 보여주다

A change in the color of the leaves indicates a new season.
나뭇잎 색깔의 변화는 새로운 계절을 나타낸다.

161 **individual** **형용사** 개인의, 각각의

One problem with traditional classroom learning is that it does not leave much room for individual expression.
전통적인 교실 학습의 한 가지 문제는 그것이 개인의 표현을 위한 많은 여지를 남기지 않는다는 것이다.

138 **handle** **동사** 다루다, 대처하다

Even an experienced zookeeper would have trouble handling this alligator.
숙련된 사육사일지라도 이 악어를 다루는 데 어려움을 겪을 것입니다.

139 **happen** **동사** 일어나다, 발생하다

We are not sure what will happen when we open this 100-year-old box.
우리는 이 100년 된 상자를 열었을 때 무슨 일이 일어날 지 확신할 수 없어요.

140 **hardly** **부사** 거의 ~아니다

Hardly anyone uses a telephone booth these days.
요즘 공중전화 박스를 이용하는 사람은 거의 없다.

141 **healthy** **형용사** 건강한

It's not healthy to only get four hours of sleep each night.
매일 밤 오직 4시간만 자는 것은 건강에 좋지 않아요.

142 **hire** **동사** 고용하다

We are hoping to hire a talented young lawyer.
저희는 재능 있는 젊은 변호사를 고용하기를 바라고 있습니다.

143 **history** **명사** 역사

Those who forget history are doomed to repeat it.
역사를 잊은 이들은 그것을 반복해야 할 불행한 운명을 맞게 된다.

132 **former** 형용사 전자의, 이전의

My former coworker is getting married.
내 이전 직장 동료가 결혼한대요.

133 **function** 명사 기능

Most technology has functions that seem impossible to people who don't understand science.
대부분의 기술은 과학을 이해하지 못하는 사람들에게는 불가능해 보이는 기능들을 가지고 있다.

134 **goal** 명사 목표, 목적

The goal of the study is to find a correlation between sleep and performance at work.
이 연구의 목표는 수면과 직장에서의 실적 사이의 상관관계를 찾는 것이다.

135 **goods** 명사 상품

Unfortunately, the goods were damaged during the flight.
불행하게도, 상품들이 비행 중에 파손되었다.

136 **growth** 명사 성장, 증가

Our company has seen unprecedented growth in the past few months.
우리 회사는 지난 몇 달 동안 전례 없는 성장을 보여 왔다.

137 **guide** 동사 안내하다

When you arrive, a local will guide you to your hotel and help you settle in.
당신이 도착하면, 현지인이 당신을 호텔로 안내해 주고 적응을 도와줄 것입니다.

162 **industry** 명사 산업

The farming industry suffered heavy losses after an unsuccessful harvest.
성공적이지 못한 수확 후 농업은 큰 손실을 겪었다.

163 **influence** 명사 영향 동사 영향을 미치다

Older siblings tend to influence younger siblings.
나이 많은 형제자매들은 어린 형제자매들에게 영향을 미치는 경향이 있다.

164 **inform** 동사 알리다, 통지하다

We regret to inform you that you have not been selected for this position.
당사는 귀하께서 이 직책에 선발되지 않으셨다는 것을 알리게 되어 유감입니다.

165 **initial** 형용사 처음의, 초기의

My initial thoughts about the pet hamster vanished once I saw how cute it looked running on its wheel.
햄스터에 대한 나의 처음 생각은 내가 그것이 쳇바퀴를 달리는 것이 얼마나 귀엽게 보이는지 보자마자 사라졌다.

166 **instead (of)** 부사 ~ 대신에

Instead of listening to other people, Laura decided to follow her own passion and become a dancer.
다른 사람들의 말을 듣는 대신에, 로라는 그녀 자신의 열정을 따라 댄서가 되기로 결심했다.

167 **intend** 동사 의도하다, 작정하다

The volunteers intend to feed over 1,000 homeless people this weekend.
자원봉사자들은 이번 주말에 1,000명이 넘는 노숙자들에게 음식을 제공할 작정이다.

168 **interest** **명사** 관심, 흥미

Barbara has always had an interest in fashion.
바바라는 항상 패션에 관심이 있었다.

169 **involve** **동사** 포함하다, 관련되다

Being a good friend involves listening well and making time for others.
좋은 친구가 되는 것은 잘 듣고 다른 사람들을 위해 시간을 내는 것을 포함한다.

170 **issue** **명사** 문제, 쟁점

The mechanic found many issues with the old car.
정비공은 그 낡은 차에서 많은 문제들을 발견했다.

171 **lack** **명사** 부족

Ms. Samuelson was disappointed to notice a lack of enthusiasm amongst her students during the lesson.
새뮤얼슨은 수업 동안 그녀의 학생들 사이에 열정이 부족하다는 것을 알아차리고 실망했다.

172 **lead** **동사** 이끌다

Ruby is a confident team captain hoping to lead her team to victory.
루비는 그녀의 팀을 승리로 이끌기를 바라는 자신감 있는 팀 주장이다.

173 **leave** **동사** 떠나다, 놓아두다

Please leave your shoes at the door.
신발은 문 앞에 놓아두세요.

126 **false** **형용사** 거짓의, 허위의

Text messages proved that the rumors about Janet were false.
문자메시지는 자넷에 대한 소문들이 거짓이었다는 것을 증명했다.

127 **feature** **명사** 특징, 특색, 특성 **동사** 특징으로 삼다

The features on this new smartphone are almost unbelievable.
이 새로운 스마트폰의 특징들은 거의 믿기 어려울 정도이다.

128 **female** **형용사** 여성의

Female animals are generally very protective of their young.
암컷 동물들은 일반적으로 그들의 새끼를 매우 보호한다.

129 **firm** **명사** 기업, 회사 **형용사** 단단한

The law firm is known for its ability to handle difficult cases well.
그 법률 회사는 어려운 사건들을 잘 처리하는 능력으로 알려져 있다.

130 **focus** **명사** 집중력 **동사** 집중하다

It is difficult to maintain focus when one is tired.
피곤할 때 집중력을 유지하는 것은 어렵다.

131 **follow** **동사** 따르다, 뒤를 잇다, 이해하다

A lack of structure made the story difficult to follow.
체계의 부족이 이야기를 이해하기 어렵게 만들었다.

120 explore 동사 탐험하다

There are many places on this planet that humans have not explored yet.
이 지구 상에는 아직 인간이 탐험하지 않은 많은 장소들이 있다.

121~150번 듣기

121 expression 명사 표현, 표정

His expression tells me that he doesn't like the food.
그의 표정이 그가 그 음식을 좋아하지 않는다는 것을 말해준다.

122 extend 동사 연장하다, 확장하다

The workers complained after the boss suggested extending working hours.
근로자들은 상사가 근로시간을 연장할 것을 제안하자 불평했다.

123 extra 형용사 여분의, 추가의

There are some extra napkins on the countertop.
조리대에 여분의 냅킨이 있어.

124 factor 명사 요인, 요소

Making the proper preparations is a big factor in doing well on standardized tests.
적절한 준비를 하는 것은 표준화된 시험을 잘 치르는 큰 요인이다.

125 fail 동사 실패하다

It would be unfortunate to fail after putting in all that hard work.
그렇게 열심히 노력한 후 실패하는 것은 불행할 것이다.

174 legal 형용사 법률과 관련된, 합법적인

One should do their best to avoid legal troubles at all times.
누군가는 항상 법률과 관련된 문제들을 피하기 위해 최선을 다해야 한다.

175 limit 명사 한계

If you try your best, there is no limit to what you can achieve.
만약 네가 최선을 다한다면, 네가 달성할 수 있는 것에는 한계가 없어.

176 local 형용사 지역의

The local farmers market is filled with unique items.
지역의 농산물 시장은 독특한 물건들로 가득 차 있다.

177 locate 동사 ~의 위치[장소]를 알아내다

We can use GPS to locate our destination.
우리는 목적지의 위치를 알아내기 위해 GPS를 사용할 수 있다.

178 main 형용사 주된, 주요한

The main reason Harold is interested in Italian culture is because he loves the food.
해롤드가 이탈리아 문화에 관심을 갖게 된 주된 이유는 그가 그 음식을 좋아하기 때문이다.

179 maintain 동사 유지하다, 지속하다, 주장하다

The man maintained his innocence.
그 남자는 그의 무죄를 주장했다.

180 **male** 형용사 남성의, 수컷의

Male seahorses carry eggs for up to 45 days before giving birth.
수컷 해마는 출산하기 전 45일 동안 알을 품는다.

181 **manage** 동사 관리하다, 경영하다

It takes great skill to manage a large company.
대기업을 경영하기 위해서는 많은 기술이 필요하다.

181~210번 듣기

182 **match** 명사 1. 성냥 2. 경기, 시험 동사 어울리다

This week's soccer match will determine who goes to the championship game.
이번 주 축구 경기가 누가 챔피언 결정전으로 갈 지를 결정할 것이다.

183 **material** 명사 재료

What material is this skirt made of?
이 치마는 무슨 재료로 만들어졌나요?

184 **meanwhile** 부사 1. 그 동안에 2. 한편

Mary is anxiously waiting for her test results so in the meanwhile, she is distracting herself with cute animal videos.
메리가 그녀의 시험 결과를 애타게 기다리고 있는 동안에, 그녀는 귀여운 동물 비디오들로 기분 전환을 하고 있다.

185 **measure** 동사 측정하다

One must not measure performance solely on quantity.
성능을 오로지 양으로만 측정해서는 안 된다.

114 **exist** 동사 존재하다

Do you think aliens exist?
너는 외계인이 존재한다고 생각해?

115 **expect** 동사 기대하다, 예상하다

Nick expects to get high scores on his exams.
닉은 시험에서 높은 점수를 받기를 기대한다.

116 **experience** 명사 경험

A negative experience with something once can make you hate that thing forever.
어떤 것에 대한 부정적인 경험은 여러분이 그것을 영원히 싫어하게 만들 수 있습니다.

117 **experiment** 명사 실험

Though the experiment was a failure, valuable information was gained from the attempt.
비록 실험은 실패했지만, 그 시도로부터 귀중한 정보를 얻게 되었다.

118 **expert** 명사 전문가

The surfing expert was easily able to escape from the dangerous shark.
서핑 전문가는 위험한 상어로부터 쉽게 탈출할 수 있었다.

119 **explain** 동사 설명하다

If you are able to explain something easily, that usually means you understand it well.
만약 여러분이 무언가를 쉽게 설명할 수 있다면, 그것은 일반적으로 여러분이 그것을 잘 이해한다는 것을 의미합니다.

108 **ensure** **동사** 보장하다, 확보하다

Creating strong passwords ensures that hackers will have a difficult time stealing your information.
강력한 암호를 만드는 것은 해커가 여러분의 정보를 도용하는 데 어려움을 겪게 할 것을 보장합니다.

109 **entire** **형용사** 전체의, 완전한

Malcom spent his entire day off sleeping.
말콤은 그의 하루 전체를 잠을 자면서 보냈다.

110 **environment** **명사** 환경, 상황

It is crucial that we protect the environment as best we can.
우리가 할 수 있는 최선을 다해서 환경을 보호하는 것이 중요하다.

111 **essential** **형용사** 필수의, 극히 중요한

Water is essential for all life.
물은 모든 생명에 필수입니다.

112 **establish** **동사** 설립하다

Ants managed to establish a new colony in a dirt mound they found.
개미들은 그들이 발견한 흙무더기 안에 간신히 새로운 거주지를 설립했다.

113 **except** **전치사** ~을 제외한, ~ 외에는

Everyone except Kyle was excited about the field trip.
카일을 제외한 모든 사람들은 현장 학습에 신이 났다.

186 **medical** **형용사** 의학의

Without proper medical care, it will be difficult for the girl to survive.
적절한 의학적 치료 없이는, 그 소녀는 살아남기 어려울 것이다.

187 **mention** **동사** 말하다, 언급하다

I don't want to mention the event.
나는 그 사건에 대해 말하고 싶지 않아.

188 **method** **명사** 방법, 수단

The best method for memorizing vocabulary varies from person to person.
어휘를 암기하는 가장 좋은 방법은 사람마다 다르다.

189 **mistake** **명사** 실수, 오류

During surgery, one mistake can mean life or death.
수술하는 동안, 하나의 실수는 생사를 의미할 수 있다.

190 **modern** **형용사** 현대의

Modern art seems to have a lot of vocal critics.
현대 미술에는 강력하게 비판하는 사람들이 많이 있는 것 같다.

191 **native** **형용사** 원주민의, 토착의, 자생의

The plants native to this area are only found in this part of the world.
이 지역에서 자생하는 식물들은 전 세계의 이 지역에서만 발견된다.

192 **nature** — **명사** 1. 자연 2. 본성

The beauty of nature has amazed humans for many centuries.
자연의 아름다움은 수 세기 동안 사람들을 놀라게 했다.

193 **necessary** — **형용사** 필요한

It is necessary to take proper precautions during experiments.
실험 중에 적절한 예방 조치를 취하는 것이 필요하다.

194 **negative** — **형용사** 부정적인

One negative person can ruin the entire mood of a party.
부정적인 사람 한 명이 파티의 전체 분위기를 망칠 수 있다.

195 **normal** — **형용사** 보통의, 평범한

This looks like a normal bookshelf.
이것은 평범한 책장처럼 보입니다.

196 **notice** — **명사** 공지 **동사** 알아차리다, 주목하다

It was hard not to notice the woman's colorful clothing.
그 여자의 화려한 옷차림을 알아차리지 않을 수 없었다.

197 **novel** — **명사** 소설

Some novels stay on best-seller lists for months.
어떤 소설들은 몇 달 동안 계속 베스트셀러 목록에 남아 있다.

102 **effort** — **명사** 노력

The effort Luke put into preparing his Father's Day present is easy to see.
루크가 그의 아버지의 날 선물을 준비하는 데 들인 노력을 쉽게 볼 수 있다.

103 **element** — **명사** 요소, 성분

The most striking element in the painting is its use of color.
그 그림에서 가장 눈에 띄는 요소는 색상의 사용이다.

104 **emphasize** — **동사** 강조하다

Exterminators emphasize the importance of placing mouse traps regularly.
박멸업자들은 정기적으로 쥐덫을 설치하는 것의 중요성을 강조한다.

105 **enable** — **동사** 가능하게 하다

Modern medicine has enabled many people to live much better lives.
현대 의학은 많은 사람들이 훨씬 더 나은 삶을 사는 것을 가능하게 했다.

106 **encounter** — **동사** 마주치다, 직면하다

If you encounter a bear in the woods, be especially cautious.
만약 여러분들이 숲에서 곰과 마주친다면, 특히 조심하세요.

107 **encourage** — **동사** 격려하다, 장려하다

My grandmother always encourages me to pursue my dreams.
내 할머니는 항상 나에게 나의 꿈을 추구하라고 격려하신다.

096 **disease** 명사 질병

There is a deadly disease wiping out bee colonies across the country.
전국에 걸쳐 벌떼를 전멸시키는 치명적인 질병이 있다.

097 **dramatic** 형용사 극적인, 급격한, 과격한

When the toddler fell, he began crying in a rather dramatic way.
아기가 넘어졌을 때, 그는 다소 과격한 방법으로 울기 시작했다.

098 **during** 전치사 ~동안

Pam plans to enjoy a trip to the countryside during her summer vacation.
팸은 그녀의 여름 방학 동안 시골로의 여행을 즐길 계획이다.

099 **earn** 동사 (돈을) 벌다

One way to earn extra money is to pick up a part-time job.
여분의 돈을 버는 한 가지 방법은 아르바이트를 다시 시작하는 것이다.

100 **economic** 형용사 경제의

Find the recent economic news and current events.
최근의 경제 뉴스와 시사를 찾아보세요.

101 **effective** 형용사 효과적인, 효율적인

What is the most effective way to teach children the alphabet?
아이들에게 알파벳을 가르치는 가장 효과적인 방법은 무엇인가?

198 **observe** 동사 관찰하다

A microscope is needed to observe bacteria and viruses.
박테리아와 바이러스를 관찰하기 위해서는 현미경이 필요하다.

199 **obvious** 형용사 분명한

It seems obvious that one should check one's produce before purchasing it.
누군가의 생산품을 구매하기 전에 확인해야 한다는 것은 분명해 보인다.

200 **occur** 동사 발생하다

We still do not know why some natural phenomena occur.
우리는 아직도 왜 몇몇 자연현상이 발생하는지 알지 못한다.

201 **offer** 동사 제공하다

Some find that office jobs offer financial security.
어떤 사람들은 사무직이 재정적인 안정감을 제공한다고 생각한다.

202 **opportunity** 명사 기회

If given the opportunity, Helen hopes to travel to Guam soon.
만약 기회가 주어진다면, 헬렌은 곧 괌으로 여행하기를 희망한다.

203 **organize** 동사 조직하다, 정리하다

It might take Jordan all day to organize his extensive sneaker collection.
조던은 아주 많은 운동화 수집품을 정리하는 데 하루 종일 걸릴지도 모른다.

204 **origin** 명사 기원, 근원

Tempura has origins in Portugal.
튀김은 포르투갈에 기원을 두고 있다.

205 **overcome** 동사 극복하다, 압도하다

Great strength is needed to overcome one's fears.
누군가의 두려움을 극복하기 위해서 엄청난 힘이 필요하다.

206 **perfect** 형용사 완벽한, 최고의

Walter got a perfect score on his exam.
월터는 그의 시험에서 완벽한 점수(만점)를 받았다.

207 **perform** 동사 수행하다, 시행하다, 공연하다

Some wonder if it is ethical to make animals perform for human entertainment.
어떤 사람들은 인간의 즐거움을 위해 동물들이 공연하도록 하는 것이 윤리적인지 생각한다.

208 **perhaps** 부사 아마, 어쩌면

Perhaps Kathy will be able to catch the bus if she starts running right now.
아마 캐시가 지금 당장 달리기 시작한다면 버스를 탈 수 있을 것이다.

209 **period** 명사 기간, 시기

The store will remain closed for an unknown period of time.
그 상점은 알 수 없는 기간 동안 문을 닫을 것이다.

090 **device** 명사 기기, 장치

The company plans to reveal its new device sometime next month.
회사는 다음 달 중으로 새로운 기기를 공개할 계획입니다.

91~120번 듣기

091 **difference** 명사 차이, 다른점

There is a surprising amount of differences between an alligator and a crocodile.
악어(aligator)와 악어(crocodile) 사이에는 놀랄 만큼 많은 차이가 있다.

092 **direct** 형용사 직접적인

Shy people tend to avoid direct confrontation.
수줍음이 많은 사람들은 직접적인 대립을 피하는 경향이 있다.

093 **disappear** 동사 사라지다

One minute the dog was in the kitchen, but in the next, it disappeared.
한 순간 그 개는 부엌에 있었지만, 그 다음 순간에, 개가 사라졌다.

094 **discover** 동사 발견하다

Scientists discover amazing things every day.
과학자들은 매일 놀라운 것들을 발견한다.

095 **discuss** 동사 논의하다, 토론하다

Principal Williams plans to discuss the fight with the students involved.
윌리엄스 교장은 관련된 학생들과 그 싸움에 대해서 논의할 계획이다.

084 **deserve** 동사 ~을 받을 만하다

No one deserves to be mistreated in such a way.
누구도 그런 식으로 학대 받을 만하지 않습니다.

085 **despite (in spite of)** 전치사 ~에도 불구하고

Despite the intense summer heat, Martian runs several miles every day.
강렬한 여름 더위에도 불구하고, 마션은 매일 몇 마일을 달린다.

086 **destroy** 동사 파괴하다

Sadly, the house was destroyed by the fire.
안타깝게도 그 집은 화재로 파괴되었습니다.

087 **detail** 명사 세부사항

Editors must pay attention to small details that most people may not notice.
편집자들은 대부분의 사람들이 알아차리지 못할지도 모르는 작은 세부사항들에 주의를 기울여야 한다.

088 **determine** 동사 밝히다, 결정하다

After a thorough investigation, the police determined who stole the goods from the warehouse.
철저한 조사 후에, 경찰은 누가 창고에서 물건들을 훔쳤는지 밝혀냈다.

089 **develop** 동사 발전시키다, 개발하다

The company develops new software.
그 회사는 새로운 소프트웨어를 개발한다.

210 **physical** 형용사 신체의, 육체의

Physical education is often students' favorite subject in school.
체육은 종종 학교에서 학생들이 가장 좋아하는 과목이다.

211~240번 듣기

211 **popular** 형용사 인기있는

The most popular dish at this restaurant is pork fried rice.
이 식당에서 가장 인기있는 음식은 돼지고기 볶음밥입니다.

212 **position** 명사 자리, 위치

From this position on the roof, you can see the entire city.
지붕 위 이 자리에서, 너는 도시 전체를 볼 수 있어.

213 **possible** 형용사 가능한

Do you think its possible that the cat escaped from the back door?
당신은 고양이가 뒷문으로 도망갔다는 것이 가능하다고 생각하세요?

214 **potential** 형용사 잠재적인, 가능성이 있는 명사 잠재력, 가능성

She has the potential to be one of the best singers of her generation.
그녀는 그녀의 세대에서 최고의 가수 중 한 명이 될 잠재력을 가지고 있다.

215 **predict** 동사 예측하다

It is not possible to predict the future, but we can prepare for it.
미래를 예측하는 것은 불가능하지만, 우리는 그것에 대비할 수 있습니다.

216 **prefer** **동사** 선호하다, 좋아하다

I can eat anything, but I prefer not to eat any meat.
아무거나 먹을 수 있지만, 저는 어떤 고기든 먹지 않는 것을 선호해요.

217 **prepare** **동사** 준비하다

Make sure you prepare well before starting a long hiking trip.
긴 하이킹 여행을 시작하기 전에 여러분은 준비를 잘 해야 합니다.

218 **prevent** **동사** 막다, 예방하다

Vaccinations are important for preventing the spread of diseases.
예방접종은 질병의 확산을 막기 위해 중요하다.

219 **previous** **형용사** 이전의, 먼저의

The previous owner of the house did not take care of it very well.
이전의 집주인은 그 집을 매우 잘 관리하지 못했다.

220 **price** **명사** 값, 가격

This cup of coffee is not worth its high price.
이 커피 한 잔은 높은 가격으로 매겨질 가치가 없다.

221 **primary** **형용사** 주된, 주요한

The organization's primary goal is to increase awareness about environmental issues.
그 조직의 주된 목표는 환경 문제에 대한 인식을 높이는 것이다.

078 **decide** **동사** 결정하다

I can't decide between the pink shirt or the green shirt.
저는 분홍색 셔츠와 초록색 셔츠 중 하나를 결정할 수 없어요.

079 **decrease** **명사** 감소 **동사** 줄이다, 감소시키다

Ben's sudden decrease in energy is probably the result of a poor night's sleep.
벤의 갑작스러운 에너지 감소는 아마도 잠을 제대로 못 잔 결과이다.

080 **define** **동사** 정의하다, 분명히 밝히다

Beauty is not something that can be defined easily.
아름다움은 쉽게 정의될 수 있는 것이 아니다.

081 **delay** **동사** 연기시키다, 미루다

The art exhibit's opening night had to be delayed because the artist suddenly got sick.
미술 전시회의 개막은 작가가 갑자기 아팠기에 연기되어야 했다.

082 **depend** **동사** 의존하다

Students depend on their teachers to provide them with a quality education.
학생들은 그들에게 양질의 교육을 제공해줄 선생님들에게 의존한다.

083 **describe** **동사** 묘사하다

Can you describe the man you think stole your purse?
당신의 지갑을 훔쳤다고 생각하는 남자를 묘사할 수 있나요?

072 **crime** 명사 범죄

It is a crime to smoke in certain areas.
특정 구역에서 흡연하는 것은 범죄이다.

073 **crisis** 명사 위기

The town was in a crisis when a tornado suddenly hit the downtown area.
그 도시는 토네이도가 갑자기 도심 지역을 강타했을 때 위기에 처했다.

074 **current** 형용사 현재의

It is impossible for us to travel to distant galaxies with our current technology.
우리가 우리의 현재 기술로 멀리 떨어진 은하계를 여행하는 것은 불가능하다.

075 **customer** 명사 손님, 고객

The angry customer knocked over a garbage can as he left.
화가 난 손님이 나가면서 쓰레기통을 넘어뜨렸다.

076 **danger** 명사 위험

Sharp objects can pose a significant danger to young children.
날카로운 물체는 어린 아이들에게 심각한 위험을 초래할 수 있다.

077 **death** 명사 죽음

Her grandmother's sudden death was very difficult for Carmen.
그녀의 할머니의 갑작스러운 죽음은 카르멘에게 매우 힘들었다.

222 **prior** 형용사 사전의, 우선하는

I apologize, but I have a prior engagement and cannot attend your event.
죄송하지만, 제가 사전 약속이 있어서 귀하의 행사에 참석할 수 없습니다.

223 **process** 명사 과정, 절차

The process of making opera cake is one that is difficult to master.
오페라 케이크를 만드는 과정은 숙달하기 어려운 것이다.

224 **produce** 동사 생산하다

Some trees are able to produce a remarkable amount of fruit in a relatively short time.
몇몇 나무들은 비교적 짧은 시간에 엄청난 양의 열매를 생산할 수 있다.

225 **product** 명사 제품, 상품

A defective product should be replaced by the manufacturer.
결함이 있는 제품은 제조사에 의해 교체되어야 한다.

226 **promise** 동사 약속하다

The man promised to himself to take better care of his family.
그 남자는 그의 가족을 더 잘 돌보겠다고 그 스스로에게 약속했다.

227 **promote** 동사 홍보하다, 촉진하다, 승진시키다

Advertisements are created to promote certain goods or services.
광고들은 특정 상품들이나 서비스들을 홍보하기 위해 만들어진다.

228 **propose** 동사 제안하다

What do you propose we do in this situation?
이 상황에서 당신은 우리가 무엇을 하도록 제안하실 건가요?

229 **protect** 동사 보호하다

A turtle's hard shell protects its soft body.
거북이의 딱딱한 등껍질은 부드러운 몸을 보호해 준다.

230 **prove** 동사 증명하다

What do I need to do to prove my innocence?
저의 결백을 증명하기 위해서 제가 무엇을 해야 하나요?

231 **provide** 동사 제공하다

It is a doctor's duty to provide adequate care for his or her patients.
그들의 환자들에게 적절한 보살핌을 제공하는 것은 의사의 의무이다.

232 **publish** 동사 출판하다, 발행하다

Clark never imagined how tough it would be to publish a novel.
클라크는 소설을 출판하는 것이 얼마나 힘들지 결코 상상하지 못했다.

233 **purchase** 동사 구매하다

Shoppers will get a free bag if they purchase over $50 worth of goods.
쇼핑객들은 50달러 이상의 상품들을 구매하면 무료 가방을 받을 수 있습니다.

066 **contract** 명사 계약 동사 수축하다

Betty was fired for violating her work contract.
베티는 그녀의 근로 계약을 위반하여 해고되었다.

067 **contribute (to)** 동사 기여하다, 공헌하다

All group members must contribute to the project for it to be successful.
모든 그룹 멤버들은 프로젝트가 성공할 수 있도록 그 프로젝트에 기여해야 한다.

068 **control** 동사 통제하다

Ms. Williams found it difficult to control her energetic kindergarteners.
윌리엄스 씨는 그녀의 활기찬 유치원생들을 통제하는 것이 어렵다고 생각했다.

069 **convenient** 형용사 편리한

Technology has made our lives more convenient.
기술은 우리의 삶을 더욱 편리하게 만들어준다.

070 **conversation** 명사 대화, 회화

Kim is taking a conversation class to improve her Arabic skills.
킴은 그녀의 아랍어 능력을 향상시키기 위해 회화 수업을 듣는 중이다.

071 **create** 동사 창조하다

Picasso created many powerful works of art during his lifetime.
피카소는 그의 일생 동안 많은 강렬한 예술 작품들을 창조했다.

060 **consider** 동사 고려하다, 여기다, 생각하다

Do you consider tomatoes a fruit or vegetable?
너는 토마토를 과일이라고 생각하니, 야채라고 생각하니?

61~90번 듣기

061 **consist (of)** 동사 구성되다

This fruit salad consists of apples, grapes, bananas, and kiwis.
이 과일 샐러드는 사과, 포도, 바나나, 키위로 구성되어 있다.

062 **construct** 동사 만들다, 건설하다

It is amazing that ancient Egyptians were able to construct the Pyramid of Giza.
고대 이집트인들이 기자의 피라미드를 건설할 수 있었다는 것은 놀랍다.

063 **consume** 동사 소비하다

Do not consume too much social media.
소셜 미디어를 너무 많이 소비하지 마세요.

064 **contact** 명사 접촉, 연락

Keep your emergency contact list up to date in order to ensure your safety.
여러분의 안전을 보장하기 위해 비상 연락 목록을 최신의 상태로 유지하십시오.

065 **contain** 동사 포함하다

An encyclopedia contains lots of useful information.
백과사전은 많은 유용한 정보를 포함한다.

234 **purpose** 명사 목적

Many struggle to find their exact purpose in life.
많은 사람들이 삶의 정확한 목적을 찾기 위해 고군분투한다.

235 **quality** 명사 품질

The quality of these clothes is not very good.
이 옷들의 품질이 별로 좋지 않다.

236 **reach** 동사 ~에 이르다, 닿다, 도달하다

The cans on the top shelf were too high for the children to reach.
맨 위 선반에 있는 캔들은 너무 높아서 아이들이 닿을 수 없었다.

237 **realize** 동사 깨닫다

Kevin realized he left his phone at home.
케빈은 그의 핸드폰을 집에 두고 온 것을 깨달았다.

238 **reason** 명사 이유, 원인

The reason cats lie on their backs is because they feel safe around you.
고양이들이 등을 대고 누워 있는 이유는 그들이 여러분 주위에서 안전하다고 느끼기 때문입니다.

239 **recent** 형용사 최근의

The recent news of the celebrity's death devastated the nation.
최근 그 유명인의 사망 소식은 전국에 엄청난 충격을 주었다.

240 **recognize** **동사** 알아보다, 인지하다

Grandma Millie didn't even recognize her grandchildren.
밀리 할머니는 그녀의 손자들을 알아보지조차 못했다.

241 **recommend** **동사** 추천하다

241~270번 듣기

Have you seen any movies these days that you recommend?
요즘 네가 추천하는 영화들을 본 적이 있니?

242 **record** **명사** 기록

It's best to keep a record of your spending.
여러분의 지출 내역을 기록해 두는 것이 가장 좋습니다.

243 **reduce** **동사** 줄이다

Always remember to reduce, reuse, and recycle as much as you can.
가능한 한 많이 줄이고, 재사용하고, 재활용하는 것을 항상 기억하세요.

244 **regard** **동사** 간주하다, 여기다

Shakespeare is regarded as one of the best English writers.
셰익스피어는 최고의 영국 작가들 중 한명으로 여겨진다.

245 **region** **명사** 지역, 지방

This region of the country is famous for growing potatoes.
이 국가의 이 지역은 감자를 재배하는 것으로 유명하다.

054 **complain** **동사** 불평하다

It seems to be in Xavier's nature to complain.
불평하는 것은 자비에의 성질인 것처럼 보인다.

055 **concern** **명사** 우려, 걱정, 문제

What Lauren does in her free time is of no concern to me.
로렌이 그녀의 자유 시간에 무엇을 하는 지는 나에게 있어 우려할 일이 아니다.

056 **conclude** **동사** 결론짓다

The doctor concluded that his patient's mole was not cancerous.
그 의사는 환자의 점이 암이 아니었다고 결론지었다.

057 **condition** **명사** 조건, 상태

Joel agreed to help Nancy move under the condition that she would buy him dinner.
조엘은 낸시가 그에게 저녁을 사준다는 조건 하에 낸시가 이사하는 것을 돕는 데 동의했다.

058 **conflict (be in conflict with)** **명사** 갈등, 충돌 (~와 충돌하다, 싸우다)

Katie and Paul always seem to be in conflict with one another.
케이티와 폴은 항상 서로 갈등이 있는 것처럼 보인다.

059 **consequence** **명사** 결과

The baby quickly learned the consequence of touching a hot stove.
그 아기는 뜨거운 난로를 만지는 것의 결과를 빠르게 배웠다.

048 **characteristic** **형용사** 특징적인, 독특한 **명사** 특징, 특질

Mark's defining characteristic is his thick eyebrows.
마크를 정의하는 특징은 그의 두꺼운 눈썹이다.

049 **collect** **동사** 수집하다

Many people like to collect stamps as a hobby.
많은 사람들은 취미로 우표들을 수집하는 것을 좋아한다.

050 **comfortable** **형용사** 편안한

Hot chocolate and a warm blanket can help you feel comfortable on a cold winter night.
코코아와 따뜻한 담요는 당신이 추운 겨울 밤 편안함을 느끼게 도울 수 있다.

051 **communicate** **동사** 의사소통을 하다, (정보 등을) 전달하다

It is important to communicate your needs with your partner.
당신의 니즈를 동업자에게 전달하는 것이 중요합니다.

052 **compare** **동사** 비교하다

How does your new car compare to your old one?
네 새로운 자동차는 이전 것과 비교했을 때 어때?

053 **competitive** **형용사** 경쟁의, 경쟁력을 지닌

Some people find Lucy's competitive nature to be off-putting.
어떤 사람들은 루시의 경쟁적인 성질이 불편하게 한다고 생각한다.

246 **regret** **동사** 후회하다

I regret going to bed so late.
나는 너무 늦게 잠자리에 든 것을 후회한다.

247 **relate** **동사** 관련시키다, 관계를 맺다

Many parents struggle to relate to their teenaged children.
많은 부모들은 그들의 십대 자녀들과 관계를 맺기 위해 애쓴다.

248 **release** **동사** 1. 놓아 주다, 풀어 주다 2. 출시하다

It's better to release any excess fish you caught.
여러분이 잡았던 어떤 물고기라도 놓아 주는 것이 더 좋습니다.

249 **remind** **동사** 상기시키다

I have many alerts on my phone to remind me of what I need to do for the day.
내 핸드폰에는 그 날 내가 해야 할 일을 상기시켜주는 많은 알람들이 있다.

250 **report** **동사** 알리다, 보도하다

Carmen was pleased to report to her boss that sales have doubled in the past three months.
카르멘은 그녀의 상사에게 지난 3개월 동안 매출이 두 배가 되었다는 것을 알려서 기뻤다.

251 **represent** **동사** 대표하다, 상징하다

In some cultures, all black clothing represents grief.
어떤 문화에서는, 온통 검은색인 옷은 슬픔을 상징한다.

252 **require** 동사 요구하다

Art majors are required to complete the Drawing 101 class.
미술 전공들은 드로잉 101 수업을 완료하는 것이 요구됩니다.

253 **research** 동사 연구하다

Katherine has nothing she feels passionate enough about to research.
캐서린은 그녀가 연구하는 데 충분히 열정적이라고 느끼는 것이 아무것도 없다.

254 **reveal** 동사 드러내다, 밝히다

The bright sunlight revealed the mess left behind after last night's party.
밝은 햇살은 어젯밤 파티 후 남겨진 난장판을 드러냈다.

255 **risk** 명사 위험

Rock climbing is an activity with many risks involved.
암벽 등반은 관련된 많은 위험들을 수반하는 활동이다.

256 **safe** 형용사 안전한, 안심할 수 있는

What can I do to make you feel safe?
네가 안심할 수 있으려면 내가 무엇을 해야 할까?

257 **sale** 명사 판매

The sale of certain pets is illegal, depending on the state.
특정 애완동물들의 판매는 국가에 따라 불법이다.

042 **cause** 명사 원인, 이유 / 동사 초래하다

Experts are still searching for the cause of last night's sinkhole.
전문가들은 여전히 지난 밤의 싱크홀의 원인을 찾는 중이다.

043 **celebrate** 동사 축하하다

Birthdays are always a good reason to celebrate.
생일은 언제나 축하하기 위한 좋은 이유가 된다.

044 **century** 명사 세기(100년)

The Stevenson family has been living in this house for over a century.
스티븐슨 가문은 이 집에서 100년이 넘는 기간 동안 살아오고 있다.

045 **certain** 형용사 확실한, 틀림없는

In the face of certain danger, heroes emerge and save the day.
확실한 위험에 직면했을 때, 영웅들이 나타나 곤경을 면하게 한다.

046 **challenge** 명사 도전

It is always a challenge for me to wake up early in the morning.
나는 아침에 일찍 일어나는 것이 언제나 도전이다.

047 **chance** 명사 가능성, 기회

There is a chance it might rain tonight, so make sure you bring an umbrella.
오늘 밤 비가 내릴 지도 모른다는 가능성이 있으니, 반드시 우산을 챙겨야 해.

036 **branch** 명사 1. 나뭇가지 2. 지사

There is a bird's nest on that tree branch over there.
저 쪽에 있는 그 나뭇가지 위에 새 둥지가 있다.

037 **cancel** 동사 취소하다

To save money, Lawrence had to cancel his subscription to his favorite magazine.
돈을 절약하기 위해, 로렌스는 그가 좋아하는 잡지의 구독을 취소해야 했다.

038 **cancer** 명사 암

Researchers are still looking for an effective way to help patients safely beat cancer.
연구원들은 환자들이 암을 무사히 이겨내도록 돕는 효과적인 방법을 여전히 찾는 중이다.

039 **capacity** 명사 능력, 용량, 수용력

The sold-out arena was at full capacity.
그 매진된 경기장은 수용 인원이 다 찼다.

040 **care (take care of)** 명사 돌봄, 보살핌 (~을 돌보다)

It is essential that we take care of our elders.
우리의 노인들을 돌보는 것은 필수적이다.

041 **career** 명사 경력, 직업

Joseph was overwhelmed by the thought of choosing a career at the young age of 22.
조셉은 22세라는 어린 나이에 직업을 선택한다는 생각에 압도되었다.

258 **save** 동사 구하다

Firefighters save people's lives almost every day.
소방관들은 거의 매일 사람들의 생명을 구한다.

259 **search** 동사 찾다, 연구하다

Lance was searching for his glasses for two minutes.
랜스는 2분 동안 그의 안경을 찾고 있었다.

260 **select** 동사 선택하다, 선출하다

Derek was happy that he was able to select a window seat on the plane.
데릭은 비행기에서 창가 좌석을 선택할 수 있어 행복했다.

261 **serve** 동사 (식당 등에서 음식을) 제공하다

Some restaurants serve free side dishes with every meal.
몇몇 식당들은 매 끼니에 무료 반찬들을 제공한다.

262 **several** 형용사 (몇)몇의, 여러 개의

There are several ways to combat insomnia.
불면증을 퇴치하는 몇 가지 방법들이 있다.

263 **share** 동사 공유하다

Social media makes sharing information much easier.
소셜 미디어는 정보를 공유하는 것을 훨씬 더 쉽게 만든다.

264 **significant** 형용사 중요한, 상당한

The traffic accident caused significant delays for the morning commuters.
그 교통 사고는 아침 통근자들에게 상당한 지체를 야기했다.

265 **similar** 형용사 비슷한, 유사한

Toads and frogs have similar features.
두꺼비와 개구리는 비슷한 특징을 가지고 있다.

266 **since** 접속사 ~이래로

Things have not been the same since my older brother left for college.
나의 형이 대학으로 떠난 이래로 상황이 예전 같지 않았다.

267 **situation** 명사 상황, 사태

No matter the situation, you should always try to do your best.
어떤 상황이든, 여러분은 항상 최선을 다하도록 노력해야 합니다.

268 **skill** 명사 기술

No one can deny tennis star Serena Williams's skill.
아무도 테니스 스타 세레나 윌리엄스의 기술을 인정하지 않을 수 없다.

269 **social** 형용사 사회의

You can improve your social skills here.
여러분은 이곳에서 여러분의 사회성을 향상시킬 수 있습니다.

030 **authority** 명사 권한, 권위, 권위자

Albert Einstein was an authority on physics.
알베르트 아인슈타인은 물리학의 권위자였다.

31~60번 듣기

031 **available** 형용사 이용 가능한

Tickets are available for purchase on the website.
표는 웹사이트에서 구입이 가능합니다.

032 **avoid** 동사 피하다

It is best to avoid eating wild mushrooms if you are unfamiliar with them.
만약 당신이 야생 버섯에 익숙하지 않다면 그것을 먹는 것을 피하는 것이 가장 좋습니다.

033 **believe** 동사 믿다, 생각하다

There are no candidates that I truly believe in.
내가 진정으로 믿는 후보자들이 없다.

034 **benefit** 명사 혜택, 이득

What are some of the benefits of replacing coffee with tea?
커피를 차로 대체하는 것의 이득은 어떤 것이 있나요?

035 **bill** 명사 고지서, 청구서

How can I check my electricity bill online?
제 전기 요금 고지서를 온라인으로 어떻게 확인할 수 있나요?

024 **artificial** **형용사** 인공의, 인위적인

Artificial sweeteners give me a stomachache.
인공 감미료는 나에게 복통을 일으킨다.

025 **aspect** **명사** 양상, 측면, 관점

Which aspect of your work is most challenging for you?
당신 일의 어떤 측면이 당신에게 가장 어려운가요?

026 **assess** **동사** 평가하다

It was hard for the judges to assess the famous artist's work objectively.
심사위원들이 그 유명 작가의 작품을 객관적으로 평가하는 것은 어려웠다.

027 **assume** **동사** 가정하다, 추측하다

Many assume that chocolate is bad for your health.
많은 사람들은 초콜릿이 건강에 나쁘다고 추측한다.

028 **attempt** **동사** 시도하다

A thief attempted to rob a bank but was caught by the police.
한 도둑이 은행 털이를 시도했지만 경찰에 의해 잡혔다.

029 **author** **명사** 작가, 저자

The author of the novel denied rumors of plagiarism.
그 소설의 작가는 표절 의혹을 부인했다.

270 **still** **부사** 여전히

Three years later, Chloe still thinks about how handsome her high school crush was.
3년이 지난 후, 클로이는 여전히 그녀의 고등학교 시절 짝사랑이 얼마나 멋있었는지에 대해 생각한다.

271-300번 듣기

271 **structure** **명사** 구조

The structure of this building can help it withstand hurricanes.
이 건물의 구조가 허리케인을 견뎌내도록 도울 수 있다.

272 **subject** **명사** 과목, 주제

My favorite subject in school is English.
학교에서 내가 가장 좋아하는 과목은 영어예요.

273 **successful** **형용사** 성공한

Successful billionaires usually had access to resources that most people don't.
성공한 억만장자들은 주로 대부분의 사람들이 접근하지 못하는 자원들에 접근할 수 있었다.

274 **suggest** **동사** 제안하다, 추천하다, 시사하다

The toy on the floor suggests that a child lives here.
바닥에 있는 그 장난감은 한 아이가 이곳에 살았음을 시사한다.

275 **suppose** **동사** 생각하다, 추정하다

Do you suppose the strange carvings on this wall have any special meaning?
여러분은 이 벽에 새겨진 이상한 조각들이 어떠한 특별한 의미를 가지고 있다고 생각하시나요?

276 **survey** **명사** 조사

According to a city-wide survey, most people have positive opinions of the mayor.
시 전역의 조사에 따르면, 대부분의 사람들은 시장에 대한 긍정적인 의견들을 가지고 있다.

277 **survive** **동사** 살아남다, 생존하다

Do you think you could survive a zombie apocalypse?
너는 좀비 대재앙에서 살아남을 수 있을 것이라고 생각하니?

278 **task** **명사** 과제, 업무

Please focus on completing the task.
업무를 끝내는 데 집중해 주십시오.

279 **technology** **명사** 기술, 기계

Noise-cancelling headphones are a wonderful piece of technology that allow people to relax on stressful plane rides.
노이즈 캔슬링 헤드폰은 스트레스가 많은 비행기를 탑승할 때 사람들이 휴식을 취할 수 있게 해주는 하나의 훌륭한 기술이다.

280 **through** **전치사** ~을 통해

Learning a new language through a textbook without any speaking practice is not a great idea.
어떠한 말하기 연습 없이 교과서를 통해 새로운 언어를 배우는 것은 좋은 생각이 아니다.

018 **appear** **동사** ~인것 같다, 나타나다

When a ghostly figure appeared in the corner of her eye, Zara screamed in terror.
한 유령 같은 형체가 그녀의 시야에 나타났을 때, 자라는 무서워서 소리를 질렀다.

019 **apply** **동사** 적용하다, 지원하다

Even before she graduated, Joanna began to apply for jobs.
그녀가 졸업하기 전에도, 조애나는 일자리에 지원하기 시작했다.

020 **appreciate** **동사** 1. 인정하다 2. 감사하다

My mother always appreciates a thoughtful Mother's Day present.
나의 어머니는 사려 깊은 어머니의 날 선물에 항상 감사해 하신다.

021 **appropriate** **형용사** 적절한

It is generally not appropriate to wear white to another person's wedding.
다른 사람의 결혼식에 흰색 옷을 입는 것은 일반적으로 적절하지 않다.

022 **argue** **동사** 주장하다, 논쟁하다

No one likes to argue, but everyone wants to be right.
어느 누구도 논쟁하기를 좋아하지 않지만, 모두가 옳기를 원한다.

023 **article** **명사** 논문, 기사

The newspaper article was filled with lies and inaccuracies.
그 신문 기사는 거짓들과 부정확성들로 채워져 있었다.

012 **allow** **동사** 허락하다

Sarah would never allow her dog to get into bed with her because his paws were dirty.
사라는 그녀의 개의 발바닥이 더러웠기 때문에 침대 안으로 들어오는 것을 절대 허락하지 않았다.

013 **alternative** **명사** 대체 **형용사** 대체 가능한

Do you think almond milk is a good alternative for dairy milk?
당신은 아몬드 우유가 일반 우유의 좋은 대체재라고 생각하시나요?

014 **analyze** **동사** 분석하다

Scientists analyze fossils to determine when the creature lived.
과학자들은 그 생물체가 어느 시기에 살았는지를 알아내기 위해 화석들을 분석한다.

015 **ancient** **형용사** 고대의, 오래된

Ancient Mayans are known for their impressive architecture and writing system.
고대의 마야인은 인상적인 건축과 글자 체계로 알려져 있다.

016 **announce** **동사** 발표하다, 알리다, 공표하다

The Culvers were happy to announce the birth of their new baby girl.
컬버네 가족은 그들의 새로운 여아의 출산을 알리게 되어 행복했다.

017 **annual** **형용사** 연간의, 매년의

For her annual vacation, Ruby decided to travel to Nigeria.
연차 휴가를 위해, 루비는 나이지리아로 여행하는 것을 결정했다.

281 **throughout** **전치사** 1. 전부, 모조리 2. ~동안 내내

It is important to season certain dishes throughout the entire cooking process.
전체 요리 과정 동안 내내 특정 요리에 간을 하는 것이 중요하다.

282 **topic** **명사** 화제, 주제

Even just the topic of Victor's PhD dissertation was too difficult for his family to understand.
빅터의 박사학위 논문 주제조차 그의 가족들이 이해하기에는 너무 어려웠다.

283 **truth** **명사** 진실, 사실, 진리

As the old saying goes, "The truth is stranger than fiction."
옛말에 이르기를, "진실은 소설보다 더 이상하다."

284 **twice** **부사** 두 번, 두 배로

Lucas has already seen his favorite band perform twice.
루카스는 그가 가장 좋아하는 밴드의 공연을 이미 두 번이나 보았다.

285 **unique** **형용사** 독특한, 특별한

The artist's unique style made her stand out among other painters.
그 화가의 독특한 화풍은 다른 화가들 사이에서 그녀를 돋보이게 만들었다.

286 **unless** **접속사** ~하지 않는다면, ~이 아닌 한

Julia promised herself she would not fight with her uncle unless he started it.
줄리아는 삼촌이 그것을 시작하지 않으면 삼촌과 싸우지 않겠다고 그녀 스스로에게 약속했다.

287 **urge** 명사 충동, 욕구 / 동사 (~하도록)충고하다, 권고하다

Calvin sometimes has the urge to suddenly get up and dance.
칼빈은 때때로 갑자기 일어나서 춤을 추고 싶은 충동을 갖는다.

288 **useful** 형용사 유용한

A thick jacket is useful during cold winter months.
두꺼운 자켓은 추운 겨울 몇 개월 동안에 유용하다.

289 **valuable** 형용사 소중한, 가치 있는

Preston always makes valuable contributions at work.
프레스턴은 직장에서 항상 가치 있는 기여를 하고 있다.

290 **various** 형용사 여러 가지의, 다양한

There are various genres of books available at the library.
도서관에는 이용할 수 있는 여러 가지 장르의 책들이 있다.

291 **view** 명사 견해, 관점, 경관

The view from this mountain top is amazing!
이 산 정상에서 보는 경관은 정말 멋있어요!

292 **visual** 형용사 시각의, (눈으로)보는

Visual learners can understand things better via pictures.
시각 자료들을 통해 배우는 학습자들은 사진들을 통해 사물들을 더 잘 이해할 수 있다.

006 **adjust** 동사 적응하다, 조절하다

Stepping outside for the first time in weeks, Robby's eyes had to adjust to the light.
몇 주만에 처음으로 밖으로 나온 로비의 눈은 빛에 적응해야 했다.

007 **advantage** 명사 이점, 이익

A cheetah's incredible speed gives it an advantage while hunting.
치타의 놀라운 속도는 사냥하는 동안 이점을 준다.

008 **advise** 동사 조언하다, 권고하다

Most doctors advise you not to eat too many sugary treats.
대부분의 의사들은 당신이 설탕이 든 간식을 너무 많이 먹지 말 것을 권고한다.

009 **affect** 동사 영향을 미치다

His bad attitude affected every student in the class.
그의 나쁜 태도는 반의 모든 학생들에게 영향을 미쳤다.

010 **afraid** 형용사 두려운

Julia was too afraid to kill the spider in her room.
줄리아는 너무 두려워서 방에 있는 거미를 죽이지 못했다.

011 **against** 전치사 ~에 반대하여

Susan was against my plan.
수잔은 내 계획에 반대했다.

지텔프 독해 기본 단어 300

1~30번 듣기

001 **accept** 동사 받아들이다, 수용하다

It was difficult for Marlene to accept that she had failed the test.
마를렌은 그 시험에서 떨어졌다는 것을 받아들이기 어려웠다.

002 **achieve** 동사 달성하다, 성취하다

In order to achieve success, one must work hard.
성공을 달성하기 위해서, 열심히 일해야 한다.

003 **acquire** 동사 얻다, 습득하다

Besides university, there are many ways to acquire knowledge and skill.
대학교 외에도, 지식과 기술을 얻는 많은 방법들이 있다.

004 **actual** 형용사 실제의

John did not know the actual distance between New York and California.
존은 뉴욕에서 캘리포니아 사이의 실제 거리를 몰랐다.

005 **adapt** 동사 적응하다

It is difficult for most people to adapt to living in a foreign country.
대부분의 사람들은 외국에서 사는 데 적응하는 것이 어렵다.

293 **voluntary** 형용사 자발적인, 자원 봉사로 하는

One must be quite brave to join the military as a voluntary soldier.
누군가가 자원병으로 입대하기 위해서는 꽤 용감해야 한다.

294 **waste** 동사 낭비하다, 헛되이 쓰다

It is a shame to waste food, so only take what you need at a buffet.
음식을 낭비하는 것은 부끄러운 것이므로, 뷔페에서 오직 여러분이 필요한 만큼만 가져가세요.

295 **while** 접속사 ~하는 동안

While Max is cooking dinner, Sally is cleaning up the house.
맥스가 저녁을 요리하고 있는 동안, 샐리는 집을 청소하고 있다.

296 **whole** 형용사 전체의, 모든

Tasha can eat a whole chicken.
타샤는 닭 한 마리 전체를 먹을 수 있다.

297 **within** 전치사 (특정한 기간) 이내에

I'll be back within 30 minutes.
30분 이내로 돌아올게요.

298 **without** 전치사 ~없이

Marcy actually prefers to eat her pizza without any toppings at all.
마시는 사실 토핑이 전혀 없이 그녀의 피자를 먹는 것을 선호한다.

299 **wonder** **동사** 궁금하다, 생각하다

I have to wonder what our lives would be like if electricity had never been invented.

만약 전기가 발명되지 않았다면 우리의 삶이 어땠을 지 궁금해요.

300 **yet** **부사** 아직

I still don't know what I want to major in yet.

저는 아직 무엇을 전공하고 싶은지 여전히 모르겠어요.

POCKET BOOK

VOCA

지텔프 독해 기본 단어 300

General Tests of English Language Proficiency

Final 지텔프 43+

G-TELP KOREA 출판사업본부

POCKET BOOK

VOCA

지텔프 독해 기본 단어 300

General Tests of English Language Proficiency

Final 지텔프 43+

G-TELP KOREA 출판사업본부

General Tests of English Language Proficiency

Final 지텔프 43+

지텔프 공식 교육사이트

지텔프는 지텔프에듀

G-TELP *EDU*

www.gtelpedu.com

경찰, 소방, 공무원, 군무원, 자격증, 취업 - 합격영어 지텔프!

본 교재에 대한 온라인 강의 및 무료 학습자료는
지텔프에듀 웹사이트에서 확인하실 수 있습니다.

G-TELP KOREA 출판사업본부